苏格兰启蒙运动的社会理论

启真馆出品

启蒙运动研究译丛

苏格兰启蒙运动的社会理论

[英] 克里斯托弗 · J. 贝瑞 著
马 庆 译

SOCIAL THEORY OF
THE SCOTTISH
ENLIGHTENMENT

总　序

欧洲人的精神世界在脱离了希腊化的时代之后，进入了中世纪长达千余年的沉睡，直到被启蒙运动彻底唤醒。

启蒙本质上是人类在思想认识领域中进行的一场自我革命，按照康德的著名定义：启蒙就是人类脱离自己所加之于自己的不成熟状态。而不成熟状态就是不经别人引导，就对运用自己的理智无能为力。启蒙之所以必要，是因为人类在大多数情况下都会陷入若不经别人的引导就缺乏勇气与决心去运用自己理智的蒙昧状态。没有启蒙就不可能有自我清明的人生状态，也就不可能有真正的个人的幸福；没有经过启蒙的公民，也就不可能有合乎人类根本目的的社会生活；没有启蒙思想推动的科学发现，就无法应用、评估和改进我们的各项制度和技术，并使之造福人类社会。一言以蔽之，18 世纪前后发生的启蒙运动改变了人类社会的基本面目，造就了今天的世界。

启蒙运动最伟大的意义在于它强有力地推动了人类的自我认识，确立了人的中心地位以及人类应有的自信与尊严。与此前曾经发生过的各种人类解放运动不同，18 世纪的启蒙运动以其特有的方式牢固地确立了世界——自然的世界、人的世界、精神的世界的可认识性的观念，指出了人类摆脱自我蒙昧状态的方法和方向。启蒙时代的人们，无论是理性主义倾向的思想家或情感主义倾向的思想家，无论他们之间的分歧和差异如何深刻，如何看上去多么不可调和，都截然不同于以往。他们具有对人类自我认识能力及其限度的高度自觉和自信，甚至怀疑主义和不可知论也可看做是总体上和谐的启蒙大合唱的一个必要的声部。我以为，这也正是启蒙留给后人最宝贵的财富。人类近两个世纪的进步都是这个财富不断呈现的产物。因此，无论从何种意义上说，今天的人类皆可说是18世纪启蒙运动的孩子。

启蒙运动降下它巨大的帷幕至今已有近两个世纪的时间，人们对待它的态度似乎处在截然不同的两极。在当今世界的某些地方，或者是，启蒙思想作为一种似乎完成和实现了的观念不再能够引起大家热切的关注。学术界对它的研究止于思想史的需要，它与现实之间的关系仿佛已不再存在。或者甚至，反启蒙成为一种新的学术时尚。而在另外一些场合，随处可见的现象依然是，人类的精神处于基本蒙昧状态，迷信、偏见、原始观念团团包围着人们的心灵；思想解放、社会变革的必要性迫在眉睫，可希望依然渺茫。

新文化运动以来，中国又经过了近一个世纪，以鲁迅先生为代表的一代知识分子对中国人的国民性所进行的反思与批评迄今也有快一个世纪了。在这伴随着急剧社会变革的百年之中，中国人的精神世界是否发生了根本性的转型，答案未必是完全肯定的。就康德意义上的启蒙而言，今天中国人的深层精神结构，与欧洲中世纪的情形相去不远。整个中国的社会变革基本上仍然是外生变量的结果，中国人的心灵、精神和心理世界还停留在前启蒙阶段。启蒙对于中国人而言还是一项未完成的自我革命。令人担忧的是，国人并未对此有充分的自觉。毋宁说，由于中国经济在最近几十年里的巨大成功，助长了中国人的一种未经反思和批判的、盲目的文化优越感。这种优越感遮蔽了启蒙这一重要任务之于中国的迫切性。拿破仑当年曾经说过，中国是一头睡狮，一旦醒来将震惊世界，此话也许说对了一半。它的另一半应该是：能够唤醒中国这头睡狮的除了启蒙，没有其他！

推动中国人的启蒙，乃是新时期知识分子作为群体得以安身立命的事业，也应该是他们展示历史责任感的伟大事业。做好这件事情的前提，无疑地，在于知识分子应完成自身的启蒙。

伟大的启蒙运动涉及人类生活的几乎全部领域，涉及的国家也众多。在长达一个世纪的时间里，思想和学术的论争此起彼伏，理论创新层出不穷。那个如火如荼的年代发生的一切对于中国这样正迎接着新的启蒙时代的国家，对于我们这些需要启蒙的人而言都是弥足珍贵的历史记忆。唤醒这个记忆，使其成为一面镜子，用来照鉴我们的事业，这是有必要的。

有鉴于此，我们志同道合的一帮学界朋友策划了几套关于启蒙的书籍，包括三个系列，即："启蒙运动经典译丛"、"启蒙运动研究译丛"和"启蒙运动论丛"。"启蒙运动经典译丛"旨在译介18世纪前后启蒙运动重要思想家的经典作品，其重点一是长期以来被中国学术界忽视的重要思想家的作品，不少是首次以中文本形式问世，二是因研究深入而重新翻译的新中文版。这套译丛自启动以来已有多种作品问世，在学界也引起了一定的积极反响。"启蒙运动研究译丛"则主要译介当代西方学术界研究启蒙运动的重要著作，正分批出版。"启蒙运动论丛"重点展示中国学者研究启蒙运动的学术成果，目前正在组织之中。

但愿，这三套丛书不仅能为国内知识界和思想界提供有关启蒙运动的新知识、新材料和新视角，还能推动中国学界的启蒙运动研究。同时，也许更重要的，能为中国自身的启蒙实践，为知识分子参与推动中国启蒙的行动提供重要的借鉴和启发。

罗卫东

2010年秋

前　言

人们常问到的一个学术问题是："你在研究什么？"我的回答是："我正在写一本'新布莱森'。"我说的是格拉迪斯·布莱森（Gladys Bryson）的《人与社会：18世纪苏格兰的探究》（*Man and Society*：*the Scottish Inquiry of the Eighteenth Century*）。该书在1945年出版，迄今为止仍然是唯一一本从整体上研究苏格兰启蒙运动思想的著作。但这并不是因为这个话题无人问津。相反，人们的兴趣在不断增长，相关的研究也越来越多。虽然布莱森的书仍不过时，但由于有了更多对此感兴趣的人，再加上关注点不可避免地有所转移以及相关的学术积累，就需要另一种更合时宜的概论。本书就是这样一种尝试。

既然是"概论"，那就意味着这是一本简明概要的书，而不是针对某个具体问题的详尽专著。任何一本概括性的书都预先决定了什么是重要的，我也不例外，我向读者们提出了我自己的解读，不过我也会自觉地做些检讨。我固然希望本书能让专家学者们从中获益，但除了面向学者以外，本书还主要面向那些非专业的读者和学生。有鉴于此，我认为恰当的做法是解读那些已经出版的论述，而不是去挖掘大量未出版的材料。（在一些注释中，我偶尔也会破例，不过那是因为材料特别清楚好懂，或者是已经在其他学术评注中引用过了）

前言的存在就是让作者阐明他（她）的立场，以及试图（常常是徒劳无功地）预先阻止某些可以预见到的批评。既然如此，我也不能免俗。最好是从头开始。我的题目分为两部分，每部分都需要做个解释。对于"启蒙运动"，我不提出任何实质性的观点。虽然对"启蒙运动"一词的具体所指有着大量的争论——我在第8章会有所涉及——但我肯定这样的"议题"会妨碍我的写作。我是在最宽泛的意义上使用这个词，指的是大约从1740年（休谟的《人性论》第三卷的年份）到1790年（斯密《道德情操论》第五版和最后一版的年份），在苏格兰所写的思想作品，其核心是18世纪的第三个十五年。当然，这种年代的取舍是我自己的决断，而且我也确实会讨论一些1740年之前写成的著作，但既然没有一致认可的界定，那么坚持我自己的严格界定总会遭到不必要的争议。

书名中的“社会理论”一词是指称性的，而非限定性的。要说明其范围，最好是既包括一些东西，又排除一些东西。我（相对来讲）排除了那些狭义的**哲学**议题。这意味着，除了休谟对因果律的论述外（见第3.2.3小节），我没有涉及《人性论》的第一、二卷。这也意味着我
viii 不讨论里德（Reid）以及“常识学派”（common sense）对休谟的反对。我也排除了**科学**主题。我不考察像布莱克（Black）、卡伦（Cullen）、亨特（Hunter）、麦克劳林（Maclaurin）这些知名人物的理论或实验工作。不过，我讨论了苏格兰社会思想的架构和议程形成之时“科学”的重要性（特别是在第3章）。同样，虽然我谈到了那时艺术和文学理论的建立，但我不考察诗歌的写作、戏剧的表演、画作的绘制或建筑的建造。同样也排除了所有那些广泛讨论社会、经济、政治和文化背景的作品。我对这些因素做了一个初步的“背景设置”讨论（第1.2节）。因此，本书并不是要去仿效阿南德·奇特尼斯（Anand Chitnis）的经典之作《苏格兰启蒙运动》（*The Scottish Enlightenment*，1976），其副标题清楚写明是“一种社会理论”。相反，本书差不多完全只处理“社会理论”一词所表示的“思想”题材。

本书“社会”标题下包括的是历史理论的建立、政治和经济方面的作品、道德哲学以及苏格兰人更普遍关注的“文化”议题。这些使得他们的思想紧密相连，我在第2章到第7章的目的就是探寻这种一致性。同时也会依次涉及与此相关的一些评论。

本书是由一些主题组成，但这些主题彼此并不是孤立的，而是在相当程度上彼此交织的。本书极为合理之处是设想了恰如其分地谈论“苏格兰人的”理论，而不是仅仅谈论休谟或斯密或某某的理论。（需要附加说明的是，我不是特别针对休谟的《人性论》，我对同时代苏格兰的另一本伟大著作，斯密的《国富论》也同样不进行全面考察，我的重点是该书第一卷的前几章，以及第三卷和第五卷）倘若我考察的是一般意义上的苏格兰人的理论，那么重要的是，鉴别和演示出那些特定的论证反复

出现在何处，在有些时候，这需要不止一个的引证或引用——观点自身 3
是重复出现的。

虽然在一般意义上“苏格兰人”（the Scots）一词可以无可非议地使用，但是，他们当然不是整齐划一的，而是有着特定的差异。有些差异是时间上的（哈奇森死于1746年，而米拉当时才11岁），有些是机制上的（阿伯丁的启蒙运动与爱丁堡的启蒙运动并不完全合拍），以及一些知识分子的差异［蒙博杜（Monboddo）与大多数人都不一样］。承认这些差异与本书主题上的一致性并不相悖，我会在恰当的地方列出这些差异。

当探究这些主题时，我关注的是第一手来源。一些注释会标出相关的二手文献，但我不会介入到那些学术讨论中（我所选用的并不意味着强调或贬低）。不过，我还是认为有必要单用一个结论性的章节来仔细考察那些各种已有的解释，以及那些表明了为什么苏格兰人的社会理论是有价值的理由。思想史方法论的问题在近些年颇为盛行，但我特意地
回避了这些问题，以免涉入那些我兴趣之外的争论中。大胆地讲，本书 ix
的指导目的是处理那些苏格兰人自己在其著作中所讨论的议题。总的来说，那些著作应对的是“大”题目和想法（“人类历史”、“国家财富”、“文明”的本质），它们讨论的是一般性的、宽广的事物，而不是地域性的事件。我在很大程度上遵循了这种倾向。

作为前言，也需对本书的写作过程进行说明。我一开始是在伦敦经济学院唐纳德·麦克雷（Donald MacRae）以及肯·米诺格（Ken Minogue）指导下研究这一领域，那是在20世纪60年代令人陶醉的岁月。本书让我有机会公开记录和感谢他们对我的指点。由于在格拉斯哥教授苏格兰启蒙运动这门荣耀的课程，我得以在当地志趣相投的气氛中一直保有对苏格兰人的研究兴趣。本书的体例和重点很多来源于授课的经历，我把本书献给所有选课的学生（以及那些选择了从周五下午移到晚间上课的人）。当我写了几章草稿时，我把它们寄给了罗杰·爱默生（Roger Emerson），他全面且迅速的评论不仅证明了他杰出的专业知识，而且也展示了最高的学术合作标准。我对他的异议尚欠回应。我也要感谢科林·基德（Colin Kidd）的意见，他阅读了本书后一阶段的草稿。

克里斯托弗·J. 贝瑞

于格拉斯哥

缩　　写

以下是我在文中经常插入引用的著作（及其版本）的缩写。

布莱尔（Blair）

LRB　《论纯文学和修辞的演讲》(*Lectures on Rhetoric and Belles Lettres*)，1783 年，其中一册是 1838 年的。

邓巴（Dunbar）

EHM　《论野蛮与文明时代的人类史》(*Essays on the History of Mankind in Rude and Cultivated Ages*)，1781 年，第二版。

弗格森（Ferguson）

ECS　《文明社会史论》(*An Essay on the History of Civil Society*)，1767 年，福布斯（D. Forbes）编，1966 年版。

IMP　《道德哲学原理》(*Institutes of Moral Philosophy*)，1785 年，第三版。

PMPS　《道德和政治科学原则》(*Principles of Moral and Political Science*)，两卷本，纽约 1973 年重印版。

Rom　《论历史的进步和罗马共和国的终结》(*The History of the Progress and Termination of the Roman Republic*)，1783 年，五卷本。

格里高利（Gregory）

CV　《人类政府和功能与动物世界的对比》(*A Comparative View of

the State and Faculties of Man with those of the Animals World), 载《全集》第二卷，1788 年。

休谟（Hume）

Abs 《人性论节选》(*An Abstract of a Treatise of Human Nature*), 1740 年，韩德尔（C. Hendel）编，1955 年。

DNR 《自然宗教对话录》(*Dialogues concerning Natural Religion*), 载《休谟论宗教》(*Hume on Religion*)，沃尔海姆（R. Wollheim）编，1963 年。

E 《道德、政治和文学论文集》(*Essays: Moral, Political and Literary*)，1779 年，米勒（E. Miller）编，1987 年。

AS 《艺术和科学的兴起与发展》(*Of the Rise and Progress of the Arts and Sciences*)，1742 年。

CL 《论文明社会》(*Of Civil Society*)，1741 年，最初的题目是《论自由与专制》(*Of Liberty and Despotism*)。

Com 《论贸易》(*Of Commerce*)，1752 年。

FPG 《论政府的首要原则》(*Of the First Principles of Government*)，1741 年。

IPC 《一种完美共和国的理念》(*Idea of a Perfect Commonwealth*)，1752 年。

LP 《论出版自由》(*Of the Liberty of the Press*)，1741 年。

Mon 《论货币》(*Of Money*)，1752 年。

NC 《论民族的性格》(*Of National Characters*)，1748 年。

OC 《论原始契约》(*Of the Original Contract*)，1748 年。

OG 《论政府的起源》(*Of the Original of Government*)，1774 年，出版是在 1777 年。

PAN 《论古代国家的人口》(*Of the Populousness of Ancient Nations*)，1752 年。

PC 《论公共信用》(*Of Public Credit*)，1754 年。

PD 《论一夫多妻与离婚》(*Of Polygamy and Divorces*)，1742 年。

PG 《党派通论》(*Of Parties in General*)，1741 年。

PrS 《论新教传承》(*Of the Protestant Succession*)，1752 年。

RA 《论技艺的精致》（*Of Refinement in the Arts*），1752 年，原来的题目是《论奢华》（*Of Luxury*）。

SE 《论迷信与狂热》（*Of Superstition and Enthusiasm*），1741 年。

xi *ST* 《论审美的标准》（*Of the Standard of Taste*），1757 年。

Sui 《论自杀》（*Of Suicide*），1777 年出版。

EPM 《道德原则研究》（*An Enquiry concerning the Principles of Morals*），1751 年，塞尔比－比格（L. Selby-Bigge）和尼迪奇（P. Nidditch）编，1975 年。

EHU 《人类理解研究》（*An Enquiry concerning Human Understanding*）（1748），塞尔比－比格和尼迪奇编，1975 年。

HE 《英格兰史》（*The History of England*），1786 年，三卷本，1894 年。

Letts 《大卫·休谟书信集》（*The Letters of David Hume*），格雷格（J. Greig）编，两卷本，1932 年。

NHR 《宗教自然史》（*The Natural History of Religion*），1757 年，载《休谟论宗教》，沃尔海姆编，1963 年。

THN 《人性论》（*A Treatise of Human Nature*），1739/1740 年，塞尔比－比格编，1988 年。

哈奇森（Hutcheson）

SIMP 《道德哲学简论》（*A Short Introduction to Moral Philosophy*），1747 年，希尔德谢姆（Hildersheim）重印版，1969 年。

PWD 《哲学文集》（*Philosophical Writings*），道尼（R. Downie）编，1994 年。

凯姆斯（Kames）

EC 《批评的要素》（*The Elements of Criticism*），1762 年，第九版，两卷本，1817 年。

ELS 《对苏格兰习惯法和成文法的说明》（*Elucidations respecting the Common and Statute Law of Scotland*），1778 年。

HLT 《历史上的法》（*Historical Law Tracts*），1758 年，第三版，1776 年。

PMNR 《论道德和自然宗教的原则》（*Essays on the Principles of*

Morality and Natural Religion), 1751 年，第三版（修订版），1779 年。

SHM 《人类历史概论》(*Sketches of the History of Man*)，1774 年，第三版，两卷本，1779 年。

米拉（Millar）

HV 《英国政府的历史》(*An Historical View of the English Government*)，1803 年，四卷本，1812 年。

HV（*L*） 同上。（摘录）重印于《格拉斯哥的约翰·米拉》(*John Millar of Glasgow*)，莱曼（W. Lehman）编，1960 年。

OR 《等级区分的来源》(*The Origin of the Distinction of Ranks*)，1779 年，第三版，重印于《格拉斯哥的约翰·米拉》，莱曼编，1960 年。

蒙博杜（Monboddo）

OPL 《论语言的起源和发展》(*Of the Origin and Progress of Language*)，六卷本，1773—1792 年。

AM 《古代形而上学》(*Antient Metaphysics*)，六卷本，1779—1799 年。

孟德斯鸠（Montesquieu）

SL 《论法的精神》(*The Spirit of the Law*)，1748 年，科勒（A. Cohler）等译，1989 年。

里德（Reid）

AP 《论人的行动能力》(*Essays on the Active Powers of the Human Mind*)，1788 年，载《全集》，哈密尔顿（W. Hamilton）编，单卷本，1846 年。

IP 《论人的理智能力》(*Essays on the Intellectual Powers of the Human Mind*)，1788 年，载《全集》，哈密尔顿编，单卷本，1846 年。

8 罗伯森（Robertson）

HAm 《美洲史》（*History of America*），1777 年，载《全集》，斯图尔特（D. Stewart）编，单卷本，1840 年。

HSc 《苏格兰史》（*History of Scotland*），1759 年，载《全集》，斯图尔特编，单卷本，1840 年。

India 《论古印度的历史》（*An Historical Disquisition concerning Ancient India*），1777 年，载《全集》，斯图尔特编，单卷本，1840 年。

VPE 《论欧洲社会的发展》（*A View of the Progress of Society in Europe*），1769 年，载《全集》，斯图尔特编，单卷本，1840 年。

斯密（Smith）

Corr 《亚当·斯密通信集》（*Correspondence of Adam Smith*），莫思纳（E. Mossner）和罗斯（I. Ross）编，1987 年。

EPS 《哲学论文集》（*Essays on Philosophical Subjects*），1795 年，怀特曼（W. Wightman）编，1982 年。

xii *LRBL* 《修辞和纯文学演讲集》（*Lectures on Rhetoric and Belles Letters*），布莱斯（J. Bryce）编，1985 年。

LJ 《法学演讲集》（*Lectures on Jurisprudence*），米克（R. Meek）、拉斐尔（D. Raphael）和斯坦（P. Stein）编，1982 年。

TMS 《道德情操论》（*The Theory of Moral Sentiments*），麦克菲（A. Macfie）和拉斐尔编，1982 年。

WN 《国富论》（*An Inquiry into the Nature and Causes of the Wealth of Nations*），1776 年，坎贝尔（R. Campbell）和斯金纳（A. Skinner）编，1981 年。

斯图瓦特（Steuart）

PPE 《政治经济学原则探究》（*An Inquiry into the Principles of Political Oeconomy*），1776 年，两卷本，斯金纳编，1966 年。

斯图亚特（Stuart）

Diss《论英国古代宪法》（*Historical Dissertation concerning the Antiquity of the English Constitution*），1768 年。

PLS《论苏格兰的公法和宪法史》（*Observations concerning the Public Law and the Constitutional History of Scotland*），1779 年。

VSE《论欧洲社会从野蛮到精致》（*A View of Society in Europe in its Progress from Rudeness to Refinement*），1792 年，第二版，布雷斯托尔（Bristol）重印版，1995 年。

另有

SB《英国道德学家》（*British Moralists*），1897 年，塞尔比－比格编，两卷合一本，1964 年。

目　录

1

启蒙运动与苏格兰

开头的一章通常是作为导论。只能浮光掠影地对许多背景做个快速全面的浏览。在第 1.1 节中，我为所谓的“启蒙运动”做了简单的知识背景概括，而在第 1.2 节中，我概述了苏格兰环境的一些重要方面。这些概述不管是在理论设计上，还是具体问题的处理上，都不算太多。它们只是提供一些信息，以便充实苏格兰社会理论的背景知识。当然，我的概述不是中立的；所有的挑选都必然会关注某些方面，而相对忽视另一些方面。不过，这些信息（可以说）是消极被动的。我会尽可能地避免那些错综复杂的问题，以免既涉及观念与社会环境的关系，又涉及观念与观念的关系。

1.1　启蒙运动

“启蒙运动”这个词在智识上可以简单便利地概括一套观念。就像所有的概括一样，它也在争论什么是其核心，由此也就争论什么是包括在内的，什么是边缘的，什么是排除在外的。这意味着不能想当然地认为其核心是稳定不变的。不过，还是可能有“核心”的，否则这个词本身就纯属虚构了——这就需要做某种最小的认定。为此，彼得·盖伊（Peter Gay 1967：4）用了家庭类比法。一个家庭是一个可辨认的实体（从内外两方面），但与此同时，它的各个纽带之间也会有争论，也会有差异。这种类比的吸引力在于，它既能使苏格兰人与更大的运动联系起来，又能保持两者的差异。人们当然可以正当地批评盖伊的解释过于强调了法国经验（例如 Ford 1968，Darnton 1971，Leith 1971）。这不过是下面观点的另一种说法而已，即他的“核心”把其他人所认为的核心要素边缘化了，反之亦然。当然，如果启蒙运动与一种“反建制”（anti-establishment）姿态过于等同的话，那么苏格兰家庭中的很多分支看起来相关性并不大。

盖伊公开承认，家庭类比法不是他的独创，而是当时不少人使用的方法。这个方法自身可以很好地指示出核心部分。启蒙运动是一种自我意识的运动。参与者——哲学家、启蒙运动者（Aufklärer）和文人——是社会上的受教育阶层。在苏格兰，就像在其他地方一样，很多参与者是专业人士，主要是律师、医生和大学教授，虽然最后一种人在近邻英格兰那里是在异议学院（Dissenting Academies）中任教。在法国则有少许不同，参与者或者是职业作家或者是有独立经济来源的人。当时参与
2 者来自于整个西方世界——从北部的阿伯丁到南部的那不勒斯，从东部的圣彼得堡到西部的费城。（Venturi 1971：Ch. 5，Gusdorf 1971：Pt. I，Porter & Teich 1981）

他们是真正的参与者，他们把自己看成是参与到同样的辩论中。而且，这种参与不是地域性的事件，而是席卷了整个学界。在这方面有两个苏格兰的例子，一个是卢梭的《论不平等》对斯密或蒙博杜或邓巴的影响，另一个是康德承认，阅读休谟使得他从独断论中惊醒。康德的情况指出了另一个更深刻的事实，即作品迅速地得到了翻译和传播。虽然《国富论》（1776）明显是个特例，此书在斯密 1790 年去世之前就已经被翻译成丹麦文、法文（两次）和德文（两次）。（Campbell & Skinner 1985：168）此外，还有一些个人和制度上的联系。休谟帮助了卢梭，并把他带到英国，而罗伯森是马德里皇家科学院的成员。非苏格兰的突出例子是法国哲学家和数学家达朗贝尔（D'Alembert），他是普鲁士皇家科学院、伦敦皇家学会、瑞典皇家文学院和博洛尼亚学院的成员。（Cranston 1991：128）

如果我们转向这些自我意识的知识分子的核心关怀，那么他们对“光明”的想象是我们最好的指引。他们认为自己是活在并且在发扬启蒙时代（un siècle des lumières）。（Gusdorf 1971：Pt. 3 Ch. 1）这意味着过去年代是相对黑暗的。用不那么比喻的词来说，这种光明与黑暗之间的对比是知识、理性或科学与愚昧、偏见和迷信之间的对比。因此，任何诸如奴隶、折磨、巫术或宗教迫害之类的现存制度都被看成是历史遗迹、黑暗的产物，并加以反对。理性的光辉和科学的应用也会清

除那些贫穷、疾病和罪行的阴暗残骸［例如，贝卡里亚（Beccaria）的 3
《论罪行与惩罚》（1764），由于激烈地攻击死刑，成为国际上最畅销的著作］。

在短文《什么是启蒙？》（1784）中，康德做了自己的回答，启蒙就是“敢于认识！”，启蒙的口号是“要用勇气运用你自己的理性”（1963：3）。康德强调，“启蒙”就是摆脱他人的指示或控制，这需要有决心或决断来掌控自己的命运。如果没有成功摆脱，那就会停留在黑暗中。然而，这种摆脱不是个人的事务，而是公共事务，所以需要自由。完成启蒙的至关重要之处在于“公众运用自己的理性”，“必须永远有自由”（5；同书只标页码，下同）。就像康德所阐明的，这也适用于宗教；宗教上也要运用自由，宗教上也闪耀着理性之光。

虽然康德可能是所有启蒙思想家中最严于律己的，但他哲学的关键在于理论与实践是交织不可分的。［他写过一篇文章，主题就是说这种分离会造成巨大的伤害（1949：414）］这种统一的最好展示是《百科全书或科学、艺术和手工业分类词典》（*Encyclopedia or Rational Dictionary of Sciences*，*Arts and Professions*，以下简称《百科全书》）。 3
这是启蒙运动的关键作品之一。在主编狄德罗的领导下，从 1751 年到 1765 年，《百科全书》出了 17 大卷，1776 年到 1780 年又出了 4 卷，与此同时，还出了 12 卷的插图。（Lough 1971）

启蒙运动的标志性观点可以从达朗贝尔所写的《序言》（*Preliminary Discourse*）中看出。这篇序言被看成是 18 世纪精神最好的摘要（Schwab's Introduction 1963：xi）。就像康德以后所说的一样，达朗贝尔也强调（不过是以不那么锋芒毕露的形式）启蒙与自由之间的联系，同时也谴责过去年代的愚昧和迷信。［Schwab（ed.）1963：62］因此，他承认，人们往往贬低过去的思想家和律师，但这不应该太过分。在他《序言》的第二部分，他界定出了四位重要的先行者，那些人“准备让远方的光不知不觉地逐渐照亮世界”（74）。他所选择四人组是有启发的，我们可以从中获益，但这种选择也是策略性的，因为省略了一些关键人物。其中最著名是皮埃尔·贝尔（Pierre Bayle），他所写的《历史和批判词典》（*Historical and Critical Dictionary*）是《百科全书》的重要先驱。[1]

弗朗西斯·培根是达朗贝尔四人组中的第一位。他用明喻来描述培

4 根，“生于黑夜最深之时”（74）。培根最主要的成就是认为哲学作为一种知识，应该为大幅度改善人类作出贡献。这种实践的效用主义趋向是启蒙运动的关键特征。（第 3 章会讨论它在苏格兰人那里的表现）达朗贝尔也指出培根对枯燥无味学术体系的敌视，而执迷于亚里士多德体系的中世纪晚期的经院哲学就是其特别批判的对象。培根自己所提出的另一种架构直接影响了《百科全书》的组织，它采用历史、哲学和诗歌的三分法，分别对应着记忆、理性和想象这三种官能。[不过，达朗贝尔煞费苦心地指出了其中的差异——见他的《对培根科学划分的考察》（*Observations on Bacon's Division of the Sciences*，载 D'Alembert/Schwab：159-164）]

第二位是笛卡儿，他“为我们开辟了路径”（78）。他的批判方法表明了如何去“摆脱经院哲学、意见、权威的束缚”（80）。虽然笛卡儿自己没有获益，但后人却得益匪浅，即使（达朗贝尔也承认）笛卡儿遗产的一个后果是后人用其来攻击他自己的实证哲学。[不少学者都认为，从深层次看，启蒙运动实际上是笛卡儿主义的（Vartanian 1952，Frankel 1948，Corcker 1963）] 带头攻击笛卡儿的是四人组中的另两位——英国哲学家牛顿和洛克。

牛顿是启蒙运动的英雄。按照达朗贝尔的说法，牛顿让科学“有了形式上的规定”（81）。整个学界都在不停地用这种方式来赞誉牛顿。一般而言，牛顿的成就在于涵括了一个全面的解释模式，从一些简单的原
4 则（运动定律加重力定律）得出从行星绕轨道旋转到苹果从树上坠落等一系列自然现象。苏格兰人是最早接受牛顿体系的人。其他地方接受牛顿“系统”要慢一些，在法国，即使有伏尔泰的推荐，在到底是牛顿正确还是笛卡儿的“天体力学”正确上仍然存在不小的争论。牛顿最终赢了，其获胜的一个重要因素在于牛顿能够得到正确的验证。其中一个证据（这也非常体现启蒙运动的精神）是法国人莫波梯斯（Maupertius）1735 年对拉普兰的探险，而这次探险是柏林科学院赞助的。（Hankins 1985：38-39）按照牛顿的理论，地球不是两极略鼓，赤道稍扁，而是两极稍扁，赤道略鼓（是萝卜状而不是柠檬状，Hall 1970：319）。（笛卡儿的理论则恰好相反）莫波梯斯的探险做了相关测量，证明了牛顿的理论。[2]

牛顿也做了重大的方法论预测。在他的《光学》（*Optics*，1704）前

言中，他宣称自然哲学或科学的方法可以完美地扩展至道德哲学（也就是，社会科学）。这激发了很多人的尝试，试图把牛顿应用到道德世界（人性和社会）。我们稍后会花一些篇幅（第 3 章），说明这种情况特别适用于苏格兰启蒙运动。牛顿地位的一个标志是如果把某人的作品与牛顿相比，那就是对此作品的最高恭维。例如，约翰·米拉宣称，斯密是“政治经济学的牛顿”，因为他发现了商业原则。（*HV*：II 429–430n. /*HVL*：363n.）其他的例子还有，康德称卢梭是道德世界的“牛顿”，因为他给予“意志”以核心统摄地位，而卢梭音乐上的对手拉莫（Rameau）在和弦原则上的成就使得他与牛顿相比。

至于四人组的最后一位洛克，达朗贝尔说“他创造了形而上学，几乎相当于牛顿创造了物理学”（83）。这里的“形而上学”，达朗贝尔指的是“灵魂的实验物理学”（84）。这不是中世纪哲学那种，也不是斯宾诺莎、马勒布朗士甚至笛卡儿等人的宏伟架构和体系。达朗贝尔像孔狄亚克（Condillac）一样，区分了**精神系统**（esprit de système）与**系统精神**（esprit systématique）。（载 D’Alembert/ Schwab：22–23）前者“迎合想象”（94），而后者对应的是牛顿学说中的综合——从复杂现象推出少数简单的原则。

洛克的关键著作是他的《人类理解论》（1689）。在他“作为前言的给读者的信中，洛克称自己是一个‘小工’（underlabourer）”（1854：II 118）。这有两个理由。第一个理由，他意识到自己不是一个“大师”（master-builder），不是“无与伦比”的牛顿或惠更斯或波义耳（121）。也就是说，他不仅意识到自己不能去实践“科学”（数学超出了他能力），而且意识到在那时，科学就代表着知识发展的“最前沿”。他的第二个理由是从中得到了积极正面的因素。就像他所看到的，他的任务是清除“知识道路上的一些垃圾”（121）。

“垃圾”中最重要的是天赋观念学说或者这样的观点，即思想中包 *5*
含着某些普遍真理或原始观念。洛克否认有这种情况。不如说，婴儿的思想是一张“白纸”（205）或“空柜子”（142）。如果我们现在问，我们的观念从哪来？洛克回答：“从经验来，我们全部的知识都是建立在经验上的，知识归根到底来源于经验自身。”（205）这种大胆且明显简单的经验主义论断建立了整个启蒙运动思维方式的参量。有两个值得注意的例外。在那一个世纪末，康德不得不重新思考认识论，以便把知识从怀疑论中拯救出来，而在那一个世纪中叶，里德不得不以“常识”之名来攻击洛克式的“观念方式”。康德和里德都是受到休谟的刺激而采取行动的。

虽然休谟彻底的怀疑论是个特例，但他还是典型的洛克后一代人，这一代人是从整理洛克的学说开始自己工作的。对洛克学说一个特别有力的发展是强调，如果所有的知识都来自经验，那么这意味着所有的知识都是通过感官获得的。所有诸如判断和反思这样的思想“行动”（洛克把它们与感觉相区别）事实上只能是感觉的转化。孔狄亚克用一个雕塑的例子生动表达了这个议题。这个雕塑依次给人五种感觉，当完成时，可以说拥有了全部的人类思想能力。（见 *A Treatise on Sensation*, 1749）差不多基于同样的目的，拉美特利写了《人是机器》（1748）一书，表明似乎从笛卡儿出发，而不是从洛克出发，更能破除偶像崇拜。

公认的权威们很快看到了这种“感觉主义”的危险；它没有为灵魂留有余地。严格来说，这不应该是威胁，因为灵魂是“非物质的”，不会被“身体”这种物体所“反驳”。然而医学理论（拉美特利是医生）逐渐沉迷于两者之间的关系（McManners 1985：150-151）——我们在第 4 章会看到，这种分裂深入到关于“气候”影响的争论中。在此之外，这种担心更多是基于“政治上的”。攻击灵魂就是在攻击社会秩序，也就是在攻击控制系统（威胁到了地狱的永刑）以及支持社会秩序、“作为灵魂的医生”的教士的作用。人们一般都同意，信仰往生对社会来说是一种有用的支撑[3]，人们所反对的是神职的特权地位。这也是启蒙运动的核心基本要素——哲学家与传教士之间的战斗。这不同于无信仰者与信仰者之间的战斗。除了少数几个例外之外，启蒙运动通常的观点是自然神论的。也就是牛顿宇宙的秩序性要归因于上帝的设计，也就归因于理性的上帝（对牛顿而言，这是不可或缺的）。[4] 虽然这种观点在法国声音最大，但把自己看成是正在对不合理的宗教或迷信开战的想法，是启蒙运动的一般特性。这种自我感知可以从伏尔泰的战斗口号“砸烂可耻的东西”中看出。即使是口气略为缓和，苏格兰人仍然是伏尔泰的同路人。（见第 7. 2 节）

迷信是轻信愚昧的产物，就像蘑菇在远离阳光的黑暗之处生长一
6 样。因为神职人员的社会权力是基于让大众留在黑暗之中，所以他们会阻止理性之光的照耀。不过，如果“白纸”是由行为者的理性而不是由

非理性来书写的话，那么启蒙是可能的。洛克的认识论以这样的方式为一种本质上乐观的哲学提供了基础。浇铸经验就是浇铸人的性格。错误的观念（比如迷信）是错误经验的产物（比如神职人员欺骗性的教育），但健全的观念产生于健全的经验。就像培根所说，知识就是力量。（见第 3 章）科学发现所获知的东西使人类有可能走在正确的道路上。要形成更加理性的社会，就是把更加理性的经验传授给下一代。

既然知识的正确传授有着关键的地位，那么“教育”显然是至关重要的。爱尔维修的陈述简单且突出，“教育让我们成为我们这样的人”（*On Man*，1773：tr. II 405）。洛克的小册子《教育漫话》（*Some Thoughts Concerning Education*，1693）使得洛克又一次出现在我们的视野中。由于实际和教育的双重“需要”，很多对教育的讨论都采用了手册的形式—— 一些苏格兰人也参与到了其中。[5]《百科全书》这种体例（狄德罗自认是这一体例的先驱）也有不少追随者，例如钱伯斯（Chambers）的《百科大全》（*Cyclopedia*）。但是，这种实际需要之上还有理论的维度。从广义上讲，教育所拥有的权力是信仰进步的重要前提。（Vereker 1967，Frankel 1948，Sampson 1956）

对“进步”最深刻的说明来自于孔多塞。孔多塞是杰出的数学家（他的多数循环“悖论”至今仍然被许多选举体系的研究所引用）。除了是理论家之外，他还是法国大革命中一个重要的独立声音。但他独立的结果是他自己的毁灭。在被判处死刑后，他藏了起来，在自杀之前，他写了小册子《人类精神进步史表纲要》（1795）。（Manuel 1962，Baker 1975）在那本书中，他把历史分成十个阶段——其中九个都属于过去，都承受着愚昧的耻辱以及教士所纵容的迷信。不过，还有一点可取之处——知识的增长（其中伴随着对牛顿大量的赞扬）。他相信，在未来的第十个阶段，会看到国家之间不平等的消亡，国家内部（包括男女之间）在平等上的进步，会根除邪恶和愚昧，人类会真正得到完善。简言之，“当自由的人只用理性来认知时，阳光就会照耀，那个时代就会来临”（tr. 179）。

孔多塞的方案非常简化，也不标准，但还有其他人与他意见一致［孔多塞自己认为杜尔哥、普雷斯和普利斯特利（Priestley）是先行者］。卢梭因否认进步会改善人类大众而闻名［见他的《论科学与艺术》（1750）和《论人类不平等的起源和基础》（1755）］。当然，卢梭之成名恰恰是由于他的反潮流。苏格兰人，就整体而言，是相信进步的。这种信念需要一种历史理论，也是在这种情况下，很多苏格兰人
7 的社会理论都是历史的。（见第 3 章和第 5 章）由此，他们也属于主流启蒙运动。启蒙运动对历史的态度遭到很严重的批评，因为它实际上是“非历史的”。[Collingwood（1946）的说法最经典，不过也可见 Stromberg（1951）和 White（1973）] 其他人更有同情心一些，把这一时期的新历史观看成是普遍主义者的观点，包括了所有的人类和人类的所有方面（例如 Dilthey 1927，Barraclough 1962，Trevor-Roper 1963）。

在苏格兰人那里，这种双重普遍主义可以通过“文明”观念来把握。虽然他们的确主张文明在大的方面来说是发展的，而且知识的增长正是文明发展的关键要素，但他们不像法国人或普利斯特利之类的英国人那样充满信心，后者认为这种发展是自动的，而且必然是不断改善的。这种不自信的一个重要原因是苏格兰人不把理性看得那么重（Forbes 1954）。我们会看到，他们的社会理论中一直存在着张力，在于他们意识到了制度的顽抗和“黏性”，他们也看到，习惯和习俗在塑造行为方面比理性更有决定性。

苏格兰人留意到了习俗的作用，这反映出他们受到了孟德斯鸠的影响。孟德斯鸠的《论法的精神》（1748）是 18 世纪最有影响的著作（Gay 1970：325），而苏格兰对此书也不吝赞美之词。弗格森甚至宣布：“当我回想起孟德斯鸠庭长的著作时，我茫然不知自己为何要论述人类事务。”（*ECS*：65）《论法的精神》是一本大量枝节繁琐的书，但其关键主题是在书的前言中，在那里孟德斯鸠宣称，在不同政治体系的巨大差异中存在着一些基本的解释原则（*SL*：xliii）。孟德斯鸠清楚意识到了不同社会体系的多样性，他提出一系列因素来解释这种差异——包括气候（我们会在第 4 章看到，在这一点上苏格兰人并不同意他的看法）。孟德斯鸠自己认为这些因素合在一起构成了一种“一般精神”（310）。在第 1. 2 节中，我尝试沿着这些线索来探讨 18 世纪的苏格兰，但在此之前，有必要进一步指出孟德斯鸠作品更深的一面。

人们有可能会发现，在《论法的精神》那拼凑起来的结构中（至少）存在着两套词汇。他既在用自然法的语言说话，又在用共和主义的习语发声。一般来讲，前者源于罗马法系。为了帝国的统治，需要把各种地方法系统化和法典化。这种法律主义渗透到教会中，并直接或间接

地进入到新成立大学的课程中。法学思想关键性的发展产生于近代早期 9
的欧洲。其原因是多方面的，但包括了宗教改革之后基督教世界的崩溃以及“新世界”的发现和殖民。其结果是法律的阐释原则要包含（常常是敌对的）主权国家的新现状。其中最著名的是格劳秀斯的阐释（*On the Law of War and Peace*，1625）和普芬多夫的阐释（*On the Law of* 8
Nature and Nations，1672）。后者特别有影响，在大学课程中占据了中心地位；苏格兰也不例外。在这种情况下，启蒙思想家在批评制度时，经常援引“正义”的要求（见 Diderot 1992）。孟德斯鸠把“法的精神”作为书名恰恰也表明了这种法律体制的重要性（见 *SL*：Bk I）。[6]

但即使它的重要性非常明显，“社会”思想也从来不是完全由法律和权利的话语所涵盖的。源自亚里士多德的一套词汇同样值得尊敬，它把美德和政治或公共生活作为人性本真的表达。法律语言适合于帝国，后一套词汇更容易适应共和主义的自治。这当然是一种泛泛的一般化，但这些共和主义辞藻的要点与下列情况是一致的，即意大利文艺复兴时期和 17 世纪英格兰共和国中独立城邦的兴盛以及新美洲共和国的启蒙运动。它们都把罗马作为模式。但罗马共和国在灭亡之前早已“腐化”（人文上的关键词），并让位于帝国统治。18 世纪给予这种传统以新的力量是出于对商业的敏感，因为执迷于个人收益，它容易被看成是对“公共利益”义务的颠覆。也就是说，它词汇中的术语和概念反映了 18 世纪所经历的经济变化。《论法的精神》书中包含了这样一种词汇，同时也包含了政治形态与经济实践之间关系的珍贵事例。[7]（见 *SL*：Bks 20–22）

孟德斯鸠并不是唯一一个持有这两套词汇的人。例如，卢梭既是契约论者（法学中的核心概念），也是热情的共和主义者。所以，苏格兰启蒙运动的社会理论既有法律语言，又有美德语言，也就不是什么特殊的事情了。不过还是可以对此作出详细的说明。（见第 8 章）这种说明本身也表达了启蒙苏格兰的“一般精神”——既是原因也是结果。

1.2　18世纪的苏格兰

我将展示，这种一般精神有五个相互关联的组成部分：政治和法律上的安排；经济上的变化；两个关键制度的作用——教会和大学；以及最后一个遍布于所有方面的“文化”，或者用休谟的话说，“时代精神”（*E-RA*：271）。当然，这种表述肯定只包括了一般原理和推论概要；丢弃了细微之处和限定条件。如果不这样粗线条的话，那就超出了本书的范围。我要重复早先说过的一点，即此节的目的在于提供一般性的背景信息，以便帮助我们“定位”彼时彼地的苏格兰。

9 1.2.1 政治

1714 年安妮女王死后，英格兰和苏格兰的王冠传给了汉诺威的乔治。安妮女王是斯图亚特王朝最后一位国王詹姆斯二世（和七世）的女儿，詹姆斯二世在 1688 年的光荣革命中被有效罢免了。罢免是由议会发起的，而光荣革命的一个后果是增强了议会对其自身权力的意识。苏格兰议会对其自身也有类似的看法。不过，当时的环境却不利。粮食连续歉收，议会的主要活动——试图为苏格兰建立殖民地（达连湾计划）——遭遇到了毁灭性的打击，以及与英国的贸易争端，这些都是苏格兰与英格兰两个议会在 1707 年合并的背景。不管这种合并是否是必要的，它都是一些苏格兰领导人的背叛之举，人们至今仍然在争议，这种合并究竟是英国花言巧语的产物，还是仅仅为了应对紧迫困难而选择的“出路”。在那一时期有着大规模的宣传册之战，其中安德鲁·弗莱彻（Andrew Fletcher）的表现特别突出，而这种宣传册之战，就像戴维（G. E. Davie 1981）所指出的，是启蒙运动性格塑造的一个重要因素。

按照合并协议，苏格兰要送 16 位贵族去上议院，45 个人去下议院。（总数为 568 人）这种安排显然是只给了苏格兰人很少的直接政治权力，但是协议的重要之处在于允许苏格兰人保留他们自己的法律体系以及自己的教会机构和学说。这不是蝇头小利，因为这最直接地关系到了大多数当地人的生活。我们稍后会考察教会，在这一小节中，我们要认真讨论律师，因为正是他们在整个 18 世纪苏格兰管理体制中发挥了关键作用。

18 世纪的英国政治是委任杰出人士的政治时代，而苏格兰是其中不可或缺的一部分。合并之后，经过几年的反复，形成了一种稳定的模式（Simpson 1970）。作为苏格兰贵族和议员在政府方面的交换，英国让阿盖尔派（Argyll faction）根据不同情况，在苏格兰实行自由“统治”。这种统治方式采取了教会和大学委任制，这一点会在下文中提到。实际的行政管理由爱丁堡的一位“副大臣”来监管。这种职务由大法官来担任。18 世纪最后 25 年中最引人注目的两位是安德鲁·米尔顿（Andrew Milton，1734—1748 年担任最高民事法庭副庭长，随后是掌玺大臣）（见 Murdoch 1980：12, Shaw 1983：62）和亨利·邓达斯（Henry Dundas，苏格兰总检察长和掌玺大臣）（见 Dwyer & Murdoch 1983）。

律师的突出作用一般得到了以下情况的支持，即合并以一种反常的方式加强了律师（以及苏格兰教会）的地位，这也体现了苏格兰行事方式的与众不同。不像英国法律，苏格兰法律一直以来都与欧洲 / 罗马法系有着更密切的联系；事实上，直到 18 世纪，苏格兰的律师都是在国外，特别是在荷兰的莱顿大学和乌德勒支大学接受教育的。虽然像我们先前指出的那样，法学体系最著名的发展者都是来自欧洲大陆，但苏格 *10*
兰人也是参与其中的，一些学者认为斯戴尔勋爵（Lord Stair）的《苏格兰法律制度》（*The Institutes of the Laws of Scotland*，1681）也在启蒙运动中占有一席之地（MacCormick 1982）。当然，一些社会理论家的法律背景也很明显——凯姆斯和蒙博杜是法官，米拉是法学教授，斯密和弗格森讲授“法律”，休谟则受过一些法学培训。

从政治层面上看，苏格兰启蒙运动的成员都是支持汉诺威王室的。这不仅意味着支持现有体系，因为正是这种支持表明了他们反对詹姆斯党。詹姆斯党人支持斯图亚特王室，在 18 世纪上半叶，他们经常举旗反对新王朝。这种经常性的反叛表明汉诺威王朝的传承还远远未到安枕无忧之时。最著名的两次反叛分别发生在 1715 年和 1745 年。前者得到了广泛的支持，它利用了大众的不满情绪，因为人们普遍感到合并没有带来好处。例如，因为支持叛乱，两所阿伯丁大学（国王学院和马歇尔学院）的教职工受到了整肃。虽然 1745 年的反叛最初严重威胁到了英国政府（支持詹姆斯王室的青年军一度逼近到了南部的德比郡），但除了一些高地部族外，它在苏格兰的支持者很少。此时阿伯丁的各所大学都是忠诚的，事实上一些人甚至拿起武器来反对叛乱（Emerson 1992：12），而圣詹姆斯选了卡洛登战役的胜利者坎伯兰公爵（“屠夫”）作为其大臣。

在粉碎了叛乱的卡洛登战役之后，英国采取了精心的政策来破坏高地人的政治分离。（Youngson 1972：26）这种破坏的具体工作由几个议会法令来执行。1752 年的兼并法令没收了詹姆斯党人的财产，在财产兼并委员会（米尔顿是负责人，凯姆斯是委员）的支持下，这些财产的收益被用来非常精心地把高地人吸收到低地人的文化中来。[8] 另一个有效措施是通过了废除“世袭审判权”的法令。这些世袭审判权让部族头领有了行政司法的权利（包括判处死刑的权力），虽然合并协议写明要保护这些世袭审判权，但还是被推翻了，因为它让部族头领有权从其部属中成立“军队”（Shaw 1983：169）。亚当·斯密在《国富论》（*WN*：416）提到了其中一位头领（洛赫巴的克默伦），其上下文是在解释商业社会的兴起。苏格兰把他们自己（即城市低地人加上阿伯丁人）的社会界定为“商业的”。这种对经济特性的明显感觉既是他们社会理论的标志，又体现了当时所发生的经济变化。

1.2.2 经济

合并背后的动机之一是苏格兰人需要无限制地进入英国市场。最终，到了 18 世纪中叶，合并开始显现经济上的回报，经济很快发生了变化。（Devine 1985）可以通过一些数据看出变化的幅度和速度。从
11 1751 年到 1801 年，人口增长了超过了 1/4。不过，人口增长并不是平均分布的；这一过程最好的形容是城市化，因为这一时期格拉斯哥的人口从（大约）27 500 增长到了 77 400，爱丁堡的人口则从 52 250 增长到了 82 500，而邓迪的人口只增加了一倍，阿伯丁的人口则是增加了 80%。（Lenman，1981：3）农业之外，主要的工业是纺织品，特别是亚麻的生产。这方面的扩展也非常巨大，从 18 世纪 30 年代初到 90 年代末，出口增长了 7 倍。（Durie 1979：158）烟草业也有类似的增长，苏格兰贸易额在英国总贸易额的比例从 1738 年的 10% 涨到了 1769 年的 52%。（Smout 1969：244）今天的格拉斯哥仍然保留着当时“烟草大王”兴起之初的标志，即用英格拉姆和格拉斯福特（而不仅仅是弗吉尼亚）之类的名称来命名街道。

像采矿、化工、冶炼这些重工业直到 18 世纪的最后 25 年才得到发展。重工业的发展需要城市化和纺织业充分兴旺以后才能产生相关的需求。战争一如既往的是额外的推进器，这特别适用于卡农（Carron）这样的铁厂，它在 1765 年成立，其时正值七年战争期间。这也需要物质和财政在结构上的支持。运输是靠马匹和船只。虽然有合理有效的马车往返于爱丁堡和伦敦之间，但横越全国的旅行仍然是艰苦的。公路建设

的最大动力不是来自于经济考虑，而是出于军事需要。事实上，道路的修建是为了方便军队的行动，所以这些道路并不总是贸易上最合适的路线。（Hamilton 1963：231）大宗货物从格拉斯哥到爱丁堡运输的唯一途径是用船，但这要经过彭特兰湾，既漫长又危险。连接福斯与克莱德的运河于1768年开始施工，1799年建成。这是相当大的工程成就，但显然也花费了大量的投资基金。像许多这样的计划一样（想一想海底隧道），融资总是靠不住的，1784年来自兼并财产的资金拯救了这个工程。（Hamilton 1963：237）

与资本投资相伴的是银行体系的发展。[9] 苏格兰银行在合并之前就已经成立了，但皇家银行成立于1727年，英国亚麻公司（银行，这是米尔顿插手的又一个机构）成立于1746年。（Durie 1979：115）还有为数众多的小银行，当然不是所有小银行都能够存活下来。福斯－克莱德运河的投资者所面临的问题之一是遇到了埃尔银行1772年倒闭所引发的信用危机。这次倒闭非常恶劣，以至于当时的（在伦敦的）一位记者宣称“所有建筑业和农业上的改善”都停止了。（引自 Smout 1969：247）

“改善”（improvement）是个关键词。1723年成立的一个协会，堂而皇之地冠名为“改善者荣誉协会”。这个协会成立的实际目的是为了改良农业（Campell 1982：11）。“改善”措施包括引入“英国方法”（Ramsay 1888：II 227），例如三叶草这类新作物，轮作和施肥等，而不仅仅是引入新工具和经营权的重新组织。某些地主系统地开展了这 *12*
些工作。例如，凯姆斯就是其中的一位，他掌控他妻子在布莱尔·德拉蒙德的土地财产，作为启蒙运动的优良成员，他也写了一本手册，书名颇为华丽动人，《绅士农场主：通过理性测试原则来改善农业》（*The Gentleman Farmer*：*Being an attempt to improve Agriculture*, *by subjecting it to the Test of Rational Principles*，1776）。拉姆塞的评价是，凯姆斯做得非常好，虽然没有他自己想的那么好。（II 229）“改善者协会”也帮助了亚麻工业的发展，还有一些关键成员用董事会的基金来帮助渔业和制造业（1727）。事实上存在不少这样的协会，其中声名昭著的是爱丁堡的“择优协会”（The Select Society），其成员包括了很多（有名望的）思想界人士。（Emerson 1973）

思想界的介入表明，经济变化的步伐和性质并不是发生在“他们后背”上的事情。不少评论者事实上已经意识到了苏格兰启蒙运动的一个与众不同的特征。（见第 8 章）当然，他们的社会理论的确把社会差异与不同生活方式联系起来，就此而言，把高地人与低地人作对比似乎就足够了。我们已经指出，斯密引用了洛赫巴的克默伦的例子，而在《国富论》（*WN*：31）另一处，他用高地人来举例说明劳动分工的欠发达。与之类似，更宽泛的思路是提出高地人的“文明”其实是原始或野蛮的不文明。例如，彭南特（Pennant）在 1769 年把高地人描述为“除了雇佣他们去追逐，否则就是闲散和懒惰的……他们不会在必要之外多费一点力气”（*Tour* 1774 edn：117 cf 193），这得到罗伯森的呼应，他把美洲印第安人描述成“没精打采的”，“除了某些的需要外”他们不对任何事物感兴趣（Ham：819）。[10] 这种对他们“经济”环境的探索，不应该过分夸大。高地人与低地人的对比只能在探讨第一个方面时起作用。不证自明的归罪于某物一直都是不牢靠的历史学假设。苏格兰人主要不是“只”对他们自己的社会进行理论化。通过最初由约翰·辛克莱尔爵士（Sir John Sinclair）承办的《统计描述》（*Statistical Account*，1790），他们认真地尝试得出当时的“事实”。每个教区的负责人都要提供自己教区对差不多 165 个条目问题的回答（Mitchison 1962：124；有人把《统计描述》看成是苏格兰启蒙运动最独特的产物，见 Withrington 1987）。尽管有这样的努力（这里不应该强调“实证主义”），苏格兰人的社会理论也从来没有脱离道德和价值评价的探索。如果其根基不在苏格兰教会，那么大学也会成为这种探索的中心。

1.2.3 教会

经过多次斗争和流血，威廉和玛丽登基之后，1690 年的调解协议确立了长老会制作为官方认可的教会形式，威斯敏斯特信仰告白
13 （Westminster Confession）的制定考验了正统教义（Cameron 1982：
116）。（见第 7. 2. 3 小节）6 年后，这产生了致命的后果，它以亵渎上帝的罪名处决了 19 岁的学生托马斯·艾肯海德（Thomas Aikenhead），即使他已经宣布了放弃他所持的观点，即神学是“幻想、伪装、错误且毫无意义的”（引自 Hunter 1992：224；Hunter 概括地论述了这一事件）。从表面上看，这一事件代表了启蒙运动所要反对的东西。所以，最值得注意的是，像威廉·罗伯森这样的苏格兰启蒙运动的头号人物不

仅是一个牧师，而且也是苏格兰教会最高宗教会议的主席，他不是特例。亚历山大·杰拉德（Alexander Gerard）也是主席，弗格森、里德和坎贝尔都是正式任命的牧师。那这种变化又是怎么产生的呢？

合并本身肯定了教会的地位，因为保留长老会制是协议中的条款之一。除此之外，合并可以看成是提升了教会的地位，因为没有议会了，那么最接近民族讨论的论坛就是最高宗教会议。（Clark 1970：202）不过，大概是这种地位提升受到了政治上的关注，最终还是帮助苏格兰教会（或者其中的一些部门）与苏格兰启蒙运动建立了友善关系。

在这方面有两条线索：教义上的和组织上的。随着新世纪的到来，严格的加尔文神学逐渐减少，它不像以往那样得到广泛接受，也不再是狭隘的注解了。1712 年的宽容法令规定地方行政长官不得强制执行苏格兰教会的决定，因此迫使教会只能坚持自己的训导方式。这些变化中的一个关键事件是格拉斯哥神学教授约翰·西姆森（John Simson）异端邪说的无罪获释，他在 1717 年和 1727 年两次被判无罪。从 18 世纪 30 年代开始，分歧出现在那些坚持权威加尔文教义的人与那些更“理性”或不那么依据圣经的人和那些除了个人救赎之外同样强调社会责任的人之间。（Cameron 1967：1944）托马斯·霍里伯顿（Thomas Halyburton）用笔证明了被处死的不幸的艾肯海德是无辜的，当他哀悼“一种理性的宗教正来到我们身边：我的意思是这种宗教只有外在义务和命令，而没有神圣权力”（引自 Cameron 1982：121），那时就早已显示了分歧的产生。正统教义的明显衰弱也不是没有遭到抵抗。教会内部一直有一个派系（“志向远大者”）致力于福音派教义，也有几次脱离教会的举动，即使如此，教会也是越来越强调礼貌和文明（Landsman 1991）。教义上的争端不仅仅是因为异议。组织上的因素同样是争端的重要原因。

最初的有效打击来自 1712 年的圣职授予权法令。它重申了委任牧师（appoint ministers）拥有圣职授予权。在皇家自治市，城镇议会拥有这种权利，而剩下的 90% 授予权名义上是由王室拥有，实际上则直接或间接地由贵族所掌握（Sher 1985：47）。这样的授予权完全与长老会 14
的精神相悖，长老会认为牧师应该由当地的苏格兰教会来任命。一些领主试图行使圣职授予权，但并不顺利。一些长老会抵制了他们的任命。事实上，最高宗教会议并不那么支持领主的权利，结果就产生了一个名为温和派的组织。[11] 这些人都是苏格兰教会教义中的“理性”派，希望能按照他们自己的理由来重建最高宗教会议的权威。[见“异议的理由”(“Reasons of Dissent”，1752)，摘自 Rendall 1978：213-214] 这个组织中最有名的是罗伯森和休斯·布莱尔这样的知识分子，他们通过狡猾的行动企图让自己成为最高宗教会议中的领导“党”。温和派并不是由政治条件所操控的玩偶，但他们出于实用的考虑，竭力维持相互间的互利互惠。就像克拉克说的，勉强默认圣职授予权是教会不得不付出的“价码”，以继续在“国家生活中占有核心地位”(1970：207)。让最高宗教会议保持“微笑”有助于苏格兰的“管理”(Shaw 1983：100)。既然最高宗教会议支持和推行了圣职授予权（法律上的）实施，那么作为回报，宗教会议不会受到直接的“干预”。在这种方式下，那些对改善和“开明”抱有同情心的候选者更容易得到安排。

这不是说温和派的宗教信仰不真诚。地狱之火的训斥可以让位于对社会义务（基督教的和睦）的强调，但这种强调上的转变并不是叛教。(Emerson 1989：79) 事实上，有些评论者 (Chitnis 1976，Sher 1985，Allan 1993) 已经提出，这种对“社会”的关注以及它与神学传统的持久关联对苏格兰的社会理论作出了重要贡献。虽然这种观点是泛泛而论的，也许很难提出具体的实质内容，但很明显，温和派都是“开明派”。这一点，再加上他们所处的是核心机构，使得苏格兰的启蒙运动非常不同于法国的情况。温和派牧师与启蒙运动其他成员（甚至包括大卫·休谟这种最声名狼藉的异教徒）之间的密切关系进一步加大了这种差异性。罗伯森、布莱尔、杰拉德、弗格森和里德同时也是大学教授。

1.2.4 大学

100 年来，苏格兰的五所大学——圣安德鲁斯、格拉斯哥和阿伯丁国王学院（这两所大学在宗教改革之前就成立了）、爱丁堡和阿伯丁马歇尔学院（这两所是宗教改革期间成立的）——最为有名。这些大学的传统是生产宗教牧师，17 世纪这 100 年来也是如此。(Cant 1982：44) 这也有助于解释为什么律师都是在国外学习，为什么医学教育停滞不前。就像法律一样，荷兰大学也教授很多苏格兰人医学 [亚历山大·门罗 (Alexander Monro) 在 1722 年成为爱丁堡的第一位解剖学教授，以前就是在莱顿大学学习的]。而 18 世纪就看出了明显的变化。从一般

意义上讲，产生了从天堂到尘世的转变。因此，医学专科学校得到了 15
爱丁堡（1740）和格拉斯哥（1760）官方的承认，爱丁堡在1707年到1722年间设立了四个法学教席。（Chitnis 1976：135）

两个组织上的变化标志着这种向世俗的转变。拉丁文课程逐渐取消了。这方面非常重要的先驱是格拉斯哥大学道德哲学教授弗朗西斯·哈奇森，他的作品（见第7章）以及个人影响力（他是斯密的老师）使得他被称为“苏格兰启蒙运动之父”。第二个是教学体系上的变化。传统的董事逐渐取消了（只有国王学院仍然保留着它）。在原有的教学体系中，每个教师在学生求学的四年中只能开设同一门课程。现在则代之以有专业教师和专业课程的职业教学体系。因此，爱丁堡大学在1708年取消校董，与它任命法学教授，并不是一种巧合。

学习的实践方面无疑也是重要的。除了法学和医学职业课程的发展之外，还扩展了像化学和植物学这样的学科，这明显是用于农业改善和“工业”。例如，卡伦（Cullen）在格拉斯哥与凯姆斯通信，讨论施肥的化学问题，并开设了农业原理这样的专业课程——他有自己的农场，在那里，他把自己的原理用于实践。（Donovan 1982：100）卡伦也研究亚麻漂白的应用化学。（Guthire 1950：62）不过，大学也不限制知识发展（卡伦在这方面也有一席之地）。大学课程改变了，其中特别著名的是牛顿体系得到了迅速的采纳和承认：牛顿自己给了科林·麦克劳林（Colin Mclaurin）——已经是马歇尔学院的教授—— 一份他1725年爱丁堡的任命证书。（Chitnis 1976：129）与强有力的知识发展形成对照的是，必须得在思想上忍受课堂的实际情况。学生一般是在十五六岁进入大学。[12] 迈克劳林是公认的早熟，他15岁就此格拉斯哥大学毕业，17岁就得到了爱丁堡大学的教职，而杜格尔德·斯图尔特（Dugald Stewart）18世纪末在爱丁堡教书时年仅19岁。（Chitnis 1976：139）

学生和教职员的人数都在增加。教职员中有不少是流动的。我们已经指出了迈克劳林的人生旅程，其他著名的转任包括里德从国王学院转到了格拉斯哥大学，卡伦和布莱克这两位杰出的化学家从格拉斯哥大学转到了爱丁堡大学。教授在大学内的教席也会变化。斯密在格拉斯哥大学从逻辑学教授转为道德哲学教授，弗格森在爱丁堡大学从自然哲学教授转为气体力学和道德哲学教授。

这样的调度冲击了学校政治，在18世纪的背景下，大学任命不出意料地是另一种圣职授予体系。苏格兰启蒙运动的理论家绝大多数都是大学教授，这一点非常明显，这也显而易见地证明了在这一体系中，什
16 么才是有才能的人。总的来说，蠢人是得不到任命的，这不仅是因为他们吸引不了学生来付学费［与苏格兰的情况相比，斯密更赞许牛津（见*WN*：761），他也曾是那里的学生］，而且也是由于“市场”萧条会损害到同事的利益。（Emerson 1992：7）例如，凯姆斯写信给米尔顿，推荐卡伦继任自己在爱丁堡的教席，同时指出卡伦有助于提高学校的声望，会吸引大量的新人。（信重印在 Rendall 1978：59）除了这些收入和声望上的直接关切之外，任命一般也会优先选择那些更能取得“改善”的人。（Emerson 1993：188）这意味着实际上会任命那些致力于现存秩序的人。在给米尔顿的同一封信中，凯姆斯也指出，卡伦是“阿盖尔公爵的坚定支持者”（Rendall 1978：59）。因此，人们也就不会特别惊讶于爱丁堡大学分别在 1762 年与 1760 年分别任命了罗伯森与布莱尔这样的温和派做校长与修辞学教授。他们是由比特勋爵（Lord Bute）任命的，后者接管了阿盖尔的政治机器。比特也负责把约翰·米拉安置在格拉斯哥大学担任民法的钦定教授（米拉也是凯姆斯的门徒）。事实上，在 1764 年，爱丁堡大学 19 个教职中的 7 个、格拉斯哥大学 13 个教职中的 5 个都得到了比特的大力支持。（Emerson 1988c：159-160）

当然，大学也不总是精英管理的华丽模板。裙带关系仍然存在。例如，吉尔伯特·杰拉德接过了他父亲亚历山大在国王学院的教职［国王学院是苏格兰最近亲繁殖的大学——见 Emerson（1992：147）的图表］，但他也不是唯一一位，杜格尔德·斯图尔特也接替了他父亲在爱丁堡的教职。即使这些例子中的“品质”得到了承认，这种情况也是无法保证的。米拉在格拉斯哥大学的继任者，罗伯特·戴维森是校长的儿子，大家都说，他配不上这份工作。（Cairns 1995：151-152）社会上还存在着与精英管理相对抗的压力。即使所有人都承认休谟的知识能力，但他的异教徒名声还是足以把他挡在格拉斯哥大学和爱丁堡大学的教席之外。不过，休谟还没有完全被排斥，他在 1752 年得到了一个“机关”职务，担任大学图书馆的馆长。休谟事实上是启蒙运动领导团体中的一员，以至于其他人把作品交给他，以便审查体裁上是否渎神。这种对作品的执迷也是苏格兰人自我意识的一个突出特征，他们意识到他们既不同于大不列颠，同时又是大不列颠背景中特殊的一部分。

让休谟去看其他人的作品的一个主要原因是害怕“苏格兰腔”。据蒙博杜说，休谟临死之前告解的不是他的罪恶而是他的苏格兰腔。（Mossner 1980：606）他们对自己的表现（可能会）不符合英格兰汉诺威王朝的规范而感到忧心忡忡。亚历山大·卡莱尔（Alexander Carlyle），温和运动的奠基者之一，在他的《自传》中说：

> 对每个出生于苏格兰的人来说，英语在某种程度上都带有外国 17
> 腔，他不能理解英语词汇和短语的准确含义和语气，因此就不断地
> 用描述词或累赘的陈述来表达自己的说法，这使得他的作品显得既
> 拘谨又冗长。[13]（1910：543）

有不少证据都说明了这种自我意识。很多人都关心语言和文体，休谟最恶毒的敌人，詹姆斯·比蒂（James Beattie，他们两人彼此反感）就证实了这一点[14]，他发表了一本小册子，名为《按字母排列的苏格兰腔，以便纠正言论和写作上的不恰当用法》（*Scotticisms arranged in Alphabetical Order, designed to correct Improprieties of Speech and Writing*，1787）。这本小册子明显是为了提醒年轻的作者“提防苏格兰俗语在英语中的误用”（2）。比蒂的副标题指出了与书面语一样，口语也受到人们的关注。（上文提到过的）上流协会在1761年诞生了一个分支——“提高苏格兰的英语阅读和口语”协会（McElory 1969：58）。同一年，它邀请爱尔兰人托马斯·谢里丹（Thomas Sheridan，剧作家之父）讲授语言艺术课。这些课程不仅是面对学生的，而且（就像当时宣传的那样）也面对“高职位的女士和先生们”，因为语言艺术的学习已经是一种“风尚”。（Sommerville 1861：56）

这种自我意识的另一个相关现象是英语杂志非常受欢迎。在爱丁堡，人们很快重印了《闲谈者》（*Tatler*）和《观察者》（*Spectator*），并广为传播。（Phillipson 1987：235，1981）这些印刷品之所以受到欢迎，是由于对文雅和“礼貌”的关注。按照当时的另一种说法，它们是“以特有的机智和幽默来点醒那些较少关心生活义务的人，与此同时却丝毫无损于那些人已有的虔诚和道德”（Ramsay 1888：I 6）。这种对社会礼仪的关注是正在迅速发展的城市文化的必然产物，以至于“城市风格”

20 （以及相关的“市民文明”）成为性格和行为中积极推崇的品质。

对文雅和文明礼貌的关注也体现在俱乐部和辩论协会的萌芽中。有些我们已经提到过了，另一些中有一个与众不同的产物是阿伯丁的“哲学”协会（“明智俱乐部”，Ulman 1990）。各种协会是机构组织中的一个重要部分（Phillipson 1973a，1973b）。它们在大学、法律、教会和“进步”绅士上都有着一致的看法。这种交织是苏格兰启蒙运动中一个至关重要的“社会”现实。虽然各类学院在整个启蒙运动中是观念传播和辩论的中心，但苏格兰人彼此之间的亲近也产生了紧密且强有力的（虽然是多种多样的）利益让他们团结在一起（Ross 1972：67）。这种建立在深层次制度基础和个人联系上的团体形象也有助于把苏格兰启蒙运动与他们的前辈区分开来，像皮特卡尔尼（Pitcairne）、席巴德（Sibbald）、斯戴尔（Stair）这些前辈，虽然是出色的学者，但缺乏制度上的支持，而且（作为主要的主教派教徒）是与周边文化相悖的。

18 不过，苏格兰人并不是完全消极地面对英语。他们试图通过发展自己的杂志（例如成立于1739年的《苏格兰人杂志》）来与英语杂志竞争。（Murdoch & Sher 1989：133）1760年，休谟所作的苏格兰方言列表中有这本杂志，最早休谟是在他的《政治讲演录》（*Political Discourses*）中提到它的，但当时没有提到后面的几期。[见Basker（1991）中对列表的重印] 由思想界（包括斯密和罗伯森）在1755年出版的《爱丁堡评论》（*Edinburgh Review*）代表了一种更雄心勃勃、知识上更严肃的努力——它的要求太高了，以至于单靠读者，它在财政上是无法维系的。在第一期的卷首语中，编辑们把自己称作是生活在“大不列颠北方”的人（引自Rendall 1978：223）。这种称谓之所以重要，是由于它既揭示了在1745年过了10年后，他们仍然对被称为“苏格兰人”感到愤愤不平，又反映了他们想要被看成是更大社会中的一分子，他们的区别只是在维度上的，而不是在文化上的。

苏格兰人看起来只是想把苏格兰当成是一个地方，而不要被当成是地方乡下的——这是戴西斯（Daiches 1964）所说的苏格兰文化的“悖论”。害怕被看成是（贬义上的）“地方乡下的”（Clive & Bailyn 1954），也想把自己融入“大都市”或英语文化中，这两种想法同时存在于苏格兰人自己的“自负导向”（guid conceit）中；他们事实上不比英国人低一等。这也符合下面的情况，即他们不一定要根据来伦敦来定位自己。

他们同欧洲，特别是同荷兰的联系使得他们也是“国际都市的”，而不只是“地方乡下的”，就像齐史克（Chisick）对休谟的评价，他的“经历是欧洲化的，而不是狭隘的苏格兰或英国化”（1989：23 cf. Emerson 1995）。这在很大程度上可能是思想界的事或问题，但政治现实也起了作用。其中的关键是苏格兰民兵的提出。真正的议题更多的是“能信任苏格兰人吗”而不是“苏格兰人应该拥有自己的民兵吗”，要求建立的民兵的各种运动不断兴起，但都未成功。（当然）也为此成立了一个协会。这个俱乐部——所谓的扑克俱乐部（见 Robertson 1985）——成员中最著名的是弗格森和克莱尔。斯密也是成员之一，但就像我们将在第 6 章看到的那样，同属一个团体并没有阻止斯密与弗格森两人争执到底是民兵好还是正规军好。虽然英国议会不同意苏格兰建立民兵，但提出让苏格兰军团来促进和维持了帝国的统治并不是一件懊恼的事。（Colley 1992：132）

苏格兰人只要在伦敦闯荡，他们就会对自己的地位有所意识。休谟的通信集特别清楚地揭示了这一点，他写道“一些人因为我不是托利党而恨我，一些人恨我是因为我不是辉格党，一行人恨我则是因为我不是基督徒，但所有人都憎恨我，因为我是苏格兰人”（*Letts*：I 470）。英国的“苏格兰厌恶症”[休谟在另一封信中称之为“对苏格兰人的公愤”（*Letts*：I 383）]，不单单是歇斯底里的，因为正如科利（Colley）所说，这还是有着某种事实依据的，因为英国人认为苏格兰人要受到“接管”（1992：122）。政治最明显的例证就是比特的大臣任期，他是由威尔克斯所引发的大众骚动的主要嘲笑对象。不过，在思想层面上，苏格兰被 19
最有效地接管了，这也使得他们的成就得到了应有的高度评价。休谟在一封信中再次简洁地将这种矛盾心理刻画为“时代精神”：

> 这难道不奇怪吗？在我们失去我们的王子、我们的议会、我们的独立政府甚至我们主要的贵族阶层之时，我们却对我们陈腐方言的口音和语调感到不满意；这难道不奇怪吗，（我是说）在这种情况下，我们真应该成为欧洲学界中的杰出人士吗？（*Letts*：I 255）

最主要的区别是他们的社会理论。在展开这种理论之前，第 1 章最好是以对下面问题的简单回答作为结束语，即谁是苏格兰启蒙运动的社会理论家？也许有差不多20个写作者，但下面8位是最关键的。按照年代，以下是这些核心人物的简单介绍。

亨利·霍姆（凯姆斯勋爵，1696—1782）

苏格兰边境上的凯姆斯领主之子，他在家接受教育，在爱丁堡获得了律师资格。他被任命为普通法庭的法官（以凯姆斯的名字），后来成为高等法院的委员。他是渔业、制造业和改善董事会的成员，也是没收财产委员会的专员。他有两部现代版的长篇传记。（Lehmann 1971，Ross 1972）

大卫·休谟（1711—1776）

凯姆斯的（远房）表弟，他是贝里克郡宁威尔区领主之子——他父亲也是一位执业律师。他在爱丁堡大学接受教育，他主要经济来源是写作，他也做过军法官、图书馆长以及巴黎的大使秘书。他的主要传记的作者是莫斯纳（Mossner，1980，2nd edn）。

威廉·罗伯森（1721—1793）

爱丁堡大臣之子，他在爱丁堡大学接受教育，被任命为爱丁堡附近的格莱德穆尔（Gladsmuir）大臣。他后来也成为爱丁堡大臣，慢慢做到了皇家牧师，其后于1762年被任命为爱丁堡大学校长，1764年加入了苏格兰皇家历史协会。他没有现代版的“生平”，但谢尔（Sher，1985）有一个长篇幅的讨论，卡米克（Camic，1983）做过非常精彩的心理分析，而杜格尔德·斯图尔特写过一篇内容丰富的“回忆录”。

亚当·弗格森（1723—1816）

学界中唯一出生在高地的人——佩思郡的楼吉莱特（Logierait），他父亲是那里的教区主管。他遵循父亲的足迹，上了圣安德鲁斯大学。他在新成立的苏格兰高地警卫团中担任牧师。事实上，他没有继承他父亲的事业，并离开了政府部门。在短暂接替休谟成为图书馆长之后，他在1759年成为爱丁堡大学的教授。约翰·斯莫尔（John Small）在19世纪写过一本他的“生平”，而凯特勒（Kettler，1965）写过一本他的思想传记。后人所编辑的他的《通信集》中有法格（Fagg）所写的最权威的传记。

亚当·斯密（1723—1790）

20 海关官员之子，生于科克卡迪，在格拉斯哥大学接受教育，后来获得了格拉斯哥奖学金去牛津学习。在一段时间的自由讲学后，他于

1750 年被任命为格拉斯哥大学的教授。1764 年他辞去了大学教职，接受了一个待遇更好的职位，担任布克莱（Buccleuch）公爵的家庭教师，不过仅仅两年后他就辞职了。在 1778 年，他成为海关专员。雷（Rae，1895，repr. 1965）在 19 世纪写过一篇“经典”传记，坎贝尔和斯金纳（1985）写过一个简单的传记，而罗斯（1995a）现在写出了最可靠全面的生平。 23

约翰·米拉（1735—1801）

也是牧师之子，生于克科奥肖兹，在格拉斯哥大学接受教育（斯密是其老师）。在 26 岁时，他成为格拉斯哥大学的民法教授，此后 40 年一直如此，直到去世。在教学之外，他偶尔也接一些法律案件，主要是代表穷人被告。他是著名的激进辉格党，他把《英国政府的历史》一书献给福克斯（Fox）。他的女婿，约翰·克雷格（John Craig）为他写了一篇长的传记，被莱曼（Lehman）放到他编辑的《等级区分的来源》（1960）一书的前言部分（见 1990 年的重印本）。

詹姆斯·邓巴（1742—1796）

8 位中唯一来自阿伯丁的人，他的父亲是伯思（靠近莱恩）的小领主。他在国王学院接受教育，并于 1765 年成为学校的董事。他一直待在国王学院，直到 1794 年因病退休。贝瑞（Berry）写过他很简短的生平（1974b）。

吉尔伯特·斯图亚特（1743—1786）

虽然是爱丁堡大学教授之子，但他在某种程度上是个“局外人”。他在他父亲的大学接受教育，也好几次尝试获得那儿的教职。他在伦敦生活，职业是评论家和手册作家，也写过历史作品来质疑罗伯森的观点（他认为罗伯森的反对，才使自己没有获得爱丁堡大学的教职）。他传记的作者是扎克斯（Zachs，1992）。

注释 21

[1] 狄德罗写过一段论贝尔的话，但出版之前被拿掉了。（见 Wilson 1972: 743）拉布雷斯（Labrousse，1983）——她是一流的贝尔专家——简单论述过贝尔。对启蒙运动的所有论述都注意到贝尔的影响（Cassier 1955，Brumfitt 1972）。贝尔是法国自由思想家［其他人包括拉罗什富科（La

Rochefoucauld)、圣－埃弗尔蒙（Saint-Evremond）] 的主线之一，通过曼德维尔，这些人也影响了英国。贝尔作为极度怀疑论者的名望，以及他与传统的联系，让《前言》基于审慎的考虑而无法赞颂他。他们一直与审查制度作斗争；法国启蒙运动的一些人（包括狄德罗）都因此而进过监狱。

[2] 1735 年由拉孔达麦（LaCondamine）领导的另一个去亚马逊的探险也是旨在确定地球的凸起，但其结果十多年后才传回来。另一个成功证明牛顿的实验是哈雷彗星的如期回归（Hamkins 1985：39，40）。伏尔泰写诗称颂牛顿的胜利（Aldrige 1975：96）。

[3] Payne："《百科全书》的作者们罕见地在这一点上形成了一致意见，即所有的社会都需要一个神，特别是可以赏善罚恶的神。"（1976：190–191）

[4] 牛顿不仅认为"太阳、行星和彗星这种美妙体系只能出自全知全能的上帝的计划和控制"(《数学原理》第三卷，1953：177)，而且还暗示上帝必须定期"改良"这一体系(《光学》Q31，1953：177)。莱布尼茨也持有后一种观点，他说上帝看的还不够远，不得不时常给他的闹钟上紧发条。莱布尼茨在与克拉克（S. Clarke）的一封著名的信件中捍卫了牛顿。

[5] G. Turnbull，*Observations upon Liberal Education*（1742）；D. Fordyce，*Dialogues concerning Education*（1753）；Kames，*Loose Hints upon Education*（1781）.

[6] 有关这一主题的经典论述出自于基尔克（Gierke tr. 1934），现代的杰出论述者是塔克（Tuck 1979，1993）。至于孟德斯鸠的参与，可见梅森（Mason 1994）。

[7] 现代对这一传统——名为公民人文主义或古典共和主义——最经典的论述来自于波考克（Pocok 1975）。虽然这样的词汇可以在孟德斯鸠那里找到，但绝大多数学者认为孟德斯鸠本人更多的是支持"现代自由"而不是"古代美德"。"少数人的观点"可见基欧汉（Keohane 1980：Ch. 4），斯科拉（Shklar 1987）对此作过简单的综述。更个案的，从商业和美德之间的关系出发，对孟德斯鸠和苏格兰人的讨论见谢尔（Sher 1994）。

[8] 委员会是要"让居民举止文明……提高他们对新教、良好政府、工业和制造业的认可，以及他们对国王及其后代的义务感和忠诚感"（引自Youngson 1972：27）。委员会强调居民学习英语，禁止他们穿传统"服装"。

[9] 托马斯·萨默维尔（Thomas Somerville）在回忆录中报道了银行关门带来

的不便（1984），也提到罗克斯伯格公爵（Duke of Roxburghe）在1720年一个月可以收到100镑。萨默维尔还评价了银行关门是如何提高律师作为借贷者的重要性（和财富）的（1861：353）。

[10] 高地人也被描述为特别容易迷信的人——这些都是粗野、未开化思想的标志。奥切太尔的拉姆西（Ramsay of Ochertyre）的手稿花了一章来写高地人的迷信。（1888：II 417–474）彭南特在《旅行》一书中提到了防止牛着魔的措施，即把花楸树的树枝放在牛棚里。（1774：141）并不是只有高地人才迷信，萨默维尔在他 的“生平与时代”回忆录中，也列举了 22
居住博得人对巫术的信仰。（1861：366）

[11] 19世纪退教主义免除会（Relief Church）的历史学家是这样评价的，他们“被称为温和派，是因为他们在教义和律令上是温和的，可以接受对光荣教义的敌意……[而且]高度评价了人性，将其看成是遵守道德律的能力”（Struthers 1848：188）。退教主义的领袖，托马斯·吉尔斯皮（Thomas Gillespie）被罗伯森免除了他的职位，按照斯特瑟斯（Struthers）的说法，“罗伯森宣扬基督教的个性和实践，没有看到在很大程度上那些出自神圣实践的福音派原则必须要与时俱进”（209）。

[12] 一份对格拉斯哥大学学生背景的调查宣称，从18世纪40年代到90年代，来自“工业和商业”背景的学生从26%上升到了50%。而同一时期，贵族和地主家庭背景的学生从39%下降到了13%。一份对工业和商业的分析显示，在18世纪40年代，它构成了96%的“中产阶级”学生，而到了18世纪90年代前夕，这一比例已经减半了，出自“工人阶级”的学生已经与它持平。（Mathews 1966：78–80）作者的评价是，学费“几乎没有降低”（93）。

[13] 从20世纪后期的视角来看，这似乎确实是对弗格森《文明社会史论》的公允评价。卡莱尔从他的角度出发，认为《哲学论文集》是作者“特别生动流畅”之作（1910：299），而《国富论》则显得“冗长乏味”（295）。

[14] 奥切太尔的拉姆西为休谟的“机关”资格提出了进一步的证据。他指出了“爱丁堡团体”如何贬低比蒂那篇反休谟的文章《论真理》的（1888：I 508）。

23

2

社会性与对个人主义的批判

既然这是一本讲苏格兰启蒙运动**社会**理论的书，那么最好是从人的社会性开始。可能有人会认为这是一个没有前途的开始，因为任何人都可以质疑人到底是不是社会动物。但这种想法太草率了。我们应该问得更深一些——在什么意义上人是社会性的？社会性的基础是本能还是选择抑或其他？——这样的话，这个议题就不那么枯燥无味了。除了这些问题之外，苏格兰人的研究还追寻了另一条线索。由此，他们也遇到了他们思想遗产中的一个重要因素。按照（自然）法学思路把社会关系假设成非“社会”背景（自然状态）的关键成分之一。因此，我们也可以在苏格兰人对社会性的讨论中找到他们对这种假设及其相关思想的批判。事实上，让苏格兰人值得研究的一个重要历史因素是他们的这种批判预示了伯克那广为人知的攻击，就他们而言，如果没有这种批判，那他们也无法在启蒙运动的家族中立足了。

2.1 证据

弗格森的《文明社会史论》一书第一章的标题是“与自然状态有关的问题”。弗格森的目的是批判那些自然状态理论家的设定和方法。虽然没有点名，但在他心里，这些理论家是让－雅克·卢梭和托马斯·霍布斯。这两人虽然在具体叙述上有差异，但对弗格森来说，更重要的是他们都有同样的致命缺陷。他们都建立了一种“体系”，其依据都是选取“一个或几个特定的人，由此确立一种理论”（*ECS*：2）。由于他们采取了这样的思路，所以弗格森说他们背离了实际的“自然历史”，他认为这些“事实”及其一般原则应该是由“观察和实验”来得出的。相反，霍布斯和卢梭诉诸的是“假设”或“猜想”或“想象”或“诗意”。与之对应，弗格森要求的是“现实”、“事实”、“理性”和“科学”，而且这些还都“必须是基于我们人的所有理性而公认的”（2）。换言之，我们必须转向证据。这种证据始终会返回同一个定论：“从地球每一个角落收集回来的描述，不管是最早的，还是最晚的，都代表了人类的集结就像军队和公司那样。”（3 cf. 16，*IMP*：21）

所有的苏格兰人都赞同这个定论，虽然这种表述中特殊的军事话语反映的只是弗格森个人的强调和关注。所谓“最早的”描述，弗格森指的是古代历史学家作出的描述。最受欢迎的希腊历史学家是希罗多德、 24
色诺芬和修昔底德，罗马历史学家是李维、恺撒和塔西佗。[1]“最晚”指的是各种旅行者和传教士的报道和日记，主要是很多作家，特别是拉菲托（Lafitau）和夏利华（Charlevoix）所作的关于北美各种部落的描述。[2] 对这两种原始资料的吸收将会在第 3 章中讨论。这些原始资料之所以被（不是无批判性地）接受，是由于它们提供了证据。

苏格兰人是简单意义上的经验主义者。休谟提出的学说在哲学上是极为复杂的，之所以这样做是为了回应里德和所谓常识学派（Common Sense School）的作品中所表现出来的苏格兰特色。（Grave 1960）从不那么高的层次来说，接受经验主义意味着把事实或证据而不是幻想或猜想作为基准线。因此，当人类不是社会性的时候，我们就没有那一时代的“记录”。（Ferguson *ECS*：6）但在丛林中抓到一个“野人”或野生的孩子，这些在 18 世纪闹得沸沸扬扬的事件又说明了什么？（Malson 1972）这些野人是没有与他人立约的个体。不过，这些人不可以被看成是真实的反证。就像里德说的，我们不能“从他们身上得出非常确定的结论”（*AP*：548），虽然蒙博杜显然不这样认为，他把野人无法说话看成是语言不是人的天性的证据（*OPL*：I 174）。弗格森清楚地意识到，所有的“实验”都应该不是由“那些单个人形成的社会”作出的。（*ECS*：4）

这种观点一部分是由于对归纳原则的承认——上文提到了“自然历史学家”对霍布斯和卢梭的批判。除此之外，还有另一个已经得到了完全确认的证据来源。我自己的经历也与之相关。就像霍布斯在《利维坦》（1651）导论中所说：如果我正确地解读自己，那么我也就解读了整个人类。这也是邓巴以下言论的基础，即如果哲学家“不认真诉诸自己的构造”，那么世界历史就是一团迷雾。（*EHM*：159 cf. Hutcheson *On Human Nature*：139）凯姆斯认为人类社会“的保障来自于所有人一致的证明，每个人只有保障自己即可”（*SHM*：I 386）。当人们讨论社会生活的喜怒哀乐时，常常会诉诸这种内省；我们中的每一个人都知道孤独的痛苦，友谊的欢愉。（Ferguson *ECS*：3，17，19；Hume *THN*：353，363，421；Smith *TMS*：38，85，116）内省之所以可以有效作为证据的来源，是因为这样一种信念，即人性是一致的或不随时间和地点而改变的：从我自己胸中的感觉，也可以推出你的感觉，不管何时，不管何地。（我在第 3 章会花一些篇幅来考察这种根本信念）

25 2.2 对社会性的解释

虽然看起来全都是经验证据，但苏格兰人这种人是社会性的观点其实并不新颖。至少在柏拉图和亚里士多德之前，对这种观点尚未发生严重的争执。不过，当往这种观点中添加所谓正确的解释时，争议和分歧也随之产生了。苏格兰人讨论了四种解释——这一节考察前三种解释，第四种解释则用其他节来单独考察。

2.2.1 本能

对人类社会性的一个常有的解释是说，这是本能或欲望。[3] 凯姆斯宣称：“人有欲望要组成社会，这从来就不是个问题。”（*SHM*：I，376 cf. *PMNR*：79，136，139 etc.）而弗格森（*ECS*：11，*PMPS*：I 32）、格里高利（*CV*：114）、特恩布尔（Turnbull，*The Principles of Moral Philosophy*：175）和邓巴（*EHM*：24）也有类似的论断。不过这种共识中还是存在着议论的空间。其中一个核心议题是人类本能与其他动物的本能的类似程度。没有人否认这种类似是有限的，但争议的是这种类似的程度到底有多大。从同一个文本中就可以看出这种不确定。弗格森在《文明社会史论》中宣称，尽管人有精神活动，但人“在最大程度上符合对动物的描述”，而稍早一些，他又说“从人性与其他动物性的相似中，我们什么都学不到”。（*ECS*：46，6）

约翰·格里高利在这个议题上的整体看法是清楚的，他认为这种相似的有效性是有限的。虽然他认定人类的本能起着关键作用，而理性是软弱的，尽管如此，但本能和理性都是与智慧和现代科学相一致的[4]，人类拥有理性是人区别于动物的标志（*CV*：10ff.）。凯姆斯在社会本能方面的观点最系统。他推论到，既然很多动物是社会的，那么很可能“支配动物的社会法则也适用于人类的社会本性”（*SHM*：I 37）。他的思路是分类学的。他把非社会性的动物分成一类，这基本上是食肉动物，而另一类是社会群居的动物；这些动物出于防卫或食物方面的考虑有“组成社会的欲望”（I 380）。虽然弗格森也采取了这种两分法（*IMP*：23–24；*PMPS*：I 20–21），但凯姆斯还分了第三类。有些动物（他举的例子是马）组成社会，不是由于防卫或生存的需要，凯姆斯认为它们的社会性是“从社会生活中得到了乐趣”（I 380）。不过，这种第三类的分法是“不完善的”（I 381），在考察人类时，凯姆斯将其放在第二类中——“很明显……相较于其他动物来说，为了食物或生存，人类更是基于**必需品**才组成社会”（I 387；黑体是我加的）。

邓巴对这种论证思路做了一个有趣的评价。他对社会性有一个不同的叙述，作为其观点的一部分，他希望不要批评本能的存在而是批评本能所传递的“信息”。他承认动物受到危险时会聚集到一起，但他 26
不认为这种聚居有意义，因为动物们“不会通过相互帮助而得到安全”（*EHM*：8）。人类的不同之处在于“只有人才会考虑同类的联合”（8）。对于凯姆斯的观点，邓巴做了没有点名的评价，“我并不是不知道 [动物] 的群居是由于**必需品**……要为了生存或适应而联合起来”（9；黑体是我加的），但他质疑本能的决定论。他主张，这种对动物社会本能作用的拟人化解释是错的，以至于把“动物的汇集”，不管如何偶然，都被放大为“社会原则”的产物。至于人的聚居，他们“不是因为必需品”，而是出于“丰富的激情”。

稍后，我们会讨论这些激情在邓巴观点中的重要性，但目前还是先看看语言，这是他论点中说的最多的事物。邓巴当然不是唯一讨论语言的人；对语言本性和特征的思考是广泛存在的。这里要谈两个具体的问题：首先，为什么人类说话而动物不行？其次，就像卢梭所提出的，哪一种是最必需的——是社会需要语言还是语言需要社会？（*Second Discourse*：tr. p. 179）这两个问题都值得做些讨论。

大多数启蒙运动思想家都对语言采用一种自然主义路径，语言源自人类的本性。从这个假设出发，他们能够猜想语言是如何随着人类自身的发展而发展的，同时也能寻找人类不同于兽类的特殊官能。后者就是蒙博杜多卷本《论语言的起源和发展》一书的主旨。蒙博杜的观点是，语言不是人的本性，所以也就非常清楚地回答了卢梭的问题，社会先于语言。（*OPL*：I 197）他的观点之所以声名狼藉，是因为他引用了红毛猩猩作证据。按照蒙博杜的观点，红毛猩猩完全是一种智人，因为它们虽然没有语言，但它们有着人类的其他特征，例如集体生活，修建住所，拥有某种意义上的礼仪，使用武器，对人类女性会产生欲望，等等。（*OPL*：vol. I，BK 1，Ch. 14；I 2–8，9 cf. *AM*：vol. 3，BK 2，Ch. 1）邓巴（*EHM*：67）和凯姆斯（*SHM*：I 44n.）对此的评论是，猩猩和人都拥有声带。凯姆斯只是简单地认为拥有其实是不重要的，而邓巴指的是坎伯（Camper）的著作，坎伯认为猩猩不具备语言器官。[5]（203）

对邓巴来说，语言的起源于自然的呼叫或哭叫，19世纪语言学者穆勒（Müller）称之为“汪汪（bow-wow）理论”（1875：II 93）。邓巴把感叹词认定为这种起源的痕迹，这些感叹词保留了言语的“原始特征”。[71 cf. Blair *RBL*：67；Monboddo *OPL*：II 181；更多的谈论见Berry（1973）] 语言发展的第二步是模仿。（*EHM*：78 cf. Blair *LRB*：67；Monboddo *OPL*：I 191；Beattie *Dissertations*：237；Gregory *CV*：129）模仿之后是类比。（*EHM*：79）这是决定性的一步，因为在这里“本能借用了想象的帮助”，以至于它形成了“可能”是“技艺与自然的
27 界限”，解释了“动物界的……沉默法则”。[6] 也存在与之对应的社会现象，因为“任何超越了简单动物的成果都可以是与社群有关的”（5）。对人类来说，语言和社会是同时产生的（Kames *SHM*：I 44n.），于是也就不需要回答卢梭所提出的语言与社会孰先孰后的问题。

这种联系产生了两个后果。对语言进行解释只要对社会性加以解释就足够了。它使得对语言起源的“神学”叙述成了多余的需要，而比蒂（*Dissertations*：304）和布莱尔（*LRB*：64）提出了这种“神学”叙述。它还意味着，既然语言被“归为人类思想产生的成果”（Dunbar *EHM*：63），那么社会也是一种类似的“成果”。语言和社会都是从简单到复杂，从具体到抽象。这种“社会”面相是苏格兰人的社会理论的主要要素（见第5章）。语言面相的焦点是解释言语（speech）各部分的演进［特别可见斯密的《论语言的最初形成》（*Considerations the First Formation of Languages*）］。[7] 不管是何种情况，这都不需要诉诸非凡

人物来解释这些发展。（见第 2. 3. 3 小节）

2.2.2 家庭

家庭是小社会，这句话是老生常谈了。与之类似的广为人知的观点是，社会是家庭的成长，不管家庭的最初来源是亚当与夏娃还是鼻祖们之间的协定。因此，弗格森说家庭“可以被看成是社会的基本形式”（*PMPS*：I 27），也就平平无奇了。不过，在弗格森那里，这种解释是与本能的运作密切相关的，因为他随后就继续说，家庭对“生存和维系来说是必不可少的”。家庭最初的纽带是“两性之间的相互吸引”，而“自然感情”（父母对后代的关心）是其补充（I 31；cf. Dunbar *EHM*：18，also Hutcheson *Essay on the Passions*：52）。休谟虽然没有提到自然本能，但也确实把社会的起源归于“两性之间的自然欲望”以及父母对子女天然的爱。（*THN*：486）

尽管本能是家庭的构成要素，但家庭让人与动物之间的区别变得更加明显了。尽管如此，家庭作为对社会性的一种独特解释却并不是赫然显现的。家庭作为小社会是源自人类家庭关系的特殊环境。用邓巴的话讲，最重要的环境是“怀孕期……显然太短了以至于父母的关怀还未耗尽”（*EHM*：18）。洛克也说过类似的话（*Second Treatise*：§§79-80），而邓巴（作为其独特论点的一部分，很可能是遵循了他深受影响的卢梭的《论不平等》）对这一情况做了进一步的分析。因为邓巴想要论证社会是源自“丰富的激情”或不受局限的同类之情（*EHM*：7，16，17），所以他拒绝把家庭原则太过局限化。他宣称，就像一般认为父性本能是有害的一样，“作为更深支柱的”母性本能也是“波动和临时的”（23）。 28
邓巴把家庭历史化了。他断言，我们不应该总是把当前的实践和假设转移到“过去所有的时代”（6）。

邓巴也有比较传统的看法。人类出生之后完全依靠哺乳，这一事实意味着相比于动物而言，人类的父母—子女之间的纽带更牢固。（18）弗格森抓住了这个观点，以此来说明家庭这种小社会可以用以解释社会性。（*PMPS*：I 27）这种牢固的纽带导致家庭关系不仅仅是基于本能。子女与父母之间的感情并没有随着生理上的独立而消失，相反，“虽然尊敬和对早期的记忆”，这种感情变得更加紧密了。（I 16）虽然记忆力不是人类特有的能力，但尊敬的能力却是人类特有的。这里重要的不是这种能力的存在，而是这种能力的运作说明了什么。小孩尊敬他们父母不是因为基于契约责任而对抚育的回报。我们会看到，所有对理性主义或工具主义解释的批评中都包含了这种观点。在同一个上下文中，弗格森提到了一个在苏格兰人社会理论中起到关键作用的原则。他指出，作为父母—子女牢固关系的更深远的结果，这种本能性的依恋“成长为习性”。习性扩展了家庭联系使之不仅包括了兄弟姐妹，而且还包括了第三代人及旁系亲属。对于弗格森来说，这解释了血亲是如何被看成是“关系纽带”的。（*PMPS*：I 30）

2.2.3 友谊和忠诚

对弗格森来说，人类的社会性不仅是“父母的爱”或“集体聚居的癖好”（*ECS*：16）。一旦建立了某种牢固性，那么友谊和忠诚的独立原则也随之起作用了。这些都代表了不能把人类的行为仅仅还原为动物性的本能或基于自我利益的理性算计。事实上，弗格森宣称，这些原则所形成的纽带是最强有力的，而这也就是它们为什么可以超越其他两种自我中心的品性。所以，它们也是最真实的“社会性的”。他所提供的证据是，“人对社会的评价远不是基于外在的便利，而是基于他们之间最多的联系，而这种联系是最不讲究便利性的”（19）。

朋友是那些“在危险之时”相互依靠的人（18）。但这**不是**因为他们之间的利益交换，哈奇森直截了当地将其描述为“卑鄙和可鄙的”（*SIMP*：83）。[8] 相反，这表现了人们关系中内在的非工具性。友谊的性质是一种“绝对的热情”（Ferguson *ECS*：17）。朋友与亲戚的不同之处在于他们是挑选出来的（*ECS*：17，*PMPS*：I 32）。挑选意味着区分，由此也在朋友与他人之间形成了重要的区别。但弗格森不把这种区分看成是反社会的，相反，他重点强调了这种区分是友谊纽带中的关键成分。（见第 2.4.2 小节的进一步讨论）

29 这种朋友 / 他人间的相互加强可以扩展成更一般的忠诚关系。对弗格森来说，“我们与某部或某派的联系，其力量看起来常常是来自于对其对立面的敌意”（*ECS*：16）。我们现在可以部分理解为什么弗格森会说人总是在“军队和公司”中了。这种对自己团体的承诺或忠诚解释了爱国主义的情感（19）。这里的证据是明确且无可抗拒的。我们可以不断地看到人类一次又一次地为了祖国置生命于不顾。这只能解释成人类

有能力超越自我保存的本能和自我利益的精明算计，从而根据其他原则结成彼此之间的纽带。为朋友或国家献身不是某种精神失常（霍布斯会这样说），而正是人作为社会存在的表现。就像我们在第 6 章看到的，弗格森在这方面的想法与他的忧虑联系在一起的，他担心当时商业社会的倾向会增加自我算计行为的盛行。

人既有朋友，又有敌人，这种观点很难说是弗格森的创见。人们普遍认为我们既有社会激情，又有反社会的激情。（*Hutcheson System of Moral Philosophy*：Bk I，Ch. 1；Smith *TMS*：Bk I，Pt. I，Chs. 3-5；以及第 2. 4. 2 小节）凯姆斯用与动物的类比来支持这种老生常谈。他的研究向他展示了，动物没有欲望去与整个物种联系（*SHM*：I 381），人类也不例外（388）。这不仅意味着“大帝国是不符合人类本性的”（388），而且还意味着人类不只拥有社会热情而且也拥有“非社会”的热情（403）。

而邓巴出于某种精心的考虑，不承认这种理论。他是这样考虑的，他希望父母的爱（既是偏爱又是特殊之爱）不是属于人的最初本性，而是由社会产生的。按照邓巴的观点，在前语言阶段之后，在不知不觉地迈向文明政府的第三阶段之前，人们达到了一个真正的社会阶段。（*EHM*：2-3）这个第二阶段的关键之处是一种“喜爱自己的物种，在所有天性上意气相投”的感受，这也构成了联合原则（principle of association）。（7）人类相互之间有着同类之情（16），这意味着（就像我们所看到的、先于家庭关系而产生的）联盟原则（principles of union）优于敌意原则（principles of hostility）。在人类开始区分亲戚、朋友和陌生人之情，必须存在着某种社会集合，正是这种集合的机制——邓巴在这一点上明显又受到了卢梭的影响——产生了那种区分和敌意。

对社会性的第四个解释是说，社会性是理性的（rational）。苏格兰人拒绝这种解释，但是这种拒绝在他们的整个理论中非常重要，所以需要花一些篇幅来处理。这就是下面两节的任务。

2.3 对个人主义的批判 *30*

苏格兰人并不否认人类是理性的，但这不是他们用来解释社会性的理由。就像邓巴爽快地说的那样，人类是理性的，但在此很久之前，人类就已经是社会的了。（*EHM*：16）这里的关键是理性的特定模式是否充分。按照这种模式，我的理性是计算最好的（也就是最有效的）方式去实现某种目的。对苏格兰人来说，当社会性受到争议时，这种理性模式才会有需要。这种模式的不充分是与一种特殊理论密切相关的，也就是原初或社会契约理论。由于这种理论在法理学家的思想中占据核心地位，那么对契约的批判也就必然要有着广泛的影响。契约论的标志是它把文明社会看成是个体理性选择的结果。在这一节中我们重点讨论个人主义，下一节则聚焦为理性主义。

2.3.1 自然状态与社会契约

自然状态与社会契约这两种共生的设置是在16和17世纪发展出来的（虽然它们在18世纪继续发展）。需要重点强调的是，它们的发展是由于人们公认的**政治**思想大背景，这就是为什么会提到**文明**社会。一般来讲，后宗教改革时代的欧洲的核心问题是合法性问题：是什么给了**那个**人或团体有权利或权威来命令他人？一旦否认了统治者拥有某种自然或超自然（神学）的统治资格，那么这就是唯一的“问题”。如果新教徒和天主教徒（不管是统治者还是被统治者）从这些抽象的观点中得出具体的内涵，那么我们就不仅能理解背景的广阔性，也能明白问题的严重性了。

一旦放弃了自然统治权原则，那么，从政治上讲，个体就是同等的。平等就成了自然条件。同样也可以说在自然状态下，人是平等的。由于平等也必须包括自由（正如没有“天生的”统治者意义，也没有“天生的”奴隶），那么在自然状态下，每个人都有权利（自然权利）享受自由。自然平等的规范性是“权利”的平等，而且这与身体或精神上的能力不平等是非常契合的。这些能力运用所带来的“不便”（用洛克的术语）导致自然状态的居民们决定产生他们自己的人为的政治/文明条件。这种创造是契约的产物。通常，契约的条款是我将同意放弃我的自我统治的自然权利，服从你的统治，**倘若**你保护我，并且不干涉我其他的自然权利。这种理论的强有力规约性在于它同样为不服从提供了依据或标准——如果你违背你所立的契约，那么我就解除了我的服从责任。

需要强调的是，这种理论中的自我利益的个人主义维度。在所有契约中，前提都是各缔约方必须觉察到某种相互利益——我有奶酪并且想要火腿，你有火腿并且想要奶酪，那么我们能够缔约（同意）来交换。 31
我们每个人都是把他人看成是实现我们自身目的的手段。这种交易不仅是以自我利益为起点，而且也是以自我利益为终点。一旦我得到了火腿，你得到了奶酪，那么我们就没有进一步的相互利益了。因此，按照这种模式，文明社会是在促进其成员预先决定了的目的。

我们在前面看到苏格兰人摒弃自然状态，将其看成是幻想，是经验上不可靠的。但现在看起来，这种摒弃是一种错位。自然状态对一种规范或规约理论（合法性标准）是关键性的，它不会由于它的具体描述而受到颠覆。在这个层面上，它不可否认是真的，但同时，它也遮蔽了一些更深的重要方面。我们可以鉴定出三个方面。

第一是，以上对契约论思想的叙述强加了一种误导性的简化和清晰。一方面，就像普芬多夫说的，契约论者能够承认自然状态“从来没有实际存在过”（*On the Law of Nature and Nations*：Bk 2，Ch. 2 Para. 4），另一方面，他们也引用了证据来支持自然状态。例如，他们谈论了很多美洲印第安人的情况。因此，既然契约论者自己都没有在规约与描述[9]之间作出鲜明的区分，那么苏格兰人也有理由把契约论者解读为他们是在对所发生的情况做事实性的叙述。第二是，即使契约论的理论是规约性的，苏格兰人的批评仍然起作用，因为任何规约性的理论都需要经验上的立足点。这里的关键之处常常被表达成“应当意味着能够”。如果原初契约的交易环境是理论性的、移除了任何相关经验的，那么这个理论自身就会被严重削弱。由于不与实际相关（何时去服从 / 不服从政府），它就变成了想象化的文学作品。这种作品可以打开封闭的心灵，但不能起到这里需要它发挥的作用。当然，契约论者自己不认为他们是在写讽刺文学。不过，第三是最有启发性的。描述苏格兰人是如何拒绝自然状态的，这本身就是一种规约理论。在他们自己对社会性的叙述中，他们也提出了对政府权威的另一种叙述。

在《文明社会史论》的第一章中，弗格森做了这样的评价，“所有的境况都同样是自然的”。就像他阐释的那样，这意味着“自然状态”就是“这里，它不涉及我们是否理解了大不列颠群岛、好望角或麦哲伦海峡的情况”（*ECS*：8）。这同样意味着它不涉及 8 或 18 世纪的不列颠是否存在自然状态等。因为人的“自然条件”就是生活在社会中，那么产生了规范的前提也必须是社会的。所以，从某种外在于社会或外在于当前的视角出发去产生规范，是不正当的。通过借助于某种我们社会之外的视角来评估政府的合法性，这是没有意义的。合法性只能在社会内
32 部寻找。虽然仍然可以谈论“自然权利”（弗格森和其他苏格兰人也是这样做的），但考虑到天生的社会性，那么这些权利在概念或规范上不能脱离实际的社会存在。我们会在第 4 章讨论，苏格兰人没有采取某种形式的道德相对主义——所有的社会都可以通过它们对某些基本道德实践的坚持程度来得到评估。同样的，对合法性社会背景的关注也没有让大多数苏格兰人向某种根本上的神学基础妥协，这恰恰是因为人类社会存在的“自然性”，特别是它的欲望来源，常常被看成是神意秩序的一部分（见下文）。

在开始探究苏格兰人自己对合法性的正面解释之前，我们还需要再多讲一些他们的批判。就像弗格森通过宣称任何境况都同样是自然的，由此削弱了自然状态那样，他也通过观察培根哲学的“人为本身对人来说也是自然的”（6），削弱了社会契约。在“人的自然条件”（自然状态）与他们人为的（由契约形成的）文明或政治存在之间作对比，是没有意义的。最著名的是休谟对契约论思想的批判。[10] 他清楚地发展出了两种不同方向的攻击——历史的和哲学的。

历史的批判是这样的：政府源自契约在“世界上任何时代和国家都得不到历史或经验的证明”（*E-OC*：471）。（后面会简单讨论什么才是休谟所相信的证明）如果契约论对起源的叙述在经验上是无效的，那么当它宣称当前政府的合法性依靠的是同意时（469），它就更站不住脚了，因为如果“那些理性的人”去考察现实的实践和信念，那么他们“就找不到任何与他们观念相呼应的事情”（470）。不管是统治者还是臣民，他们都不会相信他们之间的关系是某种先前条约的产物。这种思路非常有破坏力。契约论学说的核心正是某种“思想行动”构成了合法性，以至于如果这种“思想行动”不存在（休谟宣称“所有人都不知道”这种行动），那么对这种理论的说服力来说就是致命的。我们稍后会简短指出，当时的政治境况（汉诺威王朝的稳定性）也是这种思路的背景之一。

休谟也指出任何“默认同意”（tacit consent）都是没有道理的，并以此来强化自己的论点。休谟承认他的批评对象是洛克[11]（487），后

者认为那些享受了法律保护（即使只是在公路上行走）的人默认地给予了同意（*Second Treatise*：§119），除非他们离开了其管辖权的范围（§121）。休谟对这种观点不屑一顾。他问道，一个“穷困的农夫或木匠”既不懂外语又没有钱财可以“自由地选择离开他的国家”（475），则这种观点有什么意义。他说，这就好像是你上了一艘船，即使船长睡着了，你也得自由地同意船长的统治，因为唯一的其他选项就是你飞跃入水或溺水而亡。

很多人都遵循了休谟这种历史 / 经验上的否认。斯密明显是引用了休谟对默认同意的批评，甚至可以说是重复阐释了这种批评。（*LJ*：317）米拉也采用了类似的思路。仅仅获得了某种形式的保护并不能保
证得出以下的结论，即作出了某种“服从的默认承诺”（*HV*：IV 303/ 33
HVL：354）。弗格森认为这种人平等地聚集在一起来决定他们的政府模式的观念只是“根本的幻想和无知”（*PMPS*：I 262）。斯图亚特认为不存在这样的证据，而且“这种认为原初契约曾经有过的假设是荒唐的”（*Diss*：151n.）。最后一个例证是斯图瓦特，他主张“国王的权利”不是建立“在他们与臣民之间的默认契约的假设上的”，而是要“去历史中寻找”（*PPE*：I 209）。除了在默认同意上遵循了休谟，斯密也按照休谟的观点论证了当前的责任不能源自于同意，这不仅是因为它是无知的，而且还因为契约不能够约束缔约者的后代。（*LJ*：316）斯密也意识到这种表面普遍主义论点（其前提是**人类**的自然状态）的狭隘性，指出了它其实是局限于不列颠的。（316）

休谟在哲学上也明显拒绝了契约论，这表现了在道德义务上有一种区分（*E-OC*：479–480）。一种义务是直接出自“自然本能或直接的倾向”，它的发挥不依赖于任何责任或效用观念。他举的例子是对孩子的爱，对恩人的感激和对不幸的怜悯。当人类反思这种倾向的社会收益时，他们“给予它们以道德上的赞许和尊重”。另一种义务不是直接出自本能，它是在经过反思其是社会交往的必需，而后才发挥作用的。他举的例子是正义、忠实（fidelity）以及（对当前论点最关键的）效忠（allegiance）。[12] 休谟在此指出，契约论把效忠义务建立在忠实（守诺）义务之上的做法，是一种概念上的多余。我们信守自己的承诺，也服从我们的统治者，是因为这两者是社会生活的必需。这种必需性就足以作出解释了——“把一种义务分解为另一种义务，我们一无所获”（481）。

虽然这种论点在很大程度上是休谟自己的观点，但米拉谈到承诺“几乎无法加强”服从的责任（*HV*：IV 301/*HVL*：353）时，表明他也接受了这种论点。

2.3.2 时间、习惯和合法性

既然用自己的观点指出了契约论在阐释合法性上在经验层面上不充分，苏格兰人自己是如何阐释的呢？他们自己的正面阐释自认为是遵守经验的。我将在第5章中讨论苏格兰人对政府制度的阐释，在本节中，我希望集中讨论苏格兰人所提出的替代阐释如何是他们信守社会性和批判个人主义中不可或缺的一部分。

洛克主张，为了理解政权的“真实、程度和目的”，必须确定其来源。（*Second Treatise*：§1）这种典型的主张实际上花了很大的力气去解释为什么关键之处是一种“原始”契约。休谟认为，实际的起源并不符合洛克所说的自由、平等的个体之间的彼此缔约。他确实考虑到，个体
34 之间现实效果上的平等意味着同意是建立政府的一个要素。不过，他认为在实际情况中只会形成不规则、暂时的和特定的约定，他坚称，显然不存在“任何条约或协议……明确无误地形成于所有人的服从”。休谟注意到任何这样的协议都是“远远超出了野蛮人的理解力的观念”（*E-OC*：468），在第5章中我们会讨论其理由。此外，即使同意是其中的某种因素，它也从来不是唯一的原则（474）。

对休谟来说，所有的证据都指出，事实上任何现存的政府最初都是建立在侵占或征服之上的（471）；也就是，“简单来说，那种使得古代政府消解的力量是世界上所有新政府的来源”（474）。这就回避了那些契约论把合法性的基石建立在原初契约之上的想法，哈奇森（*SIMP*：285）和里德（*Practical Ethics*：15）都遵循了这种推理思路。但是，就像我们在第2.2节中看到的那样，休谟认识到这种基石是不符合事实的；当代政府得到其臣民的相信，得到合法性，是不需要考虑政府的来源的。这种认识也为休谟自己的正面阐释奠定了基调。也就是说，他致力于论证非合法性的来源（力量）是如何产生合法效忠的，如何转变为正当的。当我们回想1688年的环境以及汉诺威王室1714年的继位时，那么这种探究思路的实际所得也就不是遥不可及的事情了。（见*E-PrS*）

虽然休谟的论证可能是最清楚地阐释了他们那代人共享的一些一般

性原则。但我们已经遇到了最关键原则。对责任这些事实情况的解释必须要在社会生活中寻求，而不必诉诸外在于社会的自然状态观念。休谟阐释了随着时间的影响，正当是如何形成的。不过，时间之所以是有影响的，是因为它能让习惯得以形成。就像我们已经暗示的那样，习惯所发挥的作用是苏格兰人社会理论中一个至关重要的构成部分。

对休谟来说，所有的政府（甚至那些专制的政府）都依赖“看法”（*E-FPG*：32）。他也更具体地主张，“古代永远能产生权利的看法”（33 cf. *E-IPC*：512）。（“看法”指的是我们称为“信仰”的东西；效忠是建立在服从者的思想倾向上的，见第 5 章进一步的讨论）这种主张重复了休谟在《人性论》第三卷中已经提出的论点。在那里，他早已指出，“每一个民族的最初起源”都几乎只能是侵占和叛乱，他也注意到，“只有时间”能让统治者的统治权利“牢固”（*THN*：556）。在几页后，他用一段重要的话提炼了这个观点，“时间和**习俗**让所有的政府形式和所有的王室继承获得了权威；这种权力最初只是建立在伤害和暴力上的，随着时间变成了合法的和有约束力的”（566；黑体是我加的）。

休谟在这里探讨了时效（prescription）的既定原则。这种原则是财产权法理学阐释中的标准成分。休谟的探讨揭示了他与整个理论体系的密切联系（特别是在《人性论》中）。（cf. Buckle 1991）在《人性论》对财产权的讨论中，休谟把时效或长期占有定义为“对任意物体” 35
（*THN*：508）的资格。既然有着这样的语境，那么我们也就不会对以下的发现感到惊讶了，即斯密在他的法理学讲座中重复了休谟的论点，斯密的评论是“时间让所有的事物显得正当”（*LJ*：322）。打个比方：我可能无法解释这个钟最初是怎么与我家联系起来的，但事实是，我家占有这个钟已经好几代人的时间了，这意味着它属于我是正当的，就好像我今天早上买了这个钟一样。更具争议性的具体例子可以这样说：即使英国与阿根廷在马尔维纳斯群岛的主权上存在争议，但英国人可以自主地坚称他们拥有该群岛，因为他们已经拥有这些群岛的管辖权一百多年了，并且岛上一半居民认为（相信、以为）他们自己是英国人。

因此，时效原则为休谟提供了一个既定手段来显示与当前信仰（正当）有关的不是任何发生在过去的“原初”（可能）事实。文中对原初契约的阐释就是对这种解释的支持。当休谟注意到臣民从最初由于“恐惧和必需”而服从于一个统治者转变为有意识地同意服从，“因为他们认为经过长期的占有后，统治者已经获得了一种资格"，他在那里用的是同一个术语（*E-OC*：475）。[13] 注意休谟这里是如何颠倒规范性的因果顺序的。人们同意是**因为**他们认为他们的统治者有资格让他们服从，他们不认为这种资格是他们自己同意这种行动的结果。（cf. 478）

就像时效资格是财产权的一部分一样，所以统治者的资格也是时间的产物。但是，对休谟来说，既然时间所产生的事物都不是"实在的"（real），那么说财产权或资格是时间的结果，也就只能意味着它是"只受时间影响的、情感的产物"（*THN*：509）。[14] 时间是如何影响情感的？可以说，时间是媒介，通过习俗或习惯的作用，"习俗对我们的影响比任何东西都大"（556）。就像我们在第 4 章看到的那样，休谟认为习俗在经验连贯性的建立上起到了决定性的作用；事实上它是"宇宙的黏合剂"，它在因果关系的界定中是不可或缺的。在这一点上，它对习俗的假设和前提更有用。

习俗必然是时间的产物。说一夜之间获得一个习惯，那是无稽之谈。围着公园散步是习惯，只是在我不断地重复这种行动时才成立。这种观点的一个必然推论就是，过程中存在着不可消除的渐进性——我每一次的散步都使得我更习惯于这种惯例。休谟在考虑最初的篡位者变成合法的国王时说到"时间逐渐……让这个国家习惯"，那时休谟已经暗示了这一点。（*E-OC*：474–475）我们后面还会再次遇到这种渐进性。

为了建立惯例，在经验上必须有着某种固定性或持续性——我在那个地方工作了一段时间，我在当前住址上生活了一段时间。习惯是对固
36 定环境的重复反应。这种重复性留下了它的印记。用一个常用但有启发的短语来说，习惯变成"第二本性"。由此它们也享有"第一本性"或本能的某些关键特征。里德非常清楚地将它们联系起来。两者都是"机械原则"，都"不由意志或意图来操作"（*AP*：550）。在这种意义上，它们俩都与理性行动形成对照。简单来看，理性与成熟相关，而婴儿的举动在很大程度上是本能的［里德列举了呼吸、吮吸和吞咽作为本能的例子，对他来说，这些是神意秩序的明显证据（545）］。习惯在孩童时期也特别有力。（Hume *THN*：486）苏格兰人暗示这一点非常重要。人是社会的动物这个事实意味着他们接触到了习惯的形成力，就像弗格森说的，他们"非常容易受到习惯的影响"（*ECS*：11 cf. *PMPS*：I 209）。我们早些时候指出了弗格森是如何看待家庭关系的延续（持续）成长

为习惯这种现象的。通过着重指出孩童时期习惯的形成［特恩布尔称 41
为“早期的习俗化”（Principles：99）］，苏格兰人是在强调社会化的重要性。

休谟在阐释合法化或价值的时间化时为这种运作过程提供了一个非常好的例子。休谟论证到，如果人类世世代代（就像蚕）是一下子完全被替代的话，那么还可以信任契约论。就像安尼特·拜尔（Annette Baier）愉悦地表达的，“契约主义是为蝴蝶准备的”（1991：264）。但事实不是这样的。人类社会包含着不断变化的人口，以至于要获得任何稳定性都必须要让“新的一代遵照既定的制度，并且差不多要追寻他们父亲的足迹，遵循他们父亲的道路，来规划自己”（*E-OC*：476–477）。这“一代”之所以遵照，不是因为它是经过深思熟虑后的（理解的、成熟的）决定，而是因为这是一条已经存在的道路。他们遵循这条道路是因为他们既不知道其他的路，也不考虑甚至存在着其他道路的可能性，他们社会化以后就已经在这条道路之中了。就像休谟在另一篇相关文章中所说的，“习俗迅速巩固了那些根基不稳的人性原则，人们一旦习惯了服从，就从来不会想要离开那条他们和他们祖先一直走的道路”（*E-OG*：39）。习俗和习惯“对孩童的柔弱心灵起作用”，按照社会生活来“逐渐塑造他们”。（*THN*：486）

就像休谟用“塑造”一词所表现的那样，行为的习惯或习俗方式不仅让其约束稳定化。弗格森的评价是，它们“固定了人类的生活方式”（就像本能固定了动物的行为一样）。（*PMPS*：I 232）弗格森重复了休谟关于稳定性的论点，并进一步注意到，没有那种固定性，“人类生活将充满无法解脱的混乱和不确定”（232）。这种固定性是由于有效或可供选择范围上的限制。选择的限定不仅适用于个人，也同样适用于制度。例如，政府被限定在有效执行政策上。邓巴认为“政府很少有权力去纠正一个人的道德”（*EHM*：51）。罗伯森在谈到决斗裁决时，同样
认为，习俗“不管如何荒唐”也“从来不会仅仅由于法律和法令的颁布 *37*
而废除”（*VPE*：325）。由于习俗是时间的产物，而时间逐渐改变了人们的情感，那么能改变习俗的也是时间。所以，决斗裁决遭到废弃，也是由于“科学”和“文明”的发展。

这个例子还有另一层意思。虽然苏格兰人明显欣赏习俗的保守力，但他们也认识到习俗不仅有好的，同样也有坏的，而不管是好坏，习俗

总会持续一段时间（见 Ferguson *PMPS*：I，208）。凯姆斯在《绅士农场主》中论“说教”的文章中提供了一些好的例子。他批评他的同乡，因为他们在农业实践中“完全依照习俗，而没有反思”（361）。习俗是如此强有力，以至于即使土地得到了改善，却仍然继续使用“极其糟糕的耕作方式”（262）。在培根真正启蒙精神的照耀下（见第 3 章），凯姆斯提议成立一个委员会（就像已经成立的专门处理制造业和渔业的委员会——见第 1. 2. 2 小节）来处理改善方面的信息指导（369-371）。凯姆斯完全确信坏习俗会向“理性原则”屈服，但他从未幻想过这是件容易的事情，他在其他地方说过“清楚那些从婴儿时期就根本相信的观念是一件非常艰巨的事”（*Loose Hints upon Education*，1781：282）。他当然缺乏爱尔维修的那种乐观主义，后者相信习惯和偏见不能抵挡普利斯特利所称的“理性帝国”的来临。[15]

当时不少人都认识到习惯或习俗的社会、反个人主义面向。这种面向表现在不同语境中。对伟大立法者的批判就是其中之一。

2.3.3 对立法者的批判

虽然契约论得到了广泛的应用，但它并不是垄断的。还有一个更老的传统来解释为什么特殊的社会采取特殊的政治形式或宪法。这里关注的是某个特别有天赋的、授予或塑造了宪法的个人。这种个人就是立法者，或法律制定者。像契约论一样，这种传统也强调起源。虽然它在苏格兰和其他地方有着悠久的历史（见 Kidd 1993：81），但它在 18 世纪依然起着作用。布兰菲特（Brumfitt 1958：101）宣称它在百科全书派那里是广泛存在的，而（例如）卢梭非常明显地把立法者吸收到了他的契约论之中。拉菲托在比较美洲印第安人的与“古人的”制度时常常提到立法者（见 *Moeurs*：I 457）。这种传统中所暗含的个人主义遭到了很多苏格兰人的批判，弗格森和米拉是其中特别突出的两位。

谁是那些立法者？米拉指的是布拉马（Brama）、梭伦、阿尔弗雷德（Alfred）、莱克格斯（Lycurgus）、弗格森指的是罗慕路斯（Romulus）和莱克格斯［莱克格斯——普鲁塔克（Plutarch）所描述的斯巴达的法律制定者——也经常被斯图瓦特用作一个典型（*PPE*：I 218ff.）］。米拉与弗格森阐释的大体要点是相似的，有两方面：他们解释了为什么引用那些“人”来阐释宪法，他们也提出了另一种非个人主义的阐释。

在他们所提出的另一种阐释中，习俗的力量是决定性的。米拉评 38
论道，在任何立法者要求权威之前，“他必须在那些本来的生活方式和习俗中接受教育和成长，而那些生活方式和习俗也许早已普遍存在于他的同胞之中”（*OR*：177）。弗格森论证道，如果在今天这种“广泛反思”的年代，我们都“不能脱离习俗的束缚”，那么在立法者的年代这就更不可能了，那时“知识更少”，个人更不可能“摆脱习惯的印记”（*ECS*：123）。斯图亚特沿着相似的思路用“立法者出现之前”批评了那些诉诸立法者的历史学家，那就是，那些历史学家设想了，在“最蒙昧的”、科学“最困难”的时代，就已可以有办法趋向完美了。（*Diss*：222–223）

根据米拉的观点，这种“束缚”的结果是，立法者会“倾向于选择已经建立的体系”。从这种社会化的效果来看，意味着以下情况是“最有可能的”，即立法者“花了很大力气让他们的法规符合人们的精神”，“让它们温和改善”而不是“激烈变革”。米拉认为莱克格斯就说明了这一点，因为他的法规看起来“与斯巴达人的原始生活方式是一致的”（*OR*：178）。阿尔弗雷德也符合这种描述。伏尔泰认为阿尔弗雷德是“英国的莱克格斯”（见 Forbes 1954：663），米拉注意到他的介入是如何被界定解释各种英国制度的“引擎”的（*HV*：I 271）。米拉对此的反应是，（例如）法官们是来自“哥特各民族的一般状况”（271），军事制度不是某个“政治规划者”（I 181）的产物，而是“潜移默化地”出自“国家的愚昧状态”（I 179）。休谟也用类似的方式来对待阿尔弗雷德。虽然他确实过分地赞扬了阿尔弗雷德（他值得被称为“伟大的”），但他也说，他的制度与其他地方的制度之间的一般相似性排除了他是“这种政府设计的唯一作者”；相反，“他明智地把自己看成是既定制度的改革者、扩展者和执行者”（*HE*：I 50，53）。[16]

弗格森论证道，这种假设的立法者事实上“只是很多致力于相同制度的人中比较突出的人”［*ECS*：124；斯图亚特引用了这个论点，几乎沿用了弗格森的术语（*Diss*：248）］。对弗格森来说，罗马和斯巴达政府的“兴起”不是来自“单个人的策划”而是来自“当时的状况和人民的智慧”（248）。米拉采用了同样的思路，“政治体系中更加伟大的部分”是源自“人民整体的合力”（*OR*：177）。虽然米拉和弗格森两人都旨在提出一种“社会学的”而不是个人主义的解释，但他们所做的也不止如此。他们同时也解释了——这是上面所提到的两方面的第一点——为什么个人主义的论点是如此流行。

39 从米拉和弗格森的视角来看，这种个人主义理论是目光短浅的，它只能看到它面前的东西。其结果就是它只看到了最容易看见的地方。米拉承认，某些“**具体**的制度**有时候**形成的**原因**是由于当时**正好**是部族头领的**特殊人**的介入”（*OR*：177；黑体是我加的）。不过，这种偶然事件被个人主义夸大成了一般解释。这种夸大自身也是由于“久远后代的尊崇”，此时事件和人物早已不可避免的模糊了，以至于它们常常是通过“不确定的传统记录下来的”（178）。像米拉一样，弗格森也相信在这些传统中寓言占了很大的成分（见 *Rom*：I 3）。

除此之外，弗格森主要注意的是，整个个人主义进路不能提供制度性的解释。当遇到一个特殊的制度或社会实践时，这种“最简单的”解释（最明显是目光短线的）是将其归结为某个“先前的设计”，也就是，把某个人的意志或目的归结为动因，把制度归结为结果。[17] 斯图亚特注意到，“很容易”谈到国王的深层规划，“更难指出的是各种事件的缓慢运作”（*PLS*：108）。而凯姆斯将其看成是一种心理扭曲，那时他断定“一个忙碌的心灵……不能休息直到它找到或想象了每个技艺的开端”。作为这种“忙碌”的例子，他列举了巴克斯（Bacchus，酒的发明者）以及各种纺纱“文化”的不同（女性）发明者。（*SHM*：I 92）没有诉诸这种心理陷阱，邓巴同样认为，相较于事件“出自人类系统的必要”来说，事件与个人的联系是“更加流行的想法”。这种流行贬低了人类的自然特征，而去欢庆“奠基者”和“发明者”。当然，像米拉一样，邓巴也承认确实存在着一些这样突出的个人，但制度“更公正地说，应该被称作各种状况缓慢作用的结果，而不是常规设计的结果”（*EHM*：61）。在他对语言的阐释（见第 2. 2. 1 小节）中，他认为用“伟大的策划者”来解释言语不同部分的发展，是犯了“根本性的错误”（93）。

个人主义的各种解释是简单化的，因此也是误导的。这些解释把个人从其社会背景中抽离出来，由于人天生是社会的，那么这种抽离就是一种扭曲。从社会理论史的视角出发，得出一个重要的结论：社会制度——政府模式比较突出但只是其中之一——要通过各种社会原因来解释。斯图亚特简洁地总结了这一点，当他评价中世纪盛期影响了整个欧洲的国王与贵族之间的失序状态时，他说这“不能完全被称为是国王们的贪婪和管制。**肯定有更综合更一般的原因**用来那些归结为那些失序的主要成因”（*VSE*：71；黑体是我加的）。从早些的讨论中，我们可以认定这些一般原因是“状况和智慧”［弗格森语，他还谈到了时代的“心境和秉性”（*ECS*：177），或更流行的“生活方式和习俗”（米拉），或“各种状况的缓慢结果”（邓巴），或“各种事件的缓慢运作”（斯图亚特）］。

2.4 意外后果与目的理性的降级

我们已经看到很多苏格兰人在他们对社会性的阐释中是如何让本能或欲望发挥作用的。本能（常常是表明了——就像里德或凯姆斯那里所说——某种神意的监管）的确定性和固定性与理性的脆弱形成了对照， *40*
就像约翰·格里高利所说，理性是“软弱且波动的原则”（*CV*：19）。对契约论的批判也部分是在反对它过高地估计了理性在指导行动上的作用。更一般的含义是，个人的目的性的或深思熟虑的行动不足以说明**社会**制度。这种含义需要详细解说。

2.4.1 社会复杂性

像我们在第 2.3.3 小节中看到的，弗格森认为诉诸伟人不能为社会制度提供充分的解释；错失了意图与制度之间的假定的联系。弗格森显然不否认人是有目的的（回想他所认为的人与动物相似度有限）。实际上，就像我们将在第 6 章看到的，他想要在政治生活中保留深思熟虑的行动这样一个重要成分。不过，他相信对制度来说，个人的目的性行动缺乏解释力度。

也许他在这一点上最著名的表达是“国家无意间发现各种建制实际上是人类行动的结果，而不是任何人类设计的实行”（*ECS*：122）。[18]他用“无意间”这个词并不是不经意为之。他想要表明“意外”的作用。“行动”与“设计”的对比加强了这一点。因此，在这种语境下，政府形式不是简单地“给予的”，而是人类生活（“行动”）的产物。例如，生活在一个君主制国家，不同于生活在一个冬天下雪的国家。但这不意味着君主制是一种“设计”，是行动深思熟虑的结果。休谟为这种观点提供了很好的例子。他指出最初的领袖是有效率的军事领袖，正是在这一过程中（通过时间和习俗）这种临时设置的地位固化为政府的君主制形式（*E-OG*：39–40）。休谟对此过程的评价（细节见第 5 章）是，虽然它“看起来是确定和不可避免的”，但事实上使政府开始的原因是由于它“不能期望人能够预先发现它们 [政府和效忠的原则] 或预见到它们的运作”（39）。

这有两种理由。首先，人们会应对最直接的压力。按照弗格森的观点，人们遵循的是“他们思想当前的状态”，他们努力“移除各种不便之处”[19]，目的是获得“明显和相近的利益”（*ECS*：122）。米拉做了相似的论证。他拒绝了这种观点，即盎格鲁—撒克逊政府是“精心安排的政策框架”的结果，而是人们“直接需求之提供和偶然不便之移除”相继发生的产物（HV：I 375 cf. II 261）。他当时想的是，议会程序的产生仅仅是出自对商业性质的考虑，而不是“预先构思的政策体系的结果”。基于同样的风格，斯图亚特认为封建制度“不是计划的结果或设计者的产物”，而是“展现了特定社会条件下人们激情和举动的影响”（*PLS*：4）。

41 封建主义、议会程序及其类似的事物显然是人类行动的产物，而不是设计的结果。深思熟虑地处理急迫的、直接的或紧急的事物所产生的结果，并不属于原初意图。这种意图与结果间的不一致就是上面提到的两种理由中的第二种。通过追求他们直接的目的，人所达到的“结果甚至是无法预先想象的”（Ferguson *ECS*：122）。弗格森利用（未公开承认地）卢梭的一幅场景来阐明了这一过程：“那位第一个说‘我将占有这块土地，并把它留给我的子孙后代’的人并没有感知到他是在为国内法和政治建制打下基础”（122 cf. Rosseau *Disc. Inequality* tr. p. 192）。和人无法消化花岗岩不一样，这种感知的缺乏不是仅仅由于人自身的能力，而且也因为社会化的效果。**因为**个人是社会的，这意味着他们最深思熟虑的行动也是纵横交错的。

弗格森最清楚地意识到了这种纵横交错的当前意义。他论点的一部分是揭穿类似于阅兵这类“美化国家”方式的优越性，他注意到它们的制度不是出自它们优越的智慧，而是“出自没有事先预计总体效果的逐次改善；它们把人类事务带入一种复杂状态，最大程度地达到人性的极限，无法被设计”。事实上，这种复杂状态太广泛了，以至于不可能

“完全领会”（*ECS*：182）。无法理解意味着这种纵横交错的复杂过程所产生的结果远不是出自任何个人有意的设计。

这涵盖了两种一般情况。第一种是，不同独立个体的一系列单独的目的性决定所产生的整体结果却并非这些个体的原有意图。这种情况适用于“市场”或“经济”行为，我们将简短地考察斯密的说法。不过，虽然这种行为可能是自利的，但这却并不是第一种情况的必要特征。事实上，哈奇森提出了以不同方式运作的一个例子。作为他道德感论点的一部分（见第 7 章），他评价道，虽然“我们仅仅是有意提高别人的好处，但我们无意中提升了我们自己最大的个人好处”（*Inquiry* in *PWD*：75/ *SB*：I 83）。

第二种情况是，一个特定意图的政策经过一系列事件后最终产生了与其最初设计相悖的结果。例如，米拉指出遏制了自由裁量权的大陪审团所带来的好处与其最初的意图相悖，它最初是用来加速检控的（*HV*：II 311）。反过来也不足为奇。他提及了大宪章。大宪章意在建立“少数人的特权”而不是“普通民众的自由”，结果却是实现了后者（*HV*：II 80-81/*HVL*：360-361）。

纵横交错之复杂性的论点因此加强了第 2. 3. 3 小节以及对立法者的批判。英国人的自由不是男爵们在兰尼米德的行动的意图或目的，虽然大宪章的“签署”是让人得到了自由。对米拉来说，英国人的自由要归因于“社会的一般进程”（*HV*：II 340，81 etc.），但虽然“进程”是由 42
几乎无限多的个人行动构成的，但它本身不是设计的。把历史过程和历史主体还原为个人的目的性理性行动，是误导性的还原论。这不是说个人仅仅被历史浪潮带着走。苏格兰启蒙运动的标志之一是（用后面的术语）它认识到了结构与能动性（agency）两方面。

2.4.2 弗格森与“冲突”

下面要突显弗格森思想的一个方面是他意识到了社会的冲突功能。那些想把弗格森看成是社会学先驱的人常常强调这一点（见第 8 章）。就像许多这类补充一样，这可能有把论点抽离出原有语境的危险。这里我想把弗格森对冲突的说法与更一般的“意外后果”联系起来。在这种语境中，《文明社会史论》中的两段话特别突出。

弗格森的第一段话事实上是引用了一个老生常谈的传统论点，完全没有说什么新东西。这个传统就是公民人文主义（见第 1 章），其主要特征之一是政治宁静对自由有害（我们在第 6 章中会深入考虑这一点）。在这里，弗格森写道，自由要通过“持续的差异和大众的对抗”来保持，“在自由的国度”“最明智的法律”是来自于“相互竞争并迫使对方屈服的政党间”的妥协。（128）正是由于每个政党尽力提升他们自身的特殊关注，才培育了公共利益。虽然弗格森没有公开这样说，但他的“模式”是罗马的贵族与平民之间的冲突。[20] 这是人们熟知的故事［例如，孟德斯鸠也说过（*SL*：Bk 11，*Considerations on the Causes of Roman Greatness and Decadence*，Ch. 8）］。这种内部斗争被转化为征服和领土扩张，但这也随之腐蚀了罗马，其方式是进口那些凯姆斯所说的“亚洲奢侈品”（*SHM*：I 473）以及将军们获得了越来越大的权力；恺撒达到了这一系列事件的巅峰，随后是内战和共和国的终结。（cf. Ferguson *ECS*：231）罗马衰亡这整个老套的故事非常现成地阐明了意外后果的力量。还有另一种现成的词汇。罗马人自己以及他们文艺复兴的后代（特别是马基雅维利）呼唤命运女神来安排人们的行动和意图，但产生的结果却远非他们所预想的。例如，塞勒斯特（Sallust）把罗马打败迦太基后的衰落归结为命运女神的反复无常（*Catiline*：Pref. §10 tr. p. 181），而马基雅维利的《君主论》充斥着人间事务与命运间的相互作用（特别可见该书第 25 章）。苏格兰人使用了同一种话语，例如邓巴简单地表明“命运统治事件”（*EHM*：175）。不过，这种习语通常也与更公开的基督教神意词汇混在一起。

对弗格森的第二段话来说，这种词汇也是一种重要的存在。在《文
43 明社会史论》第一卷第四章中，在题为“论战争和纠纷的原则”下，他写到“人类……看起来思想中就有仇恨的种子”（20）。因为人类也拥有联合或社会性的原则，所以这种另外的平常论断也获得了一定的重要性。这不仅是在评价人类的不完美（原罪），或者是像契约论那样认识到人类需要界定一个动机去退出自然状态，建立文明社会。[21] 弗格森把这种动机从自然法学对政府的执迷中解脱出来。正是这种解脱为弗格森是位社会学家提供了最好的依据。

为了支持他自然仇恨的主张，弗格森提出了证据。在每一个地方（不管其地理或物质环境如何），人们都分成“各种阵营，以姓名和社群来作出区分”，这些区分提升了对自我阵营的忠诚（见上文）以及“他

人”阵营的敌视。(21)因此，原始部落和独立氏族之间弥漫着“永恒的敌意”。弗格森没有把这些敌意归结为资源上的“经济”冲突，而是认为“我们喜欢彼此区分，我们把自己置于相互对抗的境地，以宗派和政党的名义相互争吵，却没有任何实际物质上的争议”(21)。“北美各民族”参与到“几乎永恒的战争”中，他们甚至“没有牲畜可保存，没有居所可捍卫”(22)。除此之外，这种对抗的自然禀性还反映在运动和娱乐中；它们“常常是对战争场景的想象”，事实上往往是致命的。基于两个相互关联的理由，这些“事实”是重要的。它们不仅支持了与社会引导相对立的“自然”仇恨，而且，其结果是它们严重破坏了对历史的“唯物主义”解释。(见第5章)

虽然这种自然仇恨看起来是“对我们种族的控诉”，弗格森却能够逐条列出很多社会上的积极后果。这些后果既是社会层面上的，又是个人层面上的。就后者而言，弗格森相信冲突显示了人“最好的性质”(20)或“最大的能力”(24)。他举了慷慨、克己、正直和决心为例。我们早先讨论过的忠诚和爱国主义原则现在可以被看成是自然仇恨的副产品。根据这一点，弗格森宣称，用表面上的“友善意图”来化解羡慕和嫉妒，并代之以人性和正义，这完全是浪费。(25)如果我们想要友善的美德或联合的原则，那么我们也不得不接受它们表面上的对立面，我们不能够挑挑拣拣。

由于这些联合原则超越了个人，那么在社会层面上也可以得出同样的结论。因此，外部的威胁对“国家来说常常是有用的”，因为它培养了团结和联合。(22)弗格森比这种老生常谈走得更远。他宣称，“如果没有国家间的竞争和战争的实施，那么文明社会自身几乎不能找到目标或形式”(24)；没有外部的“赶超”，“我们很可能就打破或弱化了社会的纽带”(25)。因此，侵略的意外后果是强化了你的对手，使得你的攻击更难成功。

于是，弗格森的“反社会的社会性”[22]原则是以下这种更大认识的 44
一部分，即对社会制度和实践的解释不能还原为人们深思熟虑的目的的结果。它也是神正论(theodicy)的一部分——邪恶问题，或上帝的善调解了人类的恶。这一方面明显存在于《文明社会史论》这一章的最后一段中。作为总结，弗格森提到了这些反应“让我们趋向神意的引导”(25)。我在本章结尾处会回到这个议题。

2.4.3 斯密与“看不见的手”

斯密只在三个地方使用了“看不见的手”这个短语，但对这种现象的把握遍布于他的全部著作中，特别是《国富论》中。虽然“看不见的手”在《国富论》中的出现最为人所知，但它在《道德情操论》中的出现同样值得详细考察。至于第三处的出现，是在其死后出版的《天文学史》(*History of Astronomy*)的一段不长的文学描述中[23]。

在《道德情操论》中，这个短语突然出现在一个复杂论断中。在某种意义上，这种出现是恰当的，因为这个论断的线索之一是人喜爱复杂性和发明，即使严格来讲，它们只是某种可欲“目的”的工具性“手段”。斯密相信这种“喜爱”是“私人与公共生活那些最严肃最重要的追求背后的秘密动机”(181)。这种“追求”中斯密讨论得最详细的是产业或得到那些想象的利益的动机。事实上，这些利益是“想象”的才是至关重要的。斯密对下面两者进行了对比，一边是富人的大厦所提供的“真实满足”，另一边是由“对某种宏伟、美丽和高贵的想象所激发”的“财富和伟大所带来的愉悦”(183)。后者虽然是“欺骗”，但“提升和保持了人类产业的发展”。事实上，斯密在稍后一些对比了“真实的幸福”——理解为“身体的舒适和心灵的平静”，一种所有等级的人甚至乞丐都可以拥有的状态(185)——与富人身边围绕着“华而不实和无足轻重”的东西，这种对比表明了一种古典斯多葛主义的视角。很多评论者已经及时以这种方式对斯密进行了解释[24]，但在目前的语境中，这种解释会错失斯密论断的主旨。

斯密称赞这种欺骗。正是通过辛苦和勤劳，地球才得以改变，城市才得以建立，人口才得以增长和供养，“所有升华和美化人们生活的科学和技艺”(183)才得以发明。这里的含义是，如果坚持斯多葛的戒律，即人类自身局限在“真实的”满足中，那么人类生活将会粗糙而贫穷。(我们在第6章会看到，斯密认为贫穷是无法谈论升华或救赎的)实际上，斯密后来把土地的培育、制造业的提升和商业的增长称为是“真正改善”了“人类利益”和“升华人性”的事。(229)如果没有对上面所说的进行补充的话，那么人们应该提醒我们注意，利用斯密所使用的“真实”一词来进行解释是有危险的。

45 看起来我们好像偏离了主题，但谈到“欺骗”其实是指出了“意外后果”的暗中存在。这种升华是通过个人意欲获取自己的利益来达到的。事实上，斯密谈到这些欲望时用了不讨人喜欢的词［它们是“徒劳且贪得无厌的”，体现了“天生的自私和贪婪”（184）］，并且把这些欲望的对象贬为华而不实的东西，这与马基雅维利的格言“私人的恶，公共的善”密切相关。如果把这种格言自私看成是对“意外后果”的表达，也毫不出奇（见 Hayek 1967）。在斯密那里，这种与意外后果的联系是出现在“自负且冷酷的地主”身上。正是在讲述他的故事时，“看不见的手”变成了一个看得见的短语。这个地主（或者更一般的讲富人）准确来讲甚至不比其最卑贱的农民（或穷人）消费的更多，人的胃只能容纳那么多食物。（见 *WN*：81）结果就是：

> 一只看不见的手引导他们对生活必需品作出几乎同土地在平均分配给全体居民的情况下所能作出的一样的分配，从而不知不觉地增进了社会利益，并为不断增多的人口提供生活资料。（*TMS*：184–185）

这段话中有两个需要进一步指出的要点。第一点，为了阐明这个原则，斯密也谈到了富人“居住在大厦”的欲望。要实现这种欲望，意味着要雇佣很多人。这不仅意味着富人的“奢侈和任性”提供了雇佣，而且还意味着它所提供的雇佣比“人性和正义”所提供的更多（184）。这种并列对比在《国富论》中更加突出，我将在第 6 章加以讨论。第二点紧接在“看不见的手”这句话之后，斯密继续说道，“当神意分配土地……”我们已经看到，这个词在这里的上下文中是常见的，但在讨论之前，要提到《国富论》中的“看不见的手”，特别是那里并没有出现这个词。

与《道德情操论》相比，《国富论》中的上下文更加直接。每个人（及资本）为了自己的利益而寻求雇佣，在实践中，这意味着更倾向于国内产业而不是国外产业。通过追求这种倾向，他也提升了公共利益。不过，后者并不是“他的意图”；他是被“看不见的手”引导的（*WN*：456）。对这一点依次有三个评论。

首先，这是有争议的。既然公共利益是通过这种方式提升的，那么某个人企图通过计划来提升公共利益就是多余的了。实际上，这种企图是无法保证的，即使一个在位的“政治家”，也不能确保“议会或元老院”就让其“拥有权威”。这不仅指出了斯密对重商主义的批判，而且也指出了他积极信奉“自然自由体系”（system of natural liberty）。这种信奉将在第 6 章中考察，在那里会引出看不见的手的**政治**维度。

其次，斯密并没有毫无保留地提出这个过程。他实际上说的是：
46 “公共利益是人的意图对社会来说并不永远是坏的。通过追求他自己的利益，他常常比他有意为之更能有效地提升了社会的利益。”虽然这一段话的立场有明显的转移，但它确实考虑到了例外。斯密为干预留下了余地，他一直都能够允许自己背离自由放任。他总是适时地运用这种允许。[25]

最后一个评论是，斯密自己谈到这个过程适用于“很多其他的情况”。这强化了我们刚才所说的，虽然“看不见的手”这个短语很少出现，但它所把握的现象却经常出现。随着我们的论述，我们会遇见很多这样的“其他情况”，但有一个情况现在就值得指出。斯密惧怕公共债务所导致的后果。不过，这种债务是商业社会所享有的稳定性的意外后果。那些有钱人非常自信，扩展了政府的信用，而政府放弃了积蓄，依靠税收来还债。到了一定时候，政府不得不借钱，只是为了偿还借款的利息，结果就是资本债务不断地增长。从长期来看，其结果很可能毁灭“欧洲所有的大国”（*WN*：911）。在这种情况（这里是非常简化的，更全面的讨论见第 6 章）下，个人行动所导致的后果不是良性的。这表明，对斯密来说，（至少）意外后果不能简单地归为某种最终仁慈的神意计划之下。在结论部分我们会简单地继续讨论这一点。

2.4.4　神意与自满

苏格兰人提出了很多大胆的主张来阐释“意外后果”的观念。邓肯·福布斯认为他们认识到了他所称的（追寻的是冯特）“诸目的异质性法则”（law of heterogeneity of ends）是“18 世纪理性主义者在历史进程上所获得的最深洞见”（1954：651）。罗纳德·哈姆威（Ronald Hamowy）判定“自发形成的秩序理论”是“苏格兰启蒙运动最重要的社会学贡献”（1987：3）。与之形成鲜明对照的是，其他学者认为，上下文中的这些段落揭示了苏格兰长老会传统的继续存在，后者认为上帝让人们不知不觉地用于神圣目的（Sher 1985：180）或“意外学说”仍然是加尔文教义有效遗产（Allan 1993：207-217）。

虽然肯定会常常援引神意，但有解释力的关键议题是这样的。一般
而言，苏格兰启蒙运动的思想家是在神学的保证下运用宇宙秩序和规
律性的观念的（见第7章）。这既适用于个人行动，又适用于个人之间
的互动，既适用于社会欲望的拥有，又适用于社会实践和制度的持久存
在。在这种一般化内部，还为细微差别留有余地。很难有理由去质疑里
德、布莱尔、罗伯森这样的职业牧师（先行者是弗格森[26]）或凯姆斯 47
这种呼唤神意的坚定神学家仅仅是说说而已。个人在对抗人类制度的
坚固性和有效性上相对不重要，表明了存在着只有经过根深蒂固的监管
才能“填充”的“间隙”。不过，休谟指出这并不是必然的，尽管所有
的关键成分似乎都在他的思想中。他显然是致力于自然的统一性（the
uniformity of nature）的观念；他把社会的连贯归结为习惯性的期待（cf.
Berry 1982）；他也阐释了关键社会制度是通过各个短期决定的零碎叠加
形成的（cf. Haakonssen 1981：19-20[27]）。虽然对其他人来说这些成分
都证明了神意设计，休谟仍然以其宗教怀疑论声名狼藉（见第7章）。

在很多方面，斯密都是评价的案例。例如，麦克菲（MacFie 1967：107）解释斯密的学说是把“看不见的手”强调为其最根本的信念，而坎贝尔（Campbell 1971：73，70 cf. Forbes 1954：653）认为“不幸”这个词及其使用方式起到了补充作用，“在因果解释上面加了一顶神学的帽子”（休谟则无须这样的帽子）。显然这里有争论的空间，但在我看来，坎贝尔的立场是对的。斯密确实同意强调秩序和规律性的观念，但他的实际解释并不需要背景说明。国家债务的例子已经很好地提醒了我们，这个过程并不总是良性的。

神意也容易与自满结合在一起。如果一切都是好的，各种目的也是好的，如果这是由于上帝而不是由于人，那么现存的苦难和不平等是可以接受的。不过，这种结合并不就等于同一。毫无疑问，富人住在城堡，乞丐倚门而居，世上一切都好，这种情感对苏格兰启蒙运动来说不是一无所知的，并且，这种情感毫无疑问可以用来为意识形态服务。[28]但这不意味着苏格兰人不动脑筋地支持现状。就像后面几章所展示的，所有属于启蒙运动的苏格兰人，都在不同方面和不同程度上批判他们的社会。

2.5 结论

苏格兰人认真对待人类社会性。这种认真性明显体现在两个重要方面。首先，社会性不能理所当然地看成公理式的第一原则。应该有意识地将其建立在证据知识。虽然这可能在哲学上不是非常精致，但探寻最初的古典文学，搜寻各种人类学报道，可以揭示出人类的实际经验是真实知识的基石。

人是社会的存在，既然在经验上已经成立了，那么苏格兰人——这是他们认真性的第二种表现——继续处理随之而来的后果。由于人是社会的，那么任何可以接受的对人类社会的阐释必须从这一点开始。正是因为流行的社会理论在很大程度上看起来不是这样做的，所以苏格兰人全身心地对它进行批判。我们当然是个人，我们当然有理性，但是个人
48 主义的理性主义不足以作为一种**社会**理论。这种对其不足的认识，有助于显现苏格兰的历史重要性。

霍布斯是最清楚可能也是最典型地把“社会”精心分解成个人的成分，并且把个人简化为一些基本动机。之所以这样做，是因为他相信他知道社会是如何运作的，因为他能规定社会应该如何组织，以便社会可以更有效地运作。对苏格兰人来说，这是一种错误的还原论。社会及其制度不可能以这种方式来准确理解。如果这些制度需要解释，那么解释的原则必须是与之相应的。社会制度需要社会解释。什么可以算作是一种解释就是苏格兰人追问的问题。他们如何追问，如何回答，就是下一章的主题。

注释

[1] 休谟认为是修昔底德“开创了真正的历史学”（*E-PAN*：422），斯密相信没有人“能比修昔底德更清楚地解释事件的原因”（*LRBL*：95），斯密认为李维是最好的拉丁历史学家（108）。“原因”的重要性见第3章。

[2] J. Lafitau，*Moeurs des sauvage ameriquains*（1724）；P. Charlevoix，*Journal historique d'un voyage de l'Amerique*（1744）. 例如，米拉在《等级区分的来源》中对他们两位都引用6次（恺撒的《高卢战记》与塔西佗的《日耳曼尼亚志》则分别被引用了10次和8次）；弗格森在《文明社会史论》中

13 次引用了夏利华，5 次引用了拉菲托。

[3] 里德（*AP*：545）做了以下区分，本能等同于“机械原则”，欲望等同于“动物原则”，不过他也承认，这种区分只是为了区分而区分。

[4] 他从布丰（Buffon）那本综合且极具影响的著作《自然史》（*Natural History*，1749）得到了支持，引用了他的判断，人类官能与“最完美的动物”的官能之间的距离是“无限遥远的”（*CV*：10）。布丰自己在他的《人类自然史》（*Natural History of Man*，多卷本《自然史》的节选本）仍然用理性、语言和拥有灵魂这样传统的标准作为人类的标志（III，sect. 1）。格里高利是一位医生，他也引用了斯塔尔（Stahl）的著作（7），虽然他的论点看起来是一种批评，但其实他赞成斯塔尔反对机械论，认为（没有明说）斯塔尔比拉美特利高明（见第 1 章）。格里高利这里也小心翼翼地避开了这类争论的锋芒。斯塔尔的观点受到了卡伦的批评，但又得到了卡伦爱丁堡大学的继任者怀特（Whytt）的（批判性的）赞成［Hankins 1985：124；Wright（1990）特别提到了这一点］。格里高利的书由罗宾热（Robinet）翻译成了法文，而他的本能观点受到了狄德罗的批评。（Hastings 1936：136n.）

[5] 邓巴通常也认为猩猩需要一种扩大的观念，不过他相信动物观念是固定的。对蒙博杜来说，这种官能可以让猩猩获得它们实际上并不拥有的更高技能，这也不同于人类的本性（见给 Harris 的信，载 Knight 1900：73，cf. Cloyd 1972：64）。他认为猩猩和大猴子与人的关系，就像驴子与马的关系（给 Pringle 的信，载 Knight 1900：85），因为它们不能说话，这就足以否认它们可以“归为人的名目之下”（*OPL*：I 176n.）。这些由猩猩引起的争论见 Wokler（1976，1988）。

[6] 虽然阿斯来弗（Aarsleff）没有引用这一段中邓巴的著作来例证自己的命题
（1974：104-105），即寻找语言来源的背后是为了找到一些基本原则来区
分什么归于自然与什么归于技艺。对邓巴“类比”及其与联想心理学的联 49
系，见 Berry（1987）。

[7] 例如，实质名词先于形容词，非人称动词先于人称动词、介词和代词“表现了那些非常抽象和形而上的观念不容易产生于语言的最初形成过程中”（*Considerations* in *LRBL*：219 cf. 214，213 etc.）。对斯密观点的讨论，见 Land（1977），而对比性的分析，见 Berry（1974a）。斯密的观点大体上被邓巴所继承了（甚至用了同一个例子，cf. *EHM*：83 *Consids*：216），也被

布莱尔（*LRB*：101）所借鉴，甚至影响到了蒙博杜（虽然有些根本性的分歧）。（*OPL*：II 45）

[8] 哈奇森的解释类似于亚里士多德对友爱的解释，因为他强调了道德品质是基础，而且把友谊定义为“彼此美德举止下心灵共鸣所产生的感情结合”（*SIMP*：84）。

[9] 这一点上有非常多的二手评价。例如，一些评论者提出［例如 Ashcraft（1968）］，洛克在《政府论下篇》中对自然状态的叙述中既包含了规范成分，又包含了历史成分，Ashcraft（1978）对其他的解释做了重述。

[10] 对此有大量的评论。对背景的讨论特别可见 Buckle & Castiglione（1991）和 Thommpson（1977）；Gauthier（1979）和 Brownsey（1978）较少关注历史，而更多注重分析。Miller（1981）有非常好的概述。Lessnoff（1986）认为休谟的叙述是契约论思想史上的关键。

[11] 之所以把洛克单独挑选出来，很大程度上也解释了他在 18 世纪早期英国政治讨论中的地位（cf. Thompson 1976，Kenyon 1977，Dickson 1977）。洛克的观点不是直接介入苏格兰启蒙运动的，卡迈克尔（Carmichael）对普芬多夫的评价（哈奇森对此大加赞赏，见 *SIMP* 的前言）看起来起了重要的引导作用（见 Moore & Silverthorne 1983，1984）。

[12] 在《人性论》（和其他著作）中，正义被称作“人为的”美德。在某种程度上，这种早期术语反应了休谟与契约论 / 法学路径比较接近，而在后期《道德、政治和文学论文集》中没有出现这种术语，是休谟特意为之，以免出现解释上的混淆。这种正义是“人为的”观念遭到了很多同时代人的批评——最有名的是里德（*AP*：51），凯姆斯也对此有所批评（*PMPR*：65ff.，129ff.）。甚至斯密也认为休谟过于强调了效用（*TMS*：87ff.）。在《人性论》中，休谟宣称“人为的”不是与“自然的”相对照的，“自然的”意思是“与物种不可分的”（*THN*：484）；正义是一种必需的发明，而当任何发明是绝对必需的时候，都可以说它是“自然的”，因为“自然的”意思是“所有直接出自原始原则的事物”。瓦拉裘思（Vlachos 1955：38）把休谟在《人性论》中的思想看成是在霍布斯与洛克之间采取了一种中间道路（就像普芬多夫）。见第 6 章更多对正义的讨论。

[13] 休谟也在对汉诺威继承权论战的政治语境中使用了这个短语——“长期占有……必须是在此之前的，（作为理解国家的一个重要方面）已经获得

了资格……不依赖于他们现在的拥有”（*E-PrS*：511）。

[14] 可以比较斯密的《法学演讲集》（32，37）。凯姆斯在他的《论法学的几个主题》（*Essays upon Several Subjects in Law*，1732）中列入了对时效的处理方式——在《对苏格兰习惯法和成文法的说明》（Art. 33）中重述了——在那里他批评自然法的标准阐释，并把财产权与拥有权的心理感情联系起来（见 Ross 1972：36）。这似乎对斯密产生了某种影响，并可能为斯密的探讨开辟了道路。

[15] 普利斯特利给伯克的信（1791），载 *Writings*（1965：255 cf. 198）。Cf. Passmore 1970：esp. Chs. 9 and 10.

[16] 福布斯（Forbes 1975：308）认为休谟对立法者的看法是他不同于其他苏格兰人的地方之一。为了支持他的观点，他引用了（316）休谟所说的 50
“国家的立法者和建立者遗传了法律和制度体系”（*E-PG*：54）。尽管如此，福布斯也很快指出休谟意识到了法律缓慢发展的渐进过程。事实上，在另一篇文章中，这种渐进性使得休谟削弱了立法者：“用一般的法律来平衡一个更大国家或社会（不管是君主制还是共和制），这是如此艰巨的任务，以至于没有天才人物（不管是如何具有理解力）仅仅通过理性和反思的力量来完成它。这项任务必须联合很多人……”（*E-AS*：124）由于这里所表达的感情与休谟的整体论断（以他对阿尔弗雷德的看法为例）是非常吻合的，所以福布斯可能过于强调休谟的独特性了。

[17] 在他讨论罗马共和国的历史时，他更加公平一些。在谈到罗马人自己把其制度归因为罗慕路斯和卢马（Numa）时，他评价道，那些制度不管是“特殊场合的提议”还是“天才人物深思预谋后的发明”，都不能脱离其存在的背景。（*Rom*：I 11）凯姆斯也在某处暗示：他可以接受莱克格斯是一个真实人物。（*SHM*：I 487）对“神话史实论”（Euhemerism，这种学说认为神话人物是真实存在的历史人物）的一般阐释，见 Manuel（1959：85ff.）。

[18] 这段话经常被哈耶克引用，见第 8 章。

[19] 这个词很可能是深思熟虑地重复了洛克的话（见 *Second Treatise*：§13），虽然休谟也在同一语境下使用了它（*THN*：485），凯姆斯也是如此（*HLT*：20）。

[20] 弗格森在《论历史的进步和罗马共和国的终结》的第一卷第二章和第三章中详细叙述了罗马的这种斗争。虽然他指出了其缺陷，但他也做了这

样的评价，罗马人“享有最令人羡慕的民族区分、经久不衰的繁荣以及人类历史上难得一见的政治家和战士的不断涌现”（90）。

[21] 霍布斯把“自然”生活描述得肮脏且粗野，也许是为这种动机提供了一个不太能接受的戏剧化版本（*Leviathan*：Ch.13），而洛克指的是“堕落之人的腐化和恶意”（*Second Treatise*：§128），普芬多夫指的是人类“在所有时候都是恶毒、暴躁和易怒的，而不仅仅是容易且有能力造成伤害”（*On the Law of Nature and Nations*：2-3-15）。洛克和普芬多夫都不认为这就是自然状态的整体事实，但两人都需要某种特性来为缔约脱离自然状态、建立文明政府提供动机。

[22] 这个特殊的词（ungesellig Geselligkeit）是康德使用的［*Idea for a Universal History*（1784）tr. 1963：15］。弗格森的著作在德国特别流行（《文明社会史论》于1768年被翻译成德文，参见Oz-Salzburger，1995），但这个词所传达的观念很难说是他自己独有的。简短的概述（不包括对苏格兰人的讨论）见Wood（1972）。

[23] 斯密写道：“由于其自身性质的必然，重的物体降下来了，而轻的实体升起来了；甚至朱庇特看不见的手也不能理解这些事物背后的东西。”（*EPS*：49）这里的上下文是野蛮人的多神教和古代的异教徒。是MacFie（1971）第一个注意到了这个词组在此处的出现。

[24] 尤其可参见MacFie（1967），Dwyer（1987），MacIntyre（1985），Sher（1985）以及（最成熟的）Brown（1994）。但斯多葛主义是一种有着很多习语的哲学语言。更全面地质疑斯多葛主义在斯密理论中的积极作用，见Berry（1994）。

[25] 学者们已经界定了这些背离。不错的综述，见Skinner（1974a）。在第6章我们会看到在他的教育观中有这样一个重要的例证，这可以看成是对劳动分工后果的矫正。

[26] 弗格森并不总是援引神意。在评价权力的广泛分配时，他说最好的结果是“机遇”造成的，而不是“人类智慧冷静设置的”（*ECS*：237）。

51 [27] 休谟把正义的阐释为个人行动的无意后果，哈孔森称之为“法哲学历史上最大胆的一步之一”（1981：20）。

[28] 谢尔认为围绕“意外后果”观念的神意论属于“非常保守的学说”，这是温和派教士在苏格兰社会所使用的意识形态的核心要素。（1985：327，53-54，205，240，189 etc.）对“意识形态”的讨论见第8章。

3

科学、解释和历史

对启蒙运动来说，“科学”是对抗黑暗力量的有力武器。这在自然科学那里最为明显。亚历山大·蒲柏（Alexander Pope）这样赞颂最伟大的科学家：

> 自然和自然法则隐藏在暗处，上帝说：让牛顿来！然后所有的都暴露出来了。

对启蒙运动的思想家（苏格兰人居于前列）来说，牛顿的成就既是模式又是挑战。牛顿已经展示了什么可以做，应该如何做。挑战是要仿效他的工作：要像他对自然科学那样对待道德或社会科学。牛顿自己也正是这样想的。在他的《光学》中，他评论说，如果通过他的方法，自然哲学变得完美了，那么同样的，“道德哲学的边界也可以得到扩展”（Qn. 31 1953：179）。很显然，牛顿的评论并没有受到忽视，乔治·特恩布尔就把它印在自己《道德哲学诸原则》（1740）的封页上。特恩布尔甚至把它用在自己的《古代绘画》（*Treatise on Ancient Painting*，1740：134）里。

特恩布尔并不是唯一一位遵循牛顿思路的人。很多人都共同持有这种思路，而这也揭示出，苏格兰启蒙运动的社会**理论家**不应该被界定为不同于社会**科学家**的人。就启蒙运动整体来看，任何一种这样鲜明的分界都是违背常理的。当然，某种区分是可以作出的。像库伦这样专注实验室科学或像迈克劳林这样钻研数学与特恩布尔的工作当然是有所区别的。不过，重要的是，苏格兰社会理论家参与到他们所理解的科学事业中。本章讨论的是这种事业的假设和特征。

3.1 培根主义

启蒙运动是17世纪“科学革命”的后代。在苏格兰，这种遗产通过大学课程的改变得到了传播。例如，在1660年至1670年间，阿伯丁大学的亚里士多德课程被笛卡儿课程所取代，而笛卡儿主义又在1690年至1710年间被牛顿所取代。（Wood 1993：6–7）同样的故事也在苏格兰其他大学上演（cf. Shepherd 1982）。牛顿不是独一无二的，洛克和培根也产生了影响。就像我们在第1章看到的，大学课程这些改变的重要性在于，它们帮助播下了种子，而苏格兰启蒙运动就是其成果。

53 如果我们先把牛顿、波义耳、惠更斯等人的实际发现和成就放在一边，那么我们可以最好地总结当时普遍存在的以“培根主义”为标题的“科学”精神。培根自己不是科学家，但他是科学传播者；就像休谟说的，他“远远指出了通向真正哲学的道路”（*HE*：II 112）。[Walton（1990）对培根和休谟进行了详细的对比] 他的功绩是扫清了陈旧的做法。那些不仅是中世纪的经院哲学，而且还有近现代早期的两种思路：炼金术传统（它依赖的是自然魔法的个人从业者）和怀疑论（它的哲学是一切都是不确定的或可疑的）。但是比清除这些负面因素更重要的是培根提出了一些正面的建议。为了学术为进展，他重新绘制了知识的地图。新的绘图建立在记忆、想象和理性这三种官能上，它们对应的三种人类学问——历史、诗歌和哲学（*Advancement of Learning*：Bk 2，Ch. 1 1853：77–78）。这种进展的基础是“真正的归纳”（*New Organon*：Bk 1，sect. xiv 1853：386）。

培根影响的一个标志是术语。他把历史分成自然史和文明史。后者处理的是人类事务，而前者[一种“新的类别”，*AL*：Introd.（17）] 不仅包括动物和植物的历史，而且还有“技艺史”。培根批评那些把自然与技艺分离开的人；技艺史是“自然加工”或“约束”的历史（*AL*：Bk 2，Ch. 2，79）。这种对技艺史（或“机械史”）（82）的理解缩短了自然史与文明史的距离，可以从中看出苏格兰人的普遍历史观念（见第3.3.2小节）就是有效地吸收了培根的想法。[1]

自然史背后的目的不只是数据收集，就像我们将看到的，它还有特别重要的一点是，“去照亮各种原因的发现”，由此提供“[自然]哲学的基础”（*AL*：Introd. 16–17）。哲学自身包括了上帝，自然和人（*AL*：

Bk 3，Ch. 1，116）。界定范围有两个有用的功效。首先，它有助于转移对无神论的指控，即指责它们从事某些形式的“新学问”。（见 Webster 1975：515）其次，通过把自然与人混在一起，可以为牛顿所深信的自然科学与道德科学在方法论上一起进步打下基础。培根自己对其科学分类的解释是仅仅基于便利，而不是出于预先判定把它们联合在一起。（*AL*：Bk 4，Ch. 1，151）

培根的遗产还有另一个要素。他的整个规划有着坚定的效用主义倾向。哲学发现并不是基于自身的目的，因为“科学真实和合法的目的是用新的发明和财富来造福人类的生活”（*NO*：Bk 1，sect. I xxxi，416）。这种目标的制度化表现是皇家学会的成立（Webster 1975：99），更一般的表现是当时的“改善”风潮。“改善者”最关心“科学”的应用，以便土地产值的增长（对培根来说，农业就是“自然加工”的例子）。约 54
翰·格里高利清晰地总结了培根主义所涉及的事物，那时他注意到，“人类的文明史和自然史成为一种研究，不仅适用于娱乐和满足好奇心，而且也有助于那些致力于人类物种的培养和改善的最高贵观点”（*CV*：19）。培根自己对这种共同目的统治原则的表述也许是在他最著名的命题中，“知识与人类的力量是同义的，因为愚昧会使结果失败”（*NO*：1，iii，383 cf. *AL*：Introd. 20）。[2] 如果我们把这种命题与牛顿所激发的效仿结合起来，那么我们就可以简洁地刻画出苏格兰人的路径和志向。

3.2 因果解释

因为牛顿，我们现在知道了行星为什么绕着轨道运行，我们也知道了对天体运动的解释也是对陆上运动的解释（为什么苹果是往地上掉的）。但为什么美洲印第安人崇拜很多神？为什么封建时期女性的地位比以前高？为什么政治权力在亚洲部落那里更肆无忌惮？为什么我们现在对待战俘比过去更人道？这些问题都需要回答。不仅如此，我们还需要知道对其中一个问题的回答是否影响了对其他问题的回答。对这些问题的回答方式可以看成是各种社会实践在恰当定义了“原因”之后的“结果”。苏格兰启蒙运动的社会理论是在寻求这些原因，并寻求这些原因之间的各种关联。后面的几章会涵盖他们所提出的实际回答，我们在这里感兴趣的是他们得出这些回答的程序或方法论。

3.2.1 叙述上的关联

在《历史上的法》的前言中，凯姆斯痛心于，法没有得到有效的对待或研究。标准的处理方式就像地理学——“似乎它仅仅是收集事实”（*HLT*：iii）。相反，我们需要的是一种历史路径。只有采取了这种方法，法才能成为一种“理性的研究”。法不是特例。在同一个上下文中，凯姆斯也提到了“礼仪”和“技艺”，稍后又加上了“国家的宪法”和“政府”（iv）。

这些全都是基本社会制度的例子。之所以是“基本的”是因为它们的永久性。这种永久不是一成不变的。虽然有变化，但其自身预设了某种持久性。我，克里斯·贝瑞，从十八岁开始身体和情感都在变化，但三十年后我还是克里斯·贝瑞：人称代词指的是一个持久的主体（身份）。事实上，即使失去了身份，也没关系。首先，重要的是个人身份有时间或叙述上的结构，其次，作为其结果，理解今天的我需要重述我整个人生的故事。这里的关键在于，理解基本社会制度意味着讲述整个
55 故事，书写历史。这才是重要的。苏格兰人的社会理论在很大程度上由此而展现了历史。

休谟在一封经常被引用的信中说，他相信“这是历史的时代，这是历史的国度”（*Letts*：II 230）。这种信念部分反映了当时历史作品的流行，就休谟自己而言，这种流行也带来可可观的收益。[3] 不过，存在各种不同的方式来书写历史，也各种不同的书写历史的理由。最能体现历史作为社会理论（history-as-social theory）的特色是进行科学的解释。对凯姆斯来说，法是“理性科学”（*HLT*：xiv cf. Stuart *VSE*：vi），“理性被用来发现各种原因，并通过一长串相关性的链条来追踪各种结果”（v）。[4] 通过这种手段，可以看出整体的结构或秩序。他说的是“事件和附属事件”（subordinate incidents）是“关联在一起的，通过一条规则的因果链条联系起来”（iii）。在他后来的《人类历史概论》凯姆斯重复了这个观点，并强调：“历史作品的完美……是各种有趣事实通过其动机和后果联系起来。那样一种历史才真正是因果的链条。”（*SHM*：I 48）

这种对“原因”的不断重复暴露出了培根主义的广泛存在。它也反映了长期存在的把历史界定为“通过例子的哲学教学”的传统。[5] 培根式的对原因和历史的强调，以及历史是教导的，这两者的联合可以在斯

密的修辞学讲座中看出。他是这样说的：

> 历史写作的意图不是仅仅为了娱乐……除此之外它还要教导读者。它向我们展示了人类生活中更加有趣和重要的事件，指出了事件产生的原因，由此也向我们指出了通过何种方式和方法我们可以产生类似的好结果或避免类似的坏结果。（*LRBL*：90）

像凯姆斯一样，斯密在随后的讲座中把原因与结果之间的联系界定为“我们非常感兴趣的”事情。它是历史叙述的关键，因为“我们不满足于”仅仅拥有“被告知的事实，而对其如何发生的迷惑不解”（98）。斯密认为，相比于其他人，修昔底德“最与众不同地解释了事件的原因”，所以他是出类拔萃的历史学家（95 cf. 106）。休谟对修昔底德也有很高的评价（*E-PAN*：422），凯姆斯明确赞扬了他对原因的解释，虽然凯姆斯不同意斯密的排名，而认为塔西佗在这方面更优秀一些（*SHM*：I 48）。

3.2.2 机遇和规律性

除了在前言中蔑视“地理学家”外，凯姆斯也贬低那种“庸俗风味”的历史（*HLT*：iv）。庸俗之人喜欢的是战争史和征服史，而不是法律之类的制度史。更有意义的是他们为什么选择前者。战争是“一个单独的事件”，像所有这类事件一样，因为“机遇或运气的盛行”，它“为奇迹而兴奋”（我们会再次遇到这个术语）。这里重要的是追寻因果链的理性历史与列举“事实”的历史写作之间的对比。“空讲事实”是 56
“无趣的”（Gergory *CV*：221），对科学历史学家来说，这是编年史家或年表编撰者的特性。[6] 虽然不是没有长处，但年表编撰者的错误在于他们把事实与前面所发生的事情脱离开来。他们没有解释为什么一个特殊的事件会发生，什么时候发生，或者什么是相同的事，只是将其归因为机遇。

在这一点上，休谟是有教导意义的。在他“技艺和科学的兴起与发展”一文的开头几段中，他泛泛地评论道，需要区分机遇与原因。（*E-AS*：111）如果把一个事件归因为机遇，那么它就排除了所有进一步的探究。这使得所有人（包括探究者）都处于“愚昧状态”。然而，当一个事件“应该是出自某些特定且稳定的原因”时，这就提升了探究，通过这种提升，它揭示了“什么可以避免庸俗和愚昧”。

休谟并没有否认已经存在着机遇与原因（“特定且稳定的”）的区分，但这不是实际上的区分。他用一个偏见骰子的例子来阐明了它。掷几次，骰子的这种偏见自身不会暴露出来，但“掷很多次的话，它肯定会显现出来”（112）。米拉用了一个非常类似的例子。他设想，一次或两次掷出来的骰子数字肯定非常不同，但“随机掷很多次的话，结果会大体相等”（*OR*：177）。米拉用这个例子来强调“民族的性格和精神”与个人的有所不同。在前者那里能够界定出“固定的原因”。这里的语境是在攻击立法者的效用解释，我们在第 2 章已经讨论过了。这种攻击的意义（我们回想一下）是削弱把日的性的**个人**设计作为**社会**制度的解释。休谟用骰子的例子是要指出大量个人与特殊个人之间的区别。后者可以有机会逃离“普遍感情”，“被他们自己的特殊激情所支配”，而前者将会被“他们所有行动中”的感情所“统治”。（112）

尽管有区别，但休谟这里使用的两个类似的词（“支配”与“统治”）表明了这种区别是程度上的，而不是类别上的。当他在同一篇文章中两次提到“机遇，或神秘且未知的原因”时，这一点更加明显了。[112，114。在《人性论》中他提到了“庸俗之人所称的机遇”只是“神秘且隐蔽的原因”（*THN*：130）。Cf. Kames *PMNR*：195] 如果机遇确实在运作，那么即使是在个人的特例那里也不可能谈论激情“支配”了，因为“支配”预设了激情与结果之间有着某种可追溯的联系：我打你，是**因为**我被你的行为激怒了，而不是我胳膊偶然举起的结果。一般而言，它会把事件还原为绝对混乱的随机性。然而，科学工作就是要在混乱中发现秩序。就像牛顿在不久前成功证明的那样，其方式是从它们展现的因果关系中引出一般性的原则。准确分析什么构成了一种因果关系是休谟哲学规划中的主要因素——这个因素在很大程度上成就了他当
57 时的哲学家声望。

3.2.3 休谟论因果

休谟对原因的分析所引发的评论汗牛充栋。[7] 我这里的目的是谦卑的。只要最简单的概述他的论点就足够了。旨在表明是休谟的分析是如何适应他更大的规划的。尽管休谟在哲学上有着非常敏锐的洞察力（只有里德算是一个严肃的竞争者），但这种规划在他的社会理论家的同伴

身上是广泛共享的。例如，格里高利是休谟的批评者，他也断言存在着“精神结构上的法则”（就像生理系统存在着法则一样），其运作是按照“固定和不变的方式”（*CV*：5）。

休谟接受洛克的论点，即天赋观念的原则是错误的（*THN*：160），其结果就是“知识”必须来自经验。经验以“知觉”的形式表现出来，休谟把“知觉”分成“印象”与“观念”（1）。前者先于后者，我们所有简单的观念都出自某种印象（5）；它是休谟一开始确定的建立在“人性科学”上的原则（7）。这些简单观念能够分离和重组，并通过印象变得复杂。以这种方式我们可以获得独角兽的观念，当然我们不需要感知独角兽这个事物。不过，想象在其运作上不是变幻无常的，休谟相信它受到“某些普遍原则（使它在某种程度上在一切时间和地点内都可以保持一致）”的指引。存在着一种“温和的力量”，一种“联结性”，由此简单的观念有规律地联结成复杂观念（10）。存在三种联结原则——类似，时空接近和因果关系（11）。

虽然严格来说先验（即外在于经验）是“任何事都可以成为任何事的原因”（249），但世界看起来在经验上是有秩序的，不是反复无常的，它有规律的存在，一系列原因一贯且不断地伴随着一系列的结果。按照经验来看，这种秩序和规律性肯定是可以追溯的。概括来讲：

> 我们所称为一因一果的一切那些对象，就其本身而论，都是互相区别、互相分离的，正如自然界中任何两个事物一样，而且我们及时极其精确地观察它们，也不能由这一个的存在推出另一个的存在。我们只是由于经验到，观察到两个事物的恒常结合，才能形成这种推断；就是这样，推断也只是习惯在想象上的结果。（405 cf. 103）

休谟最著名的例子是一个移动的撞球对一个静止的撞球的撞击（*Abs*：186-187）。撞击后静止的球动了，这看起来是一个明显的因果关系。但由于我们只感知到球的依次移动，那为什么这“明显”是因果顺序呢？休谟分析这一过程，界定了三个因素——接续（第一个球击打了第二个球）、优先（第二个球是静止的直到它被第一个球击打后才移动）和恒常结合。没有别的东西了。我们不能获得其他关于因果关系的 58

知识源；特别是我们无法知道任何假定因果的力量或力（193 cf. *EHU*：63）。休谟否认可以认识到这种力量，这是他同时代人对他的分析产生哲学争议的地方（见 Reid *IP*：Essay 6，Ch. 6；Kames *PMNR*：Pt. 2，Ch. 5）。在这三个因素中，休谟认定第三个是关键性的。只是因为每次我们都感知到这些球以同样的次序发生碰撞，我们才能恰如其分地说第二个球移动的**原因**是第一个球的撞击。头两个因素是不充分的——我可能打开我桌子的抽屉而我桌上的电灯是亮的。作为一种独立的、一次性的次序，这与撞球的例子相似；然而，这不是因果关系，因为每次我打开抽屉我的灯都不会灭，这里没有恒常的结合。

对休谟来说，我们把这归结为因果关系，是因为我们习惯性地把现象联结起来。我们是"由习俗决定的"（*Abs*：189），所以我们期待或相信第二球移动的原因是第一球对它的撞击。也就是说，我们期待"相似的对象在处于相似的环境下时，永远会产生相似的结果"（*THN*：105）。在这个基础上，我们能够预测第二个静止的球在被第一个球击打时**将**会移动。现在这一点的培根主义维度就很明显了。如果我们知道或能够预测，一系列的结果会随着一系列的原因而来，那么我们就能相应地行动——建筑物会倒坍，除非根基够深（"对原因的知识就是力量"）。这种预测是来自于我们相信"自然将持续一致地同样出现"（*Abs*：188）。我们的经验最终要依赖这种秩序；这个秩序"只是习俗想象的结果"。所以，休谟能够宣称，习俗是"人类生活的指导"和"宇宙的黏合剂"（189，198）。我们现在可以看出习惯在休谟思想中所发挥的作用了（我们在第 2 章讨论过，以后还会再次遇到），休谟最基本的认识论加强了这种作用。

这些因果原则得到了普遍应用。它们不局限于弹道这样的"自然"现象，也应用在思想作品和社会生活的互动中。这种广泛应用实际上是休谟《人性论》的根本目的。在引论中，他用一个醒目的军事比喻来表明他的目的是"不再边界上一会儿攻取一个城堡，一会儿占领一个村落，而是直捣这些科学的首都或心脏，即人性本身"。他确信对"人性原则"的解释，或"人的科学"的表达，对"完整的科学体系"来说是"唯一稳固的基础"（*THN*：xx）。就像特恩布尔当时作品所准确展示的那样，休谟不是唯一一个有这种志向的人，后来（例如）弗格森也同样直抒胸襟，"人性的历史是所有与人相关的科学的基础"（*IMP*：15）。

对休谟来说，就像《人性论》副标题所宣告的，胜利将来自“推理的实验方法”。这种方法将应用于“道德学科”，就像它应用于“自然学科”一样，即只考虑经验，“用最简单和最少的原因来解释所有的结果”（*THN*：xx-xxi）。虽然这里没有提到牛顿，但他不否认这种启发。[8]这 59
种不指明是由于休谟想让自己与特恩布尔等人把牛顿直接用在神意论上的做法保持距离。[9]虽然牛顿的影响是明显的，但他不是唯一的启发；例如波义耳也是一个类似的候选者（cf. Barfoot 1990）。

也许休谟致力于“人的科学”最重要的后果是确信了因果分析必须应用于“道德学科”。这种应用实际上是“科学”的标志；它使对人类和社会的研究超出了庸俗的范围。休谟在这方面提出了很多大胆的主张。例如，“两块大理石固然一定会相互结合”就像“两个异性的野蛮人也同样必然要互相交媾一样”（*THN*：402）。休谟立场的精髓能够通过他的一个例子来最好地掌握（他在两个地方使用了这个例子，这强烈表明他认为这个例子可以说明一些事情）。这个例子是“自然的和道德的证据互相结合”以至于它们是“性质相同的，并且由同一原则得来的”（*THN*：406，*EHU*：90）。他提出了监狱囚犯的窘境。一个人“既没有钱又没有兴趣”，又因为“监狱长的顽固”和“周围的高墙和障碍”，所以他不可能逃跑。经验告诉人们，人的身体力量不能破坏石墙（自然证据），由于狱卒的利益取决于看守者的角色，所以无法贿赂他们（道德证据）。在这两种情况下，广泛存在着一系列恒常的结合。[10]

是这种恒常性的存在使得休谟相信“道德学科”可以接受因果解释，而“人的科学”主要就是要提供这种解释。这一立场的重要后果是信奉“决定论”。第 4 章会讨论这种信奉涉及了什么，但我们这里就可以说正是这种信奉解释了为什么“机遇”确实是一种“神秘的原因”。就像自然界中不存在随意或无原因的事件一样（*EHU*：95），动机和性格这种人与人之间的社会世界或个人的内心世界也不存在这样的事件。这并不意味着没有变化。第 4 章的主题讨论苏格兰人（包括休谟）一般是如何解释多样性的。关键之处在于因果规律性加强了这种多样性，并可以解释这种多样性。因此，虽然休谟考虑到，“有些性格是不同的民族和特殊的个人所特有的”，但仍然说我们关于这些性格的知识是建立在我们对于这些性格发出的各种行为的一致性上的（*THN*：403）。民族性格的各种差异及其解释是“人的科学中的实验材料”。休谟断言，必须借助“审慎观察人类生活”来收集这些材料。当这些实验材料经过“审慎的收集和比较”后，这种科学就将拥有培根主义的确定性和有用性标志（*THN*：xxiii）。

3.2.4 斯密与科学史

在斯密未发表的手稿中，有一系列文章是讨论科学史的。其中最长的是在讨论天文史，这种兴趣不仅是内在的（见 Skinner 1974b，Longuet-Higgins 1992，Raphael 1985：107ff.）而且也是更特殊的，因
60 为它可以把我们刚才涵盖的一些主题连在一起。这种外在兴趣可以从它的标题长度看出（也适用于其他的论古代物理学和古代逻辑学的文章）——《天文史所演示的，引导和指导哲学探究的诸原则》（*The Principles which lead and direct Philosophic Enquiries*；*illustrated by the History of Astronomy*）。斯密这里所用的“哲学”指的是（就像他在文中所说）“与自然原则相关联的科学”[*EPS*：45 cf. 119（*Logics*）]。他的目的是解释“哲学体系”，企图通过平静“想象的骚动”来“使混乱有秩序”[45–46 cf. 105，107（*Physics*）]。他解释的基本原则类似于休谟对联结的阐释。如果物体被观察到以一种特殊的秩序“恒常地出现”，那么它们可以联结在一起，“想象的习惯”会从一个物体过渡到另一个物体（40–41）。在想象一贯性的背景下，所有中断或产生“裂缝”的事情在习俗关联之下都会最初“惊讶”随后“疑惑”那种中断是如何发生的（40）。哲学 / 科学试图发现“中间事件的关联链”，以便想象能够继续其联结的习惯，并以此来消除疑惑（42）。就像我们在上面指出的（第 56 面），凯姆斯也用了这种语言（*HLT*：iv），它也被米拉再次使用了，米拉宣称“当人愚昧且缺乏文明时，与之相应的是人更容易得出崇拜、疑惑和惊讶的印象”（*HV*：IV 320）。

于是，斯密勾勒出天文体系的历史是要阐明这种填充裂缝、消除疑惑的性质。天文体系在牛顿那里达到了顶峰。斯密对牛顿也不吝赞美之词。牛顿体系不仅在内在融贯性在超越了其他所有体系，而且它的原则比其他原则要坚固稳定的多（104–105 cf. *LRBL*：146）。结果就是他的体系“建立了哲学诞生以来最大的帝国”（104）。斯密继续评论道，牛顿的体系是如此有力，以至于斯密说关联原则是自然运作的“真实链条”（105）。这种论调让一些评论者认为斯密在对科学的理解上是

一个“传统主义者”而不是“实在论者”(特别可见 Lindgren 1969，也可见 Christie 1987，Reisman 1976：45 和 Raphael 1979：89-90)。这太牵强了。斯密清楚地表明，他文中的规划只限于一种特殊的心理学视角(cf. Campell 1971：35)。他只关心哲学体系是如何“用于安抚想象的”，而且非常明显他不关心哲学体系的“荒谬性或可能性，它们与真实或现实是一致还是不一致”(46)。斯密虽然是一位精致复杂的思想家，但用 20 世纪哲学的精妙性来理解他是错误的。作为启蒙运动的成员，他将(如果可能的话)认为“反—实在论”的科学观会削弱培根主义的规划。

3.3 猜测的历史 61

我们在上面(第 3. 2. 1 小节)指出苏格兰社会理论一个突出的事实是它的历史倾向。他们的历史是独特的。杜格尔德·斯图尔特在他的《斯密生平》一书中称它为“理论的或猜测的历史”，这种称呼一直延续下来。

3.3.1 来源与方法

休谟的“人的科学”的“实验”主题是“人类生活”。他说，这必须得到“审慎观察”。对苏格兰人来说，存在着三个主要的材料收集来源——当时苏格兰和欧洲的“文明”世界，当时美洲、亚洲和波利尼西亚的“野蛮”世界以及古代作家所描述的世界。就第一个来源来说，个人经验可能是标准，而对后两个来源的观察只能是间接或二手的。所以休谟提出必须审慎。苏格兰人也是这样做的。他们准确地意识到了不加区分地使用经验的陷阱。这种意识部分来自于 18 世纪早期苏格兰的“历史编纂学革命”[11]，部分是由于他们的社会“科学化”的渴望。

在苏格兰人中，罗伯森也许是最小心翼翼和自觉的(cf. Black 1926：118f.，Horn 1956)，虽然吉尔伯特·斯图亚特在这方面也很有竞争力。罗伯森在他的第一部著作《苏格兰史》中就建立了这种敏感。在这一主题上的争论(cf. Kidd 1993)意味着要特别小心地处理那些证明了他的解释的经验。在前言中，他详细列明他从事的学问(*HSc*：1-2)。同样地，在《论欧洲社会的发展》的前言中，他也特别说明了他小心地界定他的材料来源，“花了一点时间来准确”引用他的典据（*VPE*：307）。这种学术美德的一个原因在于他批评了那些在这方面漫不经心的人。其中之一是伏尔泰。在对伏尔泰的全才表示尊敬之后，罗伯森承认，伏尔泰没有准确运用他的作品，因为他没有引用其来源（429）。[12] 罗伯森还有其他的批评对象。他也批评了当时的编年史家。他认为从他们那里“很难获得信息”，因为他们“对历史的真实目的是无知的，对历史的真正对象是不熟悉的”（312）。在《苏格兰史》中他更加明确一些。在那里他宣称肯尼斯二世（Kenneth II）的苏格兰史纯属虚构，“完全忽视或放弃了这个行业，而轻信了古文物研究者”（*HSc*：4）。

这种轻信与愚昧的一个标志是不加区别的时代误置。编年史家所给予立法者的作用就是这样一种情况。这种作用是对后期时代能力想象的结果，却把它出现在早些的时代。（Stuart *Diss*：226；第 38 页已经引用。本书所引页码为英文版页码，即本书页边码，下同。——编注）时代误置的错误更加广泛的存在。对凯姆斯来说，研究“最初法律”时，“最大的错误”莫过于“从现代的改善中得出先入为主的想法”（*HLT*：91）。同样地，米拉评价到，古代德国的结婚仪式“完全适合于未开化社会”，“不必按照文明时代的观念来判断”（*VSE*：17 cf. 50）。在一
62 个醒目的段落中，斯图亚特认为时代误置“违背了历史的法则”（虽然他的好斗的脾气让他那时只看到了罗伯森，而没有看到编年史家）。（*PLS*：211）

时代误置并不是愚昧的唯一标志。那些编年史家也对解释（历史的“真正对象”）无动于衷。相反，他们是传道者。许多民族志报告（苏格兰人的二手观察材料来源）中也有同样的缺陷。罗伯森在他的《美洲史》中对西班牙人作出了评论，他们是第一批出现在美洲的欧洲人，有机会在欧洲人征服和定居之前看到原住民。可叹，他们大多是“目不识丁的冒险家”，不具备“深思的探索”。后来西班牙人的报告却是无效的，因为经过长时间的论战后，他们或者放大了原住民的美德，或者夸大了原住民的缺点。不管哪种情况，这些报告都是不可靠的。（*HAm*：812）米拉重复了这些论断。他指出，那些“世界未开化之地”的信息出自“旅行家之手，他们人生中的性格和处境，让他们有轻易受骗的嫌疑，或者歪曲了相关事实”（*OR*：180-181）。

明智的历史学家即社会理论家不会受到传道、欺骗和歪曲的影响。手边的科学方法论可以重现当时的场景。主要使用两个方法。第一个方法暗含在休谟在《道德、政治和文学论文集》中以及米拉使用的骰子的例子。特殊发现的纯粹重现有着意义（我们今天会说，“统计学的”）。就像米拉所说：

> 不过，从它们在很多情况中的数字和变化中可以得出一定的权威，我们以此可以得到保障，就此而言，一个人的叙述不管如何可敬也不可能是虚荣的。（*OR*：181）

第二个方法暗含在这段陈述中，而且休谟在评论“实验”必须是“可比较的”时，也公开提到了这个方法。

苏格兰人是（现在所称的）“比较方法”的深信不疑的实践者（cf. Stocking 1975：73）。米拉的见证又一次提供了证据。当“目不识丁的人，对其他人的作品一无所知的人”描述了“相似环境下的人”，以便“读者有机会比较他们几个人的描述”，那么“从他们描述的一致或不一致中”，读者能够“确定其可信度”（*OR*：180）。对罗伯森来说，通过“比较那些传教士等人和庸俗的旅行者所提供的孤立事实”，有可能发现“他们本该睿智观察的事”（*HAm*：812-813）。对凯姆斯来说，研究法律的最好方法（“理性的无以复加的”）是通过“小心和明智地比较不同国家的法律”（*HLT*：xii），而蒙博杜承认，他最痛苦的事是从旅行者那里收集事实，以及“把它们与古代学者的相关事实进行比较” 63
（*AM*：III iii）。

很多人都与蒙博杜一样选择了比较。罗伯森在谈论欧洲“野蛮民族的古代政府”的信息来源时，承认历史学家依靠的不是野蛮人自己，而是希腊和罗马作家的描述（*VPE*：370）。不过，他也注意到，仍然有“人类种族差不多处在野蛮人那样的政治境况”，即“北美洲的各个部落和未开化的民族”（371）。于是他假设，欧洲的与美洲的野蛮人之间存在相似性，那么相比于“恺撒或塔西佗的证明”，这是“更强的证据”，可以用来对欧洲的野蛮人进行“恰当的阐释”（371）。在列举了五个相似点后，罗伯森得出结论，虽然不是完全相似，但这种“类似也许是历史上最大的，提供了观察的机会”（372）。邓巴的评论只是泛泛地说

“现代旅行者的信息”可以“从古代的少数文字上得到确信”（*EHM*：21），而斯图亚特在他的《论欧洲社会从野蛮到精致》一书通篇运用了美洲人与德国人之间的比较。他的美洲人的主要信息来源是拉菲托。这并不出奇，因为拉菲托整个研究的主旨就是比较“新”世界与古代世界。[13]

这里还隐藏着一个更大的观点。比较方法的一个特殊应用是社会变化的观念。设想一下，你把你的新建的房子留在爱丁堡新城，去参观纽约州北部，你会遇到与具有类似塔西佗所描述的习俗和生活方式的原住民。再设想一下，你参观魏玛，你遇到的德国人是礼貌且文明的。由于魏玛也属于塔西佗所描述的地域，那么可以得出德国人的生活方式发生了变化。这意味着“气候”或地域（空间）和历史（时间）在解释多样性上有着相对重要的地位，我们在第 4 章会讨论这些。我们现在要讨论的是如何解释这种变化或苏格兰社会理论家用什么样的历史来达成这样的解释。

3.3.2 历史的范围

苏格兰启蒙运动某些重要作品的题目是有启迪作用的。凯姆斯的《人类历史概论》、邓巴的《论野蛮与文明时代的人类史》对它们范围的普遍性不加掩饰。米拉的《等级区分的来源》、弗格森的《文明社会史论》以及蒙博杜的《论语言的起源和发展》，虽然关注的是特别的视角，但却不局限于历史的范围，而斯图亚特的《论欧洲社会从野蛮到精致》和罗伯森的《论欧洲社会的发展》虽然局限（但范围仍然非常广）于地理领域，但仍然进行了广阔的考察，结合了我们上面所看到的与美洲印第安人的比较。同样，任何一个阅读《国富论》的人都马上领会到了斯密志向的宽宏。此外，即使看起来关注点最狭隘的著作，比如罗伯森的
64 讨论苏格兰、查理五世和美洲的那些历史著作，或米拉的《英国政府的历史》和休谟的《英格兰史》，也全都包括了反思或附录以及大范围的单个讨论。

当然也有地方性或范围有限的历史作品（cf. Allan 1993），但主要理论家写的著作都呈现出范围上的普遍性。事实上，这些理论家之所以是“主要的”，其主要特征之一就是他们的志向。他们首先要寻找的是去解释文明的 18 世纪生活方式为什么以及如何不同于易洛魁人或塞西

亚人或斯巴达人。因为人是社会的产物，那么这意味着人类历史与社会历史是相关联的。前者的普遍性也被带入到后者中。苏格兰人提出一种社会历史。作为科学化的社会理论家，他们并不把自己局限在对特殊社会的详细描述中，比如说休伦人或高地部落或伊特鲁利亚人。相反，他们寻找这些特殊社会差异性的原因（第 4 章会讨论这些“原因”是什么），在这种寻求中，拉菲托对易洛魁人的阐释，塔西佗对德国人的阐释都同样可以用来追寻人类历史的脚步。

还有一个更深的方面。既然人类历史有着普遍的范围，那么书写特殊的历史可以看成是叙述上的需要。如果在故事情节上存在着裂缝，那么各种材料来源会“堵住”这个裂缝。这是可取的，因为就像斯密所公开规定的那样，叙述不应该留下“任何裂口或裂缝”（*LRBL*：100）。[14] 在这方面美洲人特别重要。罗伯森清楚地表明，他们“填补了人类进步史上一个相当大的裂口”（*HAm*：812）。凯姆斯同样也说，“我们必须致力于通过‘审慎猜测’那些由‘诗人和历史学家’所提供的‘次要事实’，以此来填补断裂的联系 [在一个‘历史链条’中]”（*HLT*：25）。在这段话中，凯姆斯也提到了斯图尔特，其理由是把整个事业称为“猜测的历史”（见第 3. 3. 4 小节）。

3.3.3 历史的形态

人类历史是一个进步史。因此，历史、过去有一个确定的轮廓或形态；就像米拉宣称的，“他的 [人的] 进步的几个阶段存在着明显的连续性”（*OR*：176）。这种进步是从未开化到文明（这是邓巴《论野蛮与文明时代的人类史》的标题）或者是从“愚昧到知识，从未开化到文明的生活方式”（Millar *OR*：176）。这种进步的一般形态是从简单到复杂，或从一致性到多样性，或者就像我们将在第 5 章强调的，从具体到抽象。

对罗伯森来说，这是一种“自然”的进步（*HAm*：812 cf. Stuart *PLS*：11，Millar *OR*：176 etc.）。这种进步“模式”一般适用于自然增长，也特别适用于人类生活进程。因此，就像我们将在第 5 章花了一些篇幅探讨的，正如个人从孩童成长为成人，社会也从初期发展到成熟期。这两种情况下，发展都是“自然的”，在这种意义上，它是能预测和正常的。就像你跑之前要学会走一样，社会必须（例如）在法律体系 65

出现之前必须发展出私人财产权。（从这里看，时代误置是认为你在学会走之前就能跑）

用这种自然的蓝图，一个特殊社会制度能够按年代来定位。它也有可能通过社会的发展的不同阶段来合理地猜测特殊社会的制度特征。这最可靠地应用在最早的历史时期，在那时有着最大的一致性。米拉清楚表明了这一点。他重复了休谟对变化性与一致性关系的看法，并评论到：

> 尽管这些人［未开化和野蛮的］可能是碰巧被单独的制度和习俗区分开来的，但在他们性格和生活方式的一般勾勒中可以发现他们的一致性；即使在那些彼此距离最远的不同民族中，这种一致性也非常明显。（*HV*：IV 363）

相似的环境或境况是产生这种生活方式相似性的一般原因（cf. Roberston *HAm*：806，Millar *HV*：I 40）。因此，未开化人们生活方式上的这种“奇妙的一致性”是相似的环境的产物。斯图亚特把这个“原则”用于论战效果。他论证到，封建制度是相似的，是因为相似的因果效应（野蛮人的生活方式），而不是因为它们是从一个来源拷贝到另一个来源（*PLS*：3-4）。既然“未开化之人的注意力局限在一些对象上”（Millar *HV*：III 3），那么他们的生活方式是“简单的”。（具体原因在第 5 章中考察）人类的各种改善带来了他们生活环境的多样性，其结果是把他们的生活方式复杂化了。因此，多样化和复杂化是进步的标志，也与知识和文明生活方式相关，而一致性和简单性则与愚昧和未开化相关。罗伯森用这种“原则”来论证印度社会是“高度文明化的”（*India*：1140）。例如，他们没有希腊人和罗马人那样迷信（1152），表现出“广泛的等级区分”（1132），并且在印度故事《摩诃婆罗多》（*Mahabarat*）中，有一个组曲是只有“优美生活方式和微妙情感的人”（1142）才能写出的。（后面几章会关注这些制度）

3.3.4 历史的性质

到目前为止，猜测的历史还只是被定义为普遍的范围和进步的形态。我们现在需要处理核心问题：这种历史的性质或最典型特征是什么？对这个问题的经典回答是在杜格尔德·斯图尔特的《斯密生平》一书中。由于斯图尔特的特征描述仍然是权威的，我们以他的阐释作为我们的焦点（会长篇引用他的话）。

我们已经涉及了斯图尔特的一些观点。他宣称，一个“有趣的问题”是去识别什么样的“渐进的步骤”使得“从不文明自然的简单努力”转化为一种“复杂状态”（在 *EPS*：292）。他也评论说，从“旅行者的因果观察”中很难收集到信息，尤其是那些最早时代的信息。结果是：

> 由于缺乏直接的证据，我们必须以猜测来代替事实；当我们不 66
> 能确定人们在特定场合实际上是如何作为时，我们只能从他们可能有的生活方式，从他们的天性原则，以及他们所处的外部环境来考虑。（293）

因此，猜测依赖着两个支柱——人性原则和外部环境。显然斯图尔特不相信这种保证只是无意义的幻想。这些“原则”是固定、恒常的（见第 3. 3. 5 小节），既然人性是一致的，那么特殊状态中的环境可以从一般情况中推论出来。相应的，他说，“在考察人类历史时”，如果“我们不能追踪那些**实际所发生**的事件的过程，那么常常重要的是去显示它在自然原因下是如何**可能发生**的”（293；黑体是斯图尔特加的）。

最后一段的重要性值得加以强调。要定位这些原因，以及像凯姆斯说的，要“把所有的集合进一个规律链中”（*HLT*：25），就是要给出一种解释。去寻找它们就是要采取一种科学的探究；要避免把愚昧状态的庸俗之人亵渎了这样一种寻求。斯图尔特继承了休谟式的基本对比，科学与愚昧的对比，哲学家与庸俗之人的对比，给出原因与援引机遇之间的对比，并将其置于有意义的更大背景中。他说，追寻自然的原因让人们去“遏制……那些懒散的哲学家，他们把自然世界和道德世界出现的所有现象都称为奇迹，都认为是不可解释的”（293）。

斯图尔特说，他将擅自为人类历史的整个科学化路径命名：

> **理论的或猜测的历史**；这个表达在意思上最切合休谟先生所用的**自然历史**，以及某些法国学者所说的理性的历史。[15]（293）

斯图尔特引用了凯姆斯的《历史上的法》、“米拉的作品”以及斯密论语言起源的一些枝节话语作为这种路径的例子（294–295）。

既然斯图尔特用他的总结描述了这一个观点的特征，那么这种历史观（如果不是人所公认的）就至少被看成是可以理解的。不过，斯图尔特更进了一步。他也指出：

> 在多数情况下，更重要的是确认这种进步是最简单的，而不是最符合事实的；这个命题看起来可能矛盾，但它肯定是真的，真实的进步并不总是最自然的。它可能由那些看起来不可能再次发生的特殊意外事件所决定，而这不可能被看成是形成了人类物种改善的一般性质。（296）

这种进一步的特征描述是许多批评的靶子，甚至可能危害了整个事业。[16] 这些批评的要点是，历史要准确地研究实际发生的事，而不是
67 去假设“自然的”进步。这种 19 世纪建立的观点至今仍然占支配地位。但是，虽然当时存在着像赫尔德那样的温和进步主义的批评，不过，这种观点本身是非历史的。

斯图尔特这里总结的历史观最好被理解成不是来自当时的历史敏感性，而是作为一种科学化历史理论的表达（或者苏格兰人的渴望）。[17]“真实进步”与“最自然的”之间的对比，“最简单的”与“最符合事实的” 之间的对比，就像是偏见骰子滚动一次与滚动多次之间的对比。这只是人类—社会史普遍范围的另一种表达方式而已。米拉阐明了这一点，“相比于它们对人类社会的自然进步来说，看起来不必单独细述任何一个国家的法律或者进一步注意任何一个特殊的制度”［*Observations concerning the Distinction of Ranks*（1771）i. e. Ist edition of *Origin of Ranks* p. xi］。一个特殊的社会的实际情况可能是先发展出来农业经济，而后才发展出畜牧业经济，但从人类历史视角来看，“自然的”秩序是相反的，即大多数社会畜牧业是先于农业的。在这个基础上，斯密能够同步论证到，“自然的财富进步”（*WN*：376–380）是从乡村发展到城镇，但欧洲的现代国家是相反的（我们在第 6 章会看到其决定性的影响）。

这种观点的一个后果就是编年学自身被看成了不受尊重的特例。在

这一点上邓巴非常明显。在他的《论野蛮与文明时代的人类史》的开篇，他指出，“仅仅按照年表的顺序来列出改善的顺序是不属于这种探究的”（*EHM*：3）。罗伯森做了某种类似但更加挑剔的评论，“不必准确按照年表的时间顺序来考察，更重要的是保持它们的相互联系和独立”（*VPE*：315）。这个“观点”得到了“比较方法”的维护。罗伯森宣称，通过指出欧洲的“一般体系”，就可以澄清苏格兰的特殊社会，并更尖锐地说，“大多数历史学家只是看到了结果，而我们能够发现原因”（*HSc*：25）。凯姆斯概括了这一点。他指出，通过收集和查对不同国家的事实，我们能够“找到因果的规律链”，以至于我们可以“理性地推断所有民族在资本环境下至少都会发生同样的进步；一个民族或政府的独特性总会产生一些特殊性”（*HLT*：26）。

结果就是在报告的多样性之中，可以界定出社会发展的一般结构或顺序。如果强调特殊社会的单独性或独特性，那么这意味着它们是不可比较的。如果排除了“比较方法”，那么这意味着每个社会必须被孤立地研究。而这没有为社会科学留下空间。缺乏恒常的结合，各个社会多样的制度和行为就不能被解释为一些简单、基本原因的结果。（我们在第 4 章中会更彻底地探讨这些问题）

就像斯图尔特所说，猜测历史学家的目标是回答这个问题：从未开 68
化转化到文明民族史是如何并以何种方式发生的？甚至地方性的历史也有这种自负[18]，目标不是阐释（比如说）丹巴顿在 1630 年至 1660 年间发生了什么。用凯姆斯的术语来说，这样一种阐释不只是对事实“地理上的”编辑。丹巴顿的历史也许是古文物研究者的乐趣或者纯粹的地方好奇心，但它的“有趣”不可能是孤立的（对苏格兰人来说，永远是“真正”历史的一个基准点）。所需要的是为一般语境提供因果探究。重要的不仅是知道如何把这一时期的丹巴顿与斯特灵（或雷恩或那不勒斯）相比，而且缺少了更大的解释框架，就不能真正领会丹巴顿那几年发生了什么。就像凯姆斯指出的，这种局部的事实列表没有教导意义。这是关键。猜测历史这样社会科学研究方式对于苏格兰启蒙运动的培根主义倾向来说是不可或缺的。例如，凯姆斯在他《历史上的法》前言部分的结尾处公开宣布，他的动机之一是英格兰和苏格兰的不完美，它们仍然停留在不同的法律体系中。就像我们在后面几章将看到的，虽然这些历史学家指出了“文明”优于“未开化”，但也包含了对前者的批

78 评。这些批评以及与之相符的政策处方，是历史学家规划中必不可少的成分，在他们所书写的历史范围、形态和性质中起着核心决定作用（cf. Redman 1993：223）。

3.3.5 历史的假设

为了让猜测历史“工作”，必须要作出一个基本的假设。如果跨越了空间和时间的人类行为是可以比较的，如果裂缝能够被猜测所堵塞，如果书写人类历史是可行的，那么人性必须具有一种基本的固定性或恒常性。人性的这种恒常性或一致性是主导性的假设。这很难说是激进的，在19世纪之前，在所谓的“历史学家革命”之前，这没有争议。不过，这还不足以指明其理所当然的地位，更重要的是去确立这种假设是如何巩固苏格兰人所书写的“科学化”历史的。

休谟作出了最著名的展示。虽然休谟对历史范围和功能的评论散落在他作品的各处，但我们可以把注意力集中在他《人类理解研究》中的阐释上。他在那里最明确地提出了人性的恒常性和一致性。准确的位置是在“自由与必然”一章中，之所以重要是因为休谟在企图科学的处理人性时，也在怀疑因果规律性或必然性。

休谟自信地声称，“人们普遍承认，在各国各代人类的行动都有很大的一律性，而且人性的原则和作用乃是没有变化的”，以至于这意味着：

> 69 历史在这个特殊的方面并不能告诉我们以什么新奇的事情。历史的主要功用只在于给我们发现出人性中恒常的普遍的原则，它指示出人类在各种环境和情节下是什么样的，并且供给我们以材料，使我们从事观察，并且使我们熟悉人类动作和行为的有规则的动机。（*EHU*：83）

休谟非常清楚，历史记录所提供的“材料”只是“一大堆实验”，是让“道德哲学家”确定“科学的原则”，就像“自然哲学家借各种实验熟悉了植物[等]”（84）。在他自己的《英格兰史》中，他没有忘记像“哲学家”那样行动（cf. Stockton 1976：297，Danford 1990：88ff.）。例如，他说，苏格兰宗教改革的批评可以（“不管是谁扩展了他的观点”）被看成是标明了“人类事务的必然进步以及人性内在原则的运作”（*HE*：II 336）。

如果我们问这些“原则”是什么，它们是人类行动的“规律性源泉”。如果我们进一步问这些“源泉”是什么，那么一般的回答是激情。在《人类理解研究》中，休谟列举了志向、贪婪、虚荣、友谊、慷慨和公德心（83）。它们的运作不依赖于特定的社会语境。如果你想了解希腊人和罗马人，那么休谟建议，你就去研究法国人和英国人（83）。人性原则不依赖于特殊社会语境的这种独立性［我在别处称之为“非语境主义”理论（Berry 1982 cf. Berry 1986）］给予了这些原则的权威性。休谟设想，旅行者的报告中所描述的一个没有贪婪或志向的人类社会肯定是虚假的，正如同他给我们报告了半人半马和龙之类一样（84）。

当然也存在着差异和变化，但就像我们上面说的，对这些差异和变化的理解仍然是建立在恒常一致性的知识上的。所有的人类行为，即使是“地方”特性的，都是可解释的，因为它被那些具有一致效果的规律性源泉所支配。由于休谟的非语境主义，“人”是“科学”的合适主题，因为人的行为必然呈现出某些一致性。人不是某种只能通过狭隘地域理解的地方限定的现象。如果这些地方现象不能纳入到一些简单原因之下，不能被这些原因所解释，而是由它们自己精确的非比较性条件来说明，那么这就与牛顿哲学的第一原则相悖了。

休谟所赋予自己观点的这种科学化凭证所占据的不仅只是形式上的地位。[19] 也就是说，对休谟来说，人性的恒常性不只是一种让历史知识成为可能的必要预设［现代批评猜测历史及其假设的人可能会勉强承认这一点（cf. Walsh 1975，Pompa 1990）］，它也是一种规范的或判断的准绳。这个维度暗含在对旅行者报告的专断式的排除中，我们将遇到对这一维度更深的表达，特别是当我们在第 7 章考察他的宗教观的时候。

虽然我花了一些篇幅来勾勒休谟在这个议题上的观点，但休谟不是
特例。没有任何一位苏格兰启蒙运动的社会理论家质疑了人性的恒常 70
性。他们就像休谟一样，认为这种恒常性不仅是形式上的，也是判断上的。这样一种判断在猜测历史的维系上是决定性的。我们看到，猜测的历史既是普遍的又是进步的；它处理的是人类的发展（或改善）。正是人性自身是进步的这样一种假设确保了这是一个发展的故事。

休谟自己没有明确地把这种原则包含在他的人性恒常成分的长列表

中（见 Berry 1982：60–62），但他很多同时代的人则没有这么含蓄。于是，弗格森宣布，“人容易改善，人自身就有进步的原则”（*ECS*：8 cf. *IMP*：93；*PMPS*：I 204，209），米拉宣告，“人有改善自己处境的禀性和能力”（*OR*：176）。斯密是这方面的标志人物，在他经常被引用的评论中，他说“每个人改善他自己境况的自然努力”是“强大的原则”（*WN*：540 cf. 674）。这种努力（或欲望）“从我们出生之日就伴随着我们，直到我们死亡才离开我们”（341）。凯姆斯的作品中散布着人类进步性的说法（例如可见 *PMNR*：97，100；*HLT*：64；*SHM*：I 230），很多人都是如此（例如 Stuart *Diss*：217，Dunbar *EHM*：16）。

3.4　结论

苏格兰社会理论家有“解释的任务”。人天然是社会的，这种社会性以制度化来表现自身。这些是自然事实。它们是大规模实验的一部分，这种实验的代表是光通过棱柱或苹果落地。虽然后两个事实可以被归类为“物理的”或“自然的”，而前者是“道德的”，但它们都共同存在于同一个实验世界中。由于文艺复兴，世界的自然方面已经得到了系统的调查研究，在因果解释上获得了巨大的成功。这种成功的一个标志是自然不再那么难以对付。例如，有关磷酸盐属性的知识投入应用后能够提高农作物的收成。整个启蒙运动中一直期待着在道德方面取得同样的（理论上和实践上的）成功。苏格兰人在这方面做了最系统的努力。这进一步证明了他们对社会理论发展所作出的贡献。我们在第 2 章中讨论过，由于苏格兰人强烈地信奉社会性，所以他们所作的调查研究是寻求人类制度的因果解释。正是在这样的背景下，他们书写了社会理论整个历史上的伟大之作。斯密是苏格兰启蒙运动中的关键人物，这不是偶然的，而他书的全名《国民财富的性质和原因的研究》足以让我们把握住苏格兰人是如何设想社会理论的。这种观念有两个突出的特征。

71 第一个是，科学地研究社会意味着追踪（用凯姆斯喜爱的比喻来说）因果链条，它建立了研究的时间面向：原因先于结果。相应的，要理解（比如说）自由的出现，那么必须调查是什么样的变化或事件产生了自由。这种调查是通过书写历史来完成的。但这是一种有着独特议程的历史。

第二个特征强化了这种独特性。社会性对所有人来说都是正确的，但在经验上很明显，它在制度上的表现不是一致的。不过，通过选择这些表现的因果解释，可以解释这些表现并不是随意的。由于自然科学的成功标志是把复杂多样还原成简单，那么社会科学的成功标志就是把制度多样性还原为某种可理解的模式。苏格兰人书写历史的独特性就在于寻求这种模式。它的关键之处在于社会性的普遍性，这种普遍性来源是人性自身。这就是第二个特征。人性的不同特性和能力提供了一致性，而根据这种一致性，多样性就是可以理解的。这是如何做到的，以及“人类历史”揭示了什么样的模式，就是下面两章的主题。

注释

[1] Cf. Dunbar *EHM*：354-355.（在第 4 章讨论）伍德（Wood）把凯姆斯的《人类历史概论》解释成培根这种区分的崩溃（1989：102）。这在制度上的反映是：马歇尔学院、阿伯丁大学都在 1753 年设立了自然史和文明史的教授职位。（Wood 1993：92）

[2] 这里的概述也反映了有效性也存在霍布斯的同样的命题中，《利维坦》（1651）第五章。

[3] 休谟从《英格兰史》最后两卷上得到了 1 400 英镑。（Mossner 1980：315）罗伯森从他的 *Charles V* 得到了 4 000 英镑。（Graham 1901：94）而斯密作为教授一年赚 300 英镑，法官的薪水是一年 700 英镑。（Ross 1995b：81）

[4] 在后来的《对苏格兰习惯法和成文法的说明》中，凯姆斯重申了法是“理性科学”的号召，虽然他强调的是从首要原则出发进行推理——反对依赖斯泰尔（Stair）这类的权威专家——而不是进行因果 / 历史的推理。（*ELS*：Preface）

[5] 这个短语是博林布鲁克（Bolingbroke）的（见 *Letters on the Study and Use of History*，1735：18），但它与文艺复兴以来的“人文主义传统”是一致的。凯姆斯在《历史上的法》的前言中引用了博林布鲁克（虽然不是这个短语）。这些情感是普遍的。例如，布莱尔说的“历史的一般观念是记录人类的教导真相”（*LRB*：482），或休谟说的“历史的对象是教导”（*E-ST*：246），或罗伯森说的“历史应该记录真相，教授智慧”（*HSc*：3）。

[6] 博林布鲁克说：“把矿砂从浮渣中分离出来，把它打上标记，让它丰富而

不拖累人类，这是别人的任务……但光有这种任务还不够，这只是有了古文物学家，记者或年表编撰者，但却没有历史学家。”（*Letters*：37）

[7] 简单的介绍可见 Jenkins（1992）。有用的简短处理包括 Rosenberg（1993），Robinson（1966）和 Lenz（1966）。所有从总体上论述休谟哲学的书都会讨论这样这个主题，其中 Livingston（1984），Passmore（1968）和 Baier（1991）将此与休谟的社会理论关联起来。

[8] 牛顿说，“自然满足于原因的简单化，不喜欢多余的浮夸”，所以自然哲学
72 推理的第一法则是承认只有这样的原因是“对解释它们［自然事物］的现象是真实且充分的”［*Method of Natural Philosophg* Rule 1（1953：3）］。休谟的词汇常常且无可争议是在重复牛顿。例如，他说他认为自己的关键发明［使用观念之间的联结（*Abs*：198）］，是“一种吸引作用”，在精神界中正像在自然界中一样，起着同样的作用（*THN*：12–13）。特恩布尔（*PMP*：190）和凯姆斯（*SHM*：I 395）都公开地把牛顿对吸引作用的阐释与精神吸引作用联系起来。

[9] 休谟与牛顿主义不那么直接的关系可见 Forbes（1975a），他与牛顿的关系，可见 Kemp Smith（1964），Noxon（1973），Capaldi（1975）和 Wright（1983）。休谟自己对牛顿的看法是，牛顿是“人类有光彩和教导以来最伟大、最少见的天才”（*HE*：III 780）。

[10] 凯姆斯把犯罪比作“必然”通向绞刑架的死刑之路，就像石头会落地一样。（*PMNR*：158）休谟也用死刑的例子表明了同一个观点。（*EHU*：90）

[11] 基德（Kidd 1995：146）谈到了托马斯·因尼斯［Thomas Innes，是《不列颠北方或苏格兰古代居民的批判史》（*A Critical History of the Ancient Inhabitants of the Northern part of Britain or Sctoland*，1729）的作者］的工作。（罗伯森引用了因尼斯，*HSc*：4）基德也指出除了天主教对汉诺威王室的反对外，新教也在这方面有所贡献，而罗伯森对早期苏格兰历史的怀疑是受到他在莱顿大学的老师查尔斯·麦基（Charles Mackie）的启发（153）。

[12] 休谟为没有在他《英格兰史》第一册中给出参考书目而道歉（*Letts*：I 284）。他在后面的版本中加上了参考书目（*Letts*：I 379）。Cf. Wootton 1993：283.

[13] 他的书名就清楚地表明了这一点：《美洲野蛮人的习俗与古代习俗的比较》（1724）。这两大卷本著作的各章节涵盖了全部的社会制度。在他的

导论中，拉菲托承认，野蛮人的习俗帮助他理解了古代作者（I 4）——虽然罗伯森批评他过于天真了（*HAm*：806）。夏利华的《历史日记》（1744，美洲人信息的另一个主要来源）的第 1 章也有点类似地讨论了很多有关美洲人起源的争议话题——这个争议必然会要求比较某些欧洲民族与美洲部落。最后一个例证是科尔登（Colden）的《加拿大五个印第安民族的历史》（1750，第二版），他说印第安人在法律和风俗上比任何人都更像斯巴达人（见导论）。

[14] Manuel（1959：112）："18 世纪仍然不习惯于伴随着缝隙的分裂的历史世界；它要求连续性"，对启蒙运动历史观更深入的讨论见下面的文本。

[15] 斯图尔特说："这种基本和主要观念 [人们的思维能力在所有时代都是相同的，由于不同的环境而变得多样的] 应用在社会的自然或**理论史**的所有各个方面——语言史、技艺史、科学史、法律史、政府史、生活方式史以及宗教史——这是 18 世纪后半叶的特有荣耀，形成了其哲学的标志化特征，即使培根也没有预见到这一点。"（*Dissertation exhibiting the progress of Metaphysical*，*Ethical and Political Philosophy* in *Collected Works*：I 70；黑体是斯图尔特加的）

[16] Cf. Höpfl（1978），Collingwood（1961：76–85）以及 Sampson（1956：72，74），他引用了斯图尔特的最后一段节录，称之为"破坏性的承认"，并且说有某些正当的理由来认为 18 世纪是"基本上反历史的"。这种批评的先驱是泰特勒（Tytler），他在《凯姆斯生平》（*Life of Kames*）一书中评论说："这类作家更多的是在巧妙论证和提出言之成理的理论，而不是在记录本真的事实和展现历史的真相……这类哲学家的大胆之处不仅在于决定了人应该是什么，而且通过先验的推理来证明在某些情况下人就 73
是这样的，在类似情况下人也肯定是这样的。"（1807：I 200n.）

[17] 当塔格特（Teggart）把猜测的历史形容为"企图为一种人的研究的严格科学化路径打下基础"（1925：87）时，他看到了这一点。布莱森（Bryson）两次引用了这一点（1945：92，112）。

[18] 例如，在威廉·森普尔（William Semple）为克劳福德（Crawfurd）《伦弗鲁郡历史》（*The History of the Shire of Renfrew*）一书添加的序言中，他（有正当理由地）说这不是一个"沉闷的主题"，因为他能"标明从野蛮时代到当前开明时代在精致上的进步"。这本书更大的象征意义是它第一次正当地提出了，历史掩饰了杰出人物的性格。

[19] Wertz（1975）坚持（正确地）认为人性的恒常性是一个“方法论原则”，并批评 Black（1926）没有区分方法论上的一致性与实质上的一致性，同样地，Forbes（1975a：119）坚持（也是正确地）认为休谟的普遍原则是从具体的变化性中抽离出来的。不然，休谟做的工作是把人性观点规范化和实质化，进一步的讨论见 Berry（1982）。

4

社会多样性

第 3 章的一个关键发现是人性 “在其所有运作中是恒常和一致的”（休谟的话）。这种一致性的一个方面是：人性是进步或发展的。所以，米拉写道：

> 不过，人有改善自己处境的禀性和能力，运用这种禀性和能力，他可以从一种程度提到了另一种程度；不管他在何地，他需求的相似性，以及提供这些需求的能力都在进步的几个步骤上显示出非凡的一致性。（*OR*：176）

不过，就在这段话之前，米拉刚刚评论了不同国家以及同一国家不同时期法律和行为规则上“惊人的多样性”（175）。他很快把多样性扩展到了习俗、审美、情感和“一般行为体系”上（176）。一致性与多样性的关系是本章的主题；如果人性的相同性超越了时间和空间，那么社会如此多样的确乍看起来是“惊人的”。

在《等级区分的来源》第 1 章的开篇之处，米拉谈到“最惊奇的多样性”是在“女人的等级和处境”那里（183）。我们从该书第 3 章知道，“惊奇”（或惊人）构成了一种挑战——如何**解释**它，用什么样的**原因**来说明它？[1] 对米拉来说，对这种原因进行调查将是“愉快的”，因为它激起了“我们的好奇心”，原来存在着如此不同的行为规则。（175）与这种简单的解释欲望相伴的是，米拉是一个全身心信奉培根主义信条的人，这种因果调查也是有用的；没有获得这种知识，“我们就不能形成它们［行为规则］功效的正确观念”（175）。

4.1 相对主义

在第 2 章，我们看到苏格兰人非常强调证据。从经过恰当筛选、清楚了记录者偏见的记录中很明显地看出，从政府到婚姻到宗教到伦理标准这样的每个社会制度，都可以发现可靠的证据来表明它们在实践中存在着巨大的差异——比如说，社会制度是不是首领选举制或一夫多妻制或万物有灵论或正直。对经验论的接受有一个更深的后果。习惯原则（社会化过程）无所不在的强大影响意味着那些在特殊地方、成长在特殊制度下的居民会把那些制度当成自然事物来的接受。但多样性的事
75 实意味着（例如）刚果（比如说女性居于从属地位）的自然而然的行为方式非常不同于（比如说）莱德隆群岛（马里亚纳群岛）的自然而然的行为方式，在后者那里，女性是占支配地位的。（见 Millar *OR*：193，200；弗格森用了不同的例子来阐明同一个观点，*ECS*：115）

这似乎是在提出一种文化相对主义，即每个文化有其自身的特定标准，不必用其他文化所采用的标准来衡量。不过，启蒙运动的思想家不愿意遵循这种提议。确实可以从宗教和两性制度的多样性中找到一些批评来嘲弄传统思想家，质疑传统制度的顽固性。例如，孟德斯鸠的《波斯人信札》（1721）或狄德罗的《布干维尔游记补遗》（1773）都能以这种方式来解读。但就像孟德斯鸠在《法的精神》前言中所说："承认法的无限多样性，更多的人就不会只被他们的幻想所引导了。"（*SL*：xliii）社会制度并不全是地方性多变的奇思妙想的结果；也存在普遍适用的标准。启蒙运动思想家（包括苏格兰人）会毫不犹豫地给某些实践打上"迷信"的标签，而这只是传达了敌意（见第 7 章）。文化相对主义者（理性地）与之毫无关联。在他们眼中，把一种实践称为"迷信"就是忽视了实践者乐在其中的本真性。但对启蒙运动来说，这相对于是在认可愚昧的黑暗，而不是在认可科学的光芒。除此之外，更尖锐的是，这种相对主义会让寻求多样性的原因的工作毫无用处。

因为苏格兰人特别强调社会化的过程，所以非常重要的是让他们与"相对主义"保持距离。我们在第 7 章将看到，（例如）这是如何告诉他们讨论美学的，在那里寻找一种美学标准是最关键的，但对我们这里有用的是，简单地说说伦理标准。罗伯森注意到，"在社会的每个阶段，人们的能力、情感和欲望与他们自己的状态是非常相适应的，以至于它

们成为自身卓越性的标准”（*HAm*：811）。这看起来清楚地阐明了多样性、社会化和相对主义的联系。米拉有些类似地写道：“个人通过普遍标准来形成他们自己的正当行为观，按照当时流行的品味来形成他们的道德观。”（*HV*：IV 246/*HVL*：386）由于米拉公开承认他受益于斯密的《道德情操论》，这对更加细致地查看斯密（相应部分）的讨论是有帮助的。

由于不同的社会都有其不同的行为方式，都有产生它们自身内部的有效规范，所以看起来要排除“外在”评价视角。不过，斯密并没有遵循这样的论证思路。事实上，他在《道德情操论》中用了整整一篇来准确处理这个议题。[2] 他承认美德在“未开化和野蛮民族”与“文明民族”间存在着差异（*TMS*：204–205）。虽然，就整体而言，斯密相信“道德上的赞同与不赞同的情感，是以人类天性中最强烈和最充沛的感情为基础的；虽然它们有可能发生一些偏差，但不可能完全被歪曲”（200）。

基于两个理由，这种陈述是有教导意义的。首先，它不仅再次证实 76
了对人性一致性的信奉，而且把道德情感的基础建立在这种一致性上。这意味着道德存在着一致或普遍的结构，伦理相对主义是错误的。这种论断是可以预料到的。对苏格兰人整体而言，存在着一种道德秩序，就像存在着自然秩序一样。这两种“秩序”事实上是相互支撑的，每一个都单独体现了，而且两者合起来体现了上帝对宇宙的监管。（见第 7 章）其次，**既然**存在着这种普遍性，那么特殊的实践就可以被看成是“偏差”；它们不完全是只有其内部标准的，其中一些是从跨文化的权威规范偏离出来的。

斯密举了（经验上已经很好证实了的）杀婴的例子。他阐释了这样的事实，“在社会最初的阶段”杀婴是习以为常的，“对这种习惯做法始终如一的承袭，妨碍了后代的人去察觉它的残暴”（210）。斯密承认，最原始和最低级的社会肯定比其他的社会“更加原谅”这种做法，即使“在最有教养和最文明的雅典人中间”这种做法也“不受到责备”。斯密坚决认为，人们通常在做的一件事情并不意味着它是可以得到宽恕的，如果它本身就“不正义和不合理的”（210），就像我们在第 2 章指出的，苏格兰人直率地承认习惯可能是坏的。此外，既然道德力量的根基是人性，那么这些只可能是偏离了的习俗，因为如果这种“可怕的做法”是其生活方式中的根本部分或构成了他们“举止和行为”的“常见倾向”，那么“社会就无法得到一分一秒的维系了”(211)。

这种对相对主义的拒绝引发了一些相关的议题。多样性在逻辑上预设了一致性，也就是，鉴别多样的能力预设了某种基本的联系共同点，因为没有这种共同性，也就不可能判断他人的信念或概论框架是否与自己的不同。(cf. Davidson 1984)除了这种逻辑观点以外，对18世纪的苏格兰人来说，关键之处是他们的人性学说在提供这种共同性上发挥了作用。不过，正如斯密对杀婴的阐释所揭示的，这种作用不仅是形式上的，它也产生了规范的力量。也因为它的普遍（与人性相符）的特性，所以相较于那些“仅仅”是特殊的地方的来说，它产生的道德分量更大。

对启蒙运动来说，这存在实践的维度。斯密的论点不仅可以用来界定“偏差”，而且可以证明需要纠正这种偏差。这方面一个有争议的例子是文人们对高地人的态度。就像我们在第1章所指出的，在对付高地人方面存在不少精心的企图，特别是1745年高地人反叛之后。我们谈到兼并财产委员会的一个合理的任务是“教化居民”(见第21页)。在罗伯特·华莱士(Robert Wallace)那里可以清楚地发现文人们的观点，高地现有居民是“被愚昧和野蛮笼罩着”，他们“只有变得勤劳，才能变得文明”(*Dissertation on the Numbers of Mankind*：155，157)。[3] 对苏格兰人来说，这种态度是两方面的较直接的后果，一方面是他们拒绝了
77 相对主义，另一方面也是他们培根主义的观点。事实上，它简洁地阐明了他们“理论”与“实践”之间的联系。[4]

4.2 道德与物理原因

用一种现在熟悉的方式，弗格森宣称，我们在“理解我们人性的变化性之前，必须先掌握人性的普遍原则”。在同一段中，他以非常类似米拉的语言指出，通过“道德或物理原则”来阐释这种变化性，事实上是一件“非常好奇或明显效用的事”(*ECS*：10)。弗格森这里间接提到了一个目前还存在的争论。

4.2.1 解释与描述

虽然弗格森这里谈的是“原则”，但标准术语应该是物理或道德**原因**。我们下面将依次处理这两个原因（第 4. 2. 2 小节和第 4. 2. 3 小节），然后看看那些对它们相互关系的阐释（第 4. 2. 4 小节），但在本小节中，我想强调**因果**律的重要性。

要强调这一点，我们要回到猜测历史。我们看到，按照杜格尔德·斯图尔特的解读，对猜测历史学家来说，重要的是按照自然原因来解释所发生的事情。这类解释之所以重要，是因为它们没有简单地懒散地诉诸奇迹。奇迹（尽管是一个特殊的情况，见第 7 章）构成了“一次性的”或例外的原因。相对主义核心主张的一种解释方式就是否认不同的文化实践是某种一般条件的特例——而不是说每个实践都是一次性的或自成一体的。如果是这样的话，那么就意味着用某种外在包罗万象或跨文化的因素来解释一种实践是没有意义的，必须要在这种实践内部来寻找解释。

这里的“内在”与“外在”展现了两种非常不同的哲学。如果我们简短地把它说清楚，就有助于我们理解苏格兰人。巫术是常用的测试例子。这个论点以因果律为核心。对皮特·温奇（Peter Winch 1958 cf. 1970）这样的“内在论者”来说，休谟式的“外在论”的因果律阐释不能解释对女巫的信仰。对休谟来说，巫术是迷信，对巫术的迫害是狂热的行动（*HE*：II 366，III 416）。对休谟来说，迷信和狂热都是愚昧的结果，而“人的科学”将对它们进行说明。不断增长的知识将导致——就像因果规律——不人道行为（例如火烧巫婆）的减少。此外，由于这是因果规律，那么它就很好地忽视了文化差异；休谟主张，**无论**文化是不是“勤劳的、知识的和人性的”（*E-RA*：271；见第 6 章），**无论**它发生在何时，都形成了一个牢不可断的链条。与之相反，温奇论证道，为了解释为什么某个社会有着信奉女巫这样的特定行为方式，那么必须把这样的行为置于社会的生活方式、信仰等的具体背景中来看。这些信仰并不是像休谟所设想的那样[5]，引起了某种随后的、单独的、外在的行 78
为（就像撞球相撞），相反，而是行动不可分的、构成性的、内在因素。（cf. MacIntyre 1967）

对温奇论点的理解不是这里要讨论的议题，援引他的论点是为了（再一次地）把苏格兰人的立场置于启蒙运动的慰藉之中。按照温奇的观点，信仰的内在性质使得任何一般的社会解释对它们是无效的；它们的解释力限定在它们自己的社会内。对苏格兰人来说，这相当于是放弃了解释；现在它所提供的东西被称为“厚（thick）描述”（Greertz 1972）。杀婴之不可接受正是因为它的方式不可接受。希腊人和野蛮人有某些特定的信仰，即这样对待婴儿是可允许的。苏格兰人不仅把那些信仰谴责为不人道的（“违背人心的”，谈到了中国人。Ferguson *ECS*：139），他们也希望解释那些信仰。于是，斯密用“极度贫困”来解释野蛮社会杀婴的做法（*TMS*：210）。其暗示的论点 / 解释是，那时资源贫乏，以至于孩子和父母都无法生存，那么在这样的环境下，就（有原因地）出现了父母可以自由裁决是否抚养孩子这样的结果。这是暗示的，因为斯密认为这些原则是自明的。不过，既然斯密说这种自由裁决的存在应该让我们“惊讶”，那么他这里明显是“科学的”运作的，因为假如是这样的环境，那么杀婴也就不让人“惊奇”了。（见第 3 章）然而，就像我们在上面看到的，对于“文明的”雅典人，斯密的解释是习惯的力量（米拉在同样的语境中提出了相同的观点，*OR*：236）。就像第 3 章表明的，这是苏格兰人所提出的最常用的解释原则之一。为什么采取一套特殊的习惯是通过某种初始境况来说明的。至于雅典人，斯密的解释是他们曾经是野蛮的，杀婴是那个时候延续下来的做法。关键之处是判断和解释的原则——贫困和人性——是跨文化适用的。

如果按照温奇的理由，排除了这种一致运作的普遍原则，那么多样性仍然会是“惊人的”。用斯密的话来说，我们会像庸俗之人一样，停留在前科学状态的“惊奇”之中。但这种超越了描述（不管多“厚”），去寻找一种因果解释的承诺却对什么原因是可适用的这一点一字不提。斯密自己的阐释是利用“道德”原因，但这不是唯一的类别，因为也可以诉诸“物理”原因。

4.2.2　物理原因

虽然休谟是非常有成见的，但他的确清楚地提供了两种原因的定义。在他的《论民族的性格》一文中，他把物理原因定义为：

79 那些空气和气候的特性，不知不觉地影响了性情，改变了身体的基调，给予其特殊的复杂性，虽然反思和理性有时候可以克

服它们，但它们仍然普遍存在于大众中，影响了人们的生活方式。（*E-NC*：198）

我们稍后会回来讨论这个定义。休谟那篇文章的目的是**反对**用这些物理原因来解释差异性。这假定了存在着这种解释的提倡者。休谟指的是谁？

这个问题没有直接的答案。最著名的物理原因阐释是孟德斯鸠在《论法的精神》中的论述。不过，那本书出版于1748年，与休谟的《论民族的性格》出版于同一年，只是略早一些。保罗·查姆雷（Paul Chamley 1975：286）论证说，休谟的文章是对孟德斯鸠的情况做的“点名的回应”，以至于它肯定是基于驳斥的目的而写的。于是，他猜测休谟有可能看到了孟德斯鸠手稿的抄本。这还要依环境证据而定，但孟德斯鸠不是唯一赞成物理原因的人。休谟可能考虑到了阿贝·杜卜思（Abbé Dubos）的《诗歌、绘画和音乐上的批判性反思》（*Réflexions critiques sur la poésie*，*peinture et la musique*，1719），休谟在其同时期的文章中谈到了这本书。[6] 事实上，休谟定义中的“空气”就是来自杜卜思的提议，后者曾论证空气的特性是土地“散发”的结果（*Réflexions*，1755：II 230）。更一般地讲，杜卜思相信，所谓道德原因的产物其实是物理原因的结果（e. g. II 140）。我们会看到，这直接与休谟的观点相反。[7]

休谟在定义中所谈的“气候”也值得加以评论。首先要说的一点是它的定义。在18世纪，“气候”没有它现在气象学的含义；相反，（例如）塞缪尔·约翰逊（Dr Johnson）在他的《词典》中是这样定义的：“地表上面的空间，如果把赤道到两极的距离测量为一天的话，那么它的距离是半小时。”我们稍后会看到，孟德斯鸠把气候看成是主要的物理原因。虽然，按照他的传记作者，他的这个立场引起了最大的轰动（Shackleton 1961：302），但气候理论早就不是新鲜的事了，对苏格兰尤其如此。托马斯·布莱克威尔（Thomas Blackwell）在他的《荷马的作品和生平》（*Enquiry into the Life and Writings of Homer*，1735）中评论说：“从常见的气候区分来看，可以看到艰苦和寒冷产生了最强壮的身体和最尚武的精神；而较热的气候造成了懒散的身体和难以控制的激情。”（5–6）布莱克威尔所引用的主要依据是盖伦和希波克拉底。迪第厄（Dedieu 1909：206-211 cf. Fletcher 1980：94）阐明了希波拉克底在18世纪30年代有多么流行。他的《论空气、水和环境》被翻译成英文，托马斯·西蒙森（Thomas Simson，圣安德鲁斯大学的医学教授）研究了寒冷空气对人体的影响。除此之外，迪第厄论证了约翰·阿布斯洛特（John Arbuthnot）的《空气对人体的影响》（*An Essay concerning the Effects of Air on Human Bodies*，1733）包含了孟德斯鸠理论的萌芽，虽然正如格拉肯（Glacken 1967：563）所指出的，那本书中很多关于气候的讨论只不过是希波拉克底的摘要。[8]

很明显，诉诸气候不是什么新鲜的事，并且各种各样的文本都用它来说明差异性——从布丰所说的极端情况，到布里特（Bullet）所说的
80 发音，到杜卜思所说的技艺风格——整个启蒙运动期间不断有这种例子。即使孟德斯鸠不是休谟心中的目标，他也是在针对其他人。既然休谟与孟德斯鸠在这个议题上是对立的［就像邓巴（*EHM*：296）公开承认的］，那么对简单看孟德斯鸠的论点是有帮助的。

在《论法的精神》第十八章中，孟德斯鸠认为寒冷气候下的人比温暖地带的人更强健。其解释是：

> 寒冷的空气把我们身体外部纤维的末端紧缩起来，这会增加纤维末端的弹力，并有利于血液从这些末端回归心脏。寒冷的空气还会减少这些纤维的长度，因而更增加它们的力量。反之，炎热的空气使纤维的末端松弛。使它们伸长，因此减少了它们的力量和弹力。（*SL*：231）

孟德斯鸠提出的证据是直接的物理性论证。他冰冻了半条羊舌，与没有冰冻的另一半的组织状态进行微观对比。于是，他宣布，这个实验“证明了在寒冷的国家，神经腺比较不扩张，所以其感觉就不那样灵敏”（233）。这意味着“在寒冷的国家，人们对快乐的感受性是很低的。在温暖的国家，人们对快乐的感受性就多些；在炎热的国家，人们对快乐的感受性是极端敏锐的”（233）。对孟德斯鸠来说，现在可以用这来解释多样的社会实践。例如，在道美德格上，炎热气候的人像老年人一样胆怯，而寒冷气候的人则像年轻人一样勇敢。（232）气候差异也同样解释了英国人与意大利人对同一歌剧的不同反应或者寒冷气候的刑罚更加

严厉，因为寒冷气候下心灵对疼痛的感觉比较迟钝［“你要剥俄罗斯人的皮才能使他有感觉”（233）］。

虽然孟德斯鸠的整体立场比上面所提出的论点更加复杂[9]，但这种论点才是苏格兰人仿效休谟所要处理的。为了领会苏格兰人的立场，不得不掩盖孟德斯鸠本身的复杂观点了。我们把孟德斯鸠所代表的论点称为物理原因的“严格决定论”。这种论点主张，气候或空气（作为原因）与社会制度或民族性格和人类行为（作为结果）之间存在着直接的关系。正如冰冻羊舌萎缩了它的神经一样，寒冷让俄罗斯人对疼痛感觉迟钝和无动于衷。在**原则**上，这两种解释是没有区别的。因此，外在的物理原因可以解释诸如不同惩罚体制这样的制度多样性；就像孟德斯鸠清楚述说的，“气候是用纬度加以区别的，所以我们多少也可以用人们感受性的程度加以区别”（232）。与休谟一样，苏格兰人（有一两点保留）也拒绝了这个论点。

在我们回到休谟自己那支持道德原因的论点之前，有必要对另一个物理原则进行评论。这个原则是种族原则。虽然休谟只是简单朴实地阐释了这一点，但当时确实有一个相关的争论（凯姆斯是苏格兰人中的主要参与者），其议题是人种多样性是否意味着独特的人类物种。

休谟用了一个注释来讨论种族（*E-NC*：208n.）。他与之相关的结论 81
是，温和气候下民族性格是“非常混杂的”，以至于对其一般化是错误的。这个注释中的论证看起来是一个限定（这个注释是1753/1754年版本中另加的）。休谟承认他怀疑相比于白人，黑人是“天生劣等的”，因为那个肤色里“几乎不存在”一个“文明的民族”或“杰出的”个人。[10]这种差异也不能归结为社会欠发展，因为“多数白种未开化和野蛮”的民族（例如希腊人和当时的鞑靼人），也有“某种杰出人物”。波普金（Popkin）指出，这看起来相当于道德因素只作用在白种人身上，而某种自然事实（休谟称之为“原始的区别”）排除了它们可以作用在黑人身上（1977：218）。波普金也跟踪考察了这个注释对后来种族主义作品的影响，但戴维斯（Davis）注意到，休谟既然拒绝了宗教信仰，就意味着为非洲人辩护就是为宗教辩护（1966：458）。

戴维斯注意到了比蒂（Beattie）在这方面的作用。作为他整体攻击休谟的一部分，比蒂抓住了这个注释。他指责休谟只是在宣称自己的立场，并通过古代墨西哥人和秘鲁人的例子指出休谟是错误的（*Essay on ... Truth*，6th edn：310–311）。尽管休谟认为比蒂是个“偏执的蠢货”（*Letts*：II，301），但休谟在这一点上确实得当心（cf. Immerwahr 1992）。在他《道德、政治和文学论文集》（该书出版于休谟死后的1777年）的最后一次编撰中，休谟修改了这个注释。他删去了“从不”，代之以“几乎不”（就像前面所引用的），并且在有争议地回避了印加人之外，还删除了除黑人之外的所有有关非白色人种的言论。[*E*：629（variants）]

休谟删除的其中一段话中谈到了存在着四到五个不同人种。凯姆斯特别坚持这种学说（人种多元论）。我们将简短地看到，凯姆斯是孟德斯鸠气候理论的批评者，但在这里，凯姆斯的主要批评对象是布丰的论点，即气候既可以说明人类外在表现（肤色和身高）的巨大差异，也可以说明人类性情上的巨大差异。凯姆斯所提出的另一种解释是，“从人体的结构可以明显看出，不同的人种适合于不同的气候”（*SHM*：I 40–41 cf. 13）。这也让他拒绝了“扩散论”假说，即人类是从一个起点向全球扩散的。既然有了这样的拒绝，那么对凯姆斯来说，肯定有着一些“不同的人种”“最初”就生活在适合他们的气候中（*SHM*：I 42）。但这种人种多元论的结论遇到了一个严重的障碍，它与《圣经》相悖。凯姆斯通过诉诸通天塔倒塌之后人类的分散来拯救他的观点；他相信，这可以调和《圣经》历史与异教徒的历史。（44）后通天塔时代的人类不仅堕落到了野蛮状态，而且“在身体构造上有了相当的变化”（44）。然而，当遭遇到未知的南方大陆时，看起来即使是后通天塔的扩散也不足以解释了，以至于凯姆斯终究不得不承认人是来自一个单独的“地方产物”。一旦这样考虑后，那么可以为美洲居住着人口作出同样的解释[11]（再次
82 超过了布丰）（*SHM*：II 85），尽管事实上罗伯森认为从西伯利亚移民已经是“确凿无疑的证据”，而“不仅仅是猜测”（*HAm*：809）。

尽管赞成人种差异的论点，但凯姆斯并没有把它作为阐释**社会**差异性的物理原因。很多（注意，不是**所有**）黑人之所以发展不好，不是由于他们的构造，而是由于在环境上缺乏发展的机会。（*SHM*：I 36）正如我们在第4. 2. 4小节看到的，这确实把气候作为一种“环境”，但即使如此，社会多样性的关键解释还是要去道德原因中寻找。

4.2.3 道德原因

休谟把道德原因定义为：

> 所有在我们脑海中起着动机或理由作用的情况，它使得我们习惯于一套特殊的生活方式。（*E-NC*：198）

我们稍后也会回来谈论这个定义中的一些短语。休谟为这个定义举出了一些例子：

> 政府的性质，公共事务的革新，人们生活的丰裕或贫困，民族与其相邻民族的关系状况。（198）

在他概论自己论点之前，休谟宣称，他“倾向于全面怀疑”物理原因对民族性格的解释，“人的性情或天分与空气、食物[12]或气候一点关系都没有”（200）。[13] 休谟继续在文中的主体部分用了九个理由来支持他对物理原因相关性的摒弃。一个常见的论证策略是沿着这一系列原因展开论述。如果气候和空气实际上是民族性格的原因，那么就可以用那些不需要恒常联合的例子来反驳它。这可以有两种形式。或者是原因相同结果不同，或者恰恰相反，原因不同但结果相同。休谟举了英格兰和苏格兰作为前者的例子（207），而举了中国作为后者的例子（204）。

当我们回到其他苏格兰哲学家那里，我们发现在这一点上没有任何异议，凯姆斯和米拉完全信奉休谟的论点。因此，米拉写道：

> 某些哲学家认为最热的地带会使纤维放松，会使皮肤表面扩张，而皮表是神经腺主要起作用的地方，也就使得人对任何外在的印象最敏感；与之相随的是观念和情感相应的更加鲜活……而寒冷地带的居民据说则恰恰相反。（*OR*：179）

虽然这里没有点孟德斯鸠的名字，但这里的词汇显然是针对他的。凯姆斯更确切一些。在大段引用了维特鲁威之后，他公开把孟德斯鸠界定为“最可怕的对手”。对凯姆斯来说，孟德斯鸠的论点体现在他的以下主张
中，即在炎热的气候下，人像老年人一样胆怯，而在寒冷的气候下，人 83

像青年人一样大胆（*SHM*：I 33）。

凯姆斯并不怀疑孟德斯鸠的理论是错的，因为虽然精致，但它是“与不容改变的事实相矛盾的”（I 34）。这种“矛盾”明显是用了与休谟策略一致的那些“事实”。例如，马来人与斯堪的纳维亚人相比，同样勇敢，虽然他们生活在“相反的气候”下（34）。米拉也采用了同样的基本策略，虽然他所有的例子都是气候的恒常原因产生了性格的相反结果。于是，他对比了“温和”的中国人与“粗野的”日本人，虽然两者据说都生活在同样的气候下，他还重复了休谟所举的英国人与苏格兰人的例子（*OR*：180）。

弗格森也许是更模棱两可一些。当他评论道，“太阳使菠萝和罗望子成熟了，它所产生的温和甚至可以平息专制政府的严苛”（*ECS*：111），那时他看起来是暗地里赞成一种严格的决定论的，就像《论法的精神》的第十四章一样。这也不是孤立的评论（cf. *IMP*：21，*ECS*：112）。事实上，还有一处短暂谈到了殖民主义的情况。弗格森论证说：“荷兰人在欧洲是勤劳刻苦的，在印度却变得倦怠懒惰。”（*ECS*：118）这更接近于孟德斯鸠，而不是休谟，孟德斯鸠注意到“欧洲的孩子在印度出生会失去欧洲气候下所具有的勇气”（*SL*：234），而休谟的评论是“西班牙人、英国人、法国人和荷兰人的殖民地即使同在热带，也都是相互区别的”（*E-NC*：205）。

与这些情感相反，弗格森也宣称：“各种不同的性情和性格实际上并不与从赤道到两极测量的不同纬度相对应。”（*ECS*：116）这也不是孤立的评论，因为他继续说（用一个非常费解的句子），在环境“决定性”与民族的“生活方式”之间的因果联系“更多的是流传下来的”而不是性情“应该的物理来源”（118）。

弗格森的话重复了米拉所暗示的物理原因是一种“神秘的影响”。弗格森和米拉都承认，身心之间经由因果链的准确互动是未知的。米拉承认：“我们也非常不熟悉人类身体的结构，以至于无法发现它是如何受到物理原因的影响的。”（*OR*：179）弗格森的判断是：“我们不可能有希望解释哪些影响了生活方式，除非我们理解了那些身体上良好组织是如何与灵魂的运作联系起来的。”[14]（*ECS*：118）同样，詹姆斯·邓巴谈到了心灵与身体之间的“神秘印象”（*EHM*：319），约翰·格里高利认为它是不能理解的（*CV*：6）。这种思考的医学维度可能是这里的背景因素（格里高利是一个执业医师——回忆一下关于动物和人类灵魂与本能地位的争论，见第 2 章注释 [4]）。

例如，库伦在他的医学讲座（1770—1771）中宣称，“可以更多的肯定，心灵与身体的状况是相互作用的”（引自 Wright 1990：251），而
不是越来越不确定。事实上，特恩布尔在很早以前就在他对杜卜思的批 84
评中承认，正是因为我们身体的构造以及“我们心灵与身体之间的相互联合和联系”，物理原因就毫无疑问是有影响的。（*Painting*：109）

尽管承认了这些不确定性，但米拉和弗格森都（即使程度上有所不同）确实把道德原因作为有效的解释。要弄清他们是如何做的，我们要回到休谟的两个定义。如果我们比较那些定义，我们能够界定出关键的区别在哪里。物理原因是“不知不觉地”经过“身体”作用于“性情”的；道德原因经过设立一套“习惯的”生活方式，以“动机”作用于“心灵”上。罗伯特·华莱士用稍微不同的术语界定出了同样的关键性区别。在他那里，物理原因“完全依赖自然的过程，是独立于人类的”，而道德原因“依赖于人的感情，激情和制度”（*Dissertation*：12）。

稍早一些的时候，我们把孟德斯鸠的解释称为“严格的决定论”。这符合休谟对物理原因不知不觉地作用于身体的定义，邓巴称之为“我们身体结构中不可抵制的冲动”（*EHM*：221）。就像华莱士所表述的，其运作是一种心理“自然”联系，是独立于人类的。既然惩罚的目的是施加疼痛，那么为了达到这一目的，不得不对俄罗斯人增加惩罚的强度。这不是说俄罗斯人是喜欢极度疼痛的受虐狂，因为在这里，它不是一个独立而是一个依赖（于个体的“感情”或“激情”）的关系。休谟论点的关键不同之处是在于解释了为什么说“既然”惩罚的目的是施加疼痛。物理原因自身不能解释惩罚机制，需要某种“道德”媒介来说明有效惩罚是社会秩序的要求。[15]

然而，重要的是指出休谟对道德原因的支持仍然是决定论的。我们把他的立场称为“温和”决定论。“温和”是与“严格”相对立的，因为它不是直接运作在身体上，就像仅仅是一种自动反应（例如冰冻羊舌），而是通过“心灵”的作用。不过，这仍然是决定论，因为那构成了道德原因的各种环境的运作方式是建立一套动机或理由，以“产生一套特殊的习惯生活方式”，或者如他在随后一段中说的，“个人的生活方式常常是由这些［道德］原因**决定**的”（*E-NC*：198；黑体是我加的）。

休谟在稍后一点的地方解释了决定论的模式。他宣称，“无论这一代人形成了什么样的生活方式，下一代人肯定是更深地沉浸在同一种色调的气息之中，只要他们活着，他们就抱有这些印记”（203）。

这个论点非常紧密地与第 2 章中社会化的讨论联系起来。习惯和习俗之所以在社会中非常强大，正是因为它们限定了所谓“自由”行动的范围。当然，一个特殊的个体能够在行为的某些方面以特有风格来行动—— 一个俄罗斯人实际上可能是一个受虐狂。但这种行为是例外的，
85 也是休谟所允许的，他在我们上面所引用的“决定的”之前加上了副词“常常”。但恰恰是因为这样一种“自然性格”现象，那种情况是不能被普遍化的；“例外”在定义上就是偏离了某种规范。对大多数人来说，他们行动的“理由”是他们前反思孩童时期的产物；他们一直是这样做的，这是他们的第二天性。斯密对杀婴的解释就是这样一种情况。按照斯密的说法，文明的雅典人也杀婴，**因为**（道德上）这是他们“未中断的习俗”：即使是伟大的哲学家——柏拉图和亚里士多德（我们可以辩解，由于他们的智慧，他们也许会相对不受哪怕是温和决定论的影响）——也把它作为规范（*TMS*：210）。

如果这种（“温和”）决定论没有作用，那么试图对多样性作出解释就会沦陷为温奇和格尔茨（Geertz）的描述主义了。对温奇来说，把特殊社会归类为某种一般的框架，以至于它只是某种法则性规律的一种“类型”或“例子”，这是无法获得对特殊社会的理解的。即使某些恒常特征以某些联合或呈现的方式重复出现，也不能用某种普遍主义架构来领会。格尔茨承认存在着普遍性的根本问题，但他固执地认为，解决它们的方法是文化独特性。（1972：363）这些论点所强调的原则使得休谟和孟德斯鸠都站在了描述主义的对立面。休谟与孟德斯鸠彼此的差异之处在于“环境”应该用什么方式来决定“性格”。

重要的是这种差异关注的是决定论的方式，而不是对“环境”的不同定义。这种重要性所反映的事实是，苏格兰人提倡道德原因，并没有完全摒弃气候。休谟所举出的道德原因的例子之一是“人们生活的丰裕或贫困”。他的很多同胞探索了这种情况到底涉及什么，而这种探索揭示了物理原因与道德原因并不是在所有方面都对立的。

4.2.4 进步与两种原因

在陈述了寻求“惊人的多样性”的原因是“愉快的和有用的”之后，米拉立刻宣称，在这种寻求中，“我们必须毫无疑问地首先诉诸环境的差异”。这些差异尤其要包括“土地的肥沃或贫瘠”及“其产量的性质”。就其本身而言，这些不是物理原因，因为米拉相信这些差异暗示了“行动的不同看法和动机”，以至于（例如）土地的质量将影响“维系生存所必需的劳动种类”（*OR*：175）。凯姆斯有类似的论点。他相信气候条件影响了生存的模式。在寒冷气候下，土地的坚硬让谷物很难耕作，只能进行狩猎或放牧，而在“热带”，居民只能通过果蔬维生（*SHM*：I 58）。凯姆斯似乎也自主地得出了这样一个观点，即气候作为一夫多妻制的两个因素之一，在其形成上发挥了重要作用（见第 5 章）。休谟自己指出，“热带的温暖天气”是当地缺乏产业的“很可能的原因”（*E-Com*：267）。最后，对弗格森来说，“温和气候”是最适合人性的， 86
他指的是“人类主要的荣耀”一直是“在温带”取得的。（*ECS*：108）

这些情况都有一个潜台词。弗格森提到了这个潜台词的存在，那时他写道：“地球上所有的热带……只为历史提供很少的素材。”（110）相比之下，温带是“主要荣耀”之地，因为那里是人类发展或进步的发生的场合。对凯姆斯来说，气候的作用排除了那种生存模式。可以根据生存模式来衡量发展，这种理念是第 5 章的核心主题。不过，目前的任务是探索发展理念与社会多样性之间的联系。我们在第 3 章已经大致勾勒出这个观点，在那里我们看到，猜测或自然历史的主要目的之一就是把人类的社会经验置于一种序列之中。米拉贴切地阐明了这一点。他说“法律建制的自然历史”（尤其）“提供那些内在原则一致性的证据，那些原则的运作是各种各样且**表面上**不相容的”（*HV*：IV 285/ *HVL*：347；黑体是我加的）。

在第 3 章中，我们使用了罗伯森所做的对**古代**德国人与**当代**易洛魁人的比较。由于当代德国人并不与易洛魁人类似，那么这展示了从时间上看，也是非常多样性，而不仅是从地理上看（就像米拉在他论述之初所承认的；见第 74 页）。这种包容变化 / 进步的能力是道德原因与物理原因之间关系的一个更深的维度。罗伯森对美洲印第安人的讨论（更多的见第 5 章）阐明了这一点。

罗伯森说的不少东西都是在重复已经说过的话。气候的运作“对

[人的]境况和性格起着决定性的影响”，而人“在地球上的温带……获得了最大的完美”（*HAm*：850）。事实上有一种“气候法则”，但当它应用于人的举止时，它存在着“很多例外”的可能性（851）。这种可能性的存在支持了下面的结论，即“道德和政治原因……影响了个人的禀性和性格，而不仅仅是影响民族的禀性和性格，这种影响比气候的影响更强”（851）。不过，更具揭示性的是罗伯森下面的评论，道德和物理原因之间关系的摇摆本身就是发展的指数；相比于“更改善的社会”，气候对“未开化民族”（850）有更大的影响。“文明的人”通过他们的“心灵手巧和各种发明”，能够“补充气候的缺陷和抵御气候所带来的各种不便”（850）。最后这一个短语再一次强调了道德原因更强的解释力。随着人类的发展，他们越来越能统治自然（“补充其缺陷”）**因为**他们不是严格（或不知不觉）地由其环境决定的。相反，他们有“心灵手巧”这种能力，可以运用理性“发明”各种改善。这些改善通过习惯和习俗保留着，所以是改善之上的改善——“文明化”的过程——是可能的（如果不是确定的话），孟德斯鸠自己有相似的评论（见 *SL*：310），但
87 最注意这个问题的苏格兰人是詹姆斯·邓巴，事实上他最注意的是物理原因与道德原因之间的关系这整个议题。他组成《论野蛮与文明时代的人类史》的十三篇论文中有三篇是在处理气候问题。

邓巴拒绝了以下论点，即气候对人类心灵有“积极和直接的影响”（*EHM*：239），但承认了他所称的“地方环境”（诸如被山区分隔的乡村或身处海岛或大陆之地）起着影响。虽然这些环境在性质上是“物理的”，但他们“在且仅在其运作时常常是道德的”（296）。例如，不列颠的海岛位置意味着它一度与欧洲和文明的其他地方隔离，但这种环境在“航海时代”是财富和权力的源泉，此外，它还意味着不列颠能够避免欧洲大陆的战争，也就避免了财富的挥霍（281）。这种环境或气候（物理原因）对一个社会的影响能够随着社会条件（道德原因）的改变而发生变化。随着特殊情况，这种变化可能是有害的（不列颠与罗马文明相隔绝）或者是有益的（与欧陆战争相隔绝）。简言之，邓巴论证道：“一系列事件一旦开始，就更有可能是被道德原因而不是物理原因支配。”（239）

按照这种论点，邓巴就像罗伯森一样，看出了一种一般模式（cf. Spadafora 1990：311）。这些当地环境的影响随着“人类改善的一般境

况”而变化（297），所以它们“在技艺和科学最昌盛的阶段是最无关紧要的”（317）。对这一点的解释是，人类有着控制环境的能力（这里公开采用了培根主义的语言），所以“水陆的自然史随着民族的文明史而变化”（354–355）。土地和气候容易受到改善的影响，而这种改善程度是与“文明技艺的高度进步”相关的（360），也不是没有消极方面的，例如文明人把天花引入到未开化民族（363 cf. 373）。通过这些，邓巴确认了，人日益成为“自己幸福和完善某种程度上的仲裁者”（347）。

事实上，邓巴强调，与动物相比，人是如何“更能不受机械论支配的”（342）。由于人的外在结构就像“所有事物”一样是服从机械论法则的，所以这种情况只是相对的（322）。所以，由于空气质量的优良，人在海牙活得比在阿姆斯特丹更久一些——这是“自然原因”独立运作在同一个文明社会的两个城市中（334–335）。但即使这样，邓巴仍然否认可以从道德条款的教化中获得“民族精神”（338）。这实际上是关键。这里所说的就是**社会**多样性的解释。苏格兰人寻求对不同社会实践和制度的解释，这些是“道德主题”（也就是，**更多**是与生活方式和习俗有关；cf. Hume *THN*：Preface），“**道德**原因”更适合这些讨论。

4.3 结论 88

世界上有各种各样的社会实践和制度，这很难说是新奇的感觉。既然所有苏格兰人都自我信奉**证据**，那么为了证实那种感觉，他们遵循了西方思想史上最庄严的传统之一，这至少是源自柏拉图主义和亚里士多德主义对智者的批评。我们可以正确地说，一直保存的是这样的信念，即差异性是覆盖上某种基本的普遍性上面的，事实上界定普遍性的目的很大程度上就是出自对差异性的认识。（cf. Berry 1986：Ch. 4）

虽然在一般性上，这是平平无奇的，但把苏格兰人从一般的启蒙运动中区别出来的就是他们关注于把这种多样性置于某种秩序之中。这种多样性看起来是非常惊人的，不过这只是对庸俗之人来说的，因为社会理论家（苏格兰人称自己为“道德科学家”）将驱除这种惊讶。这是一个重要的主张。对苏格兰人来说，社会世界不是高深莫测的天书，而是可以解读的。这种解读或多或少是困难的，但即使那些更加难以应对的文本——那些对与人们熟知的社会相去甚远的社会的描述——经过恰当的应用，也是可理解的。

就像我们在第 3 章中看到的，苏格兰理论家渴望通过对原因的探索，取得这样的可理解性。虽然地理是社会差异性一个毋庸置疑的因素，但其自身不构成一种充分的解释。就像我们期待的，对苏格兰人来说，为了获得有力的解释，我们必须回到历史。如果地理因素是关键的物理原因，那么历史或时间因素也将相应的是道德因果律的要素。（cf. Stewart 1963：10）下一章将讨论，在历史本身的主题中，这种对道德原因的投入如何表现自身的。

注释

[1] Bowles（1985）意识到了这个提法，并把它与斯密对天文学的阐释联系起来——见第 3 章及下文。

[2] 休谟写了“一篇对话”来谈论习俗多样性与道德标准的关系。他推论说：“不同的习俗和境况并不改变原始价值观念任何非常基本的方面。”（*EPM*：341）在他的通信中，他说他拒绝了那种世上不存在具体标准的怀疑论立场，“因为 [它是出自] 我体系中的重要原则”（*Letts*：I 173）。

[3] 另一个“地方”例子是爱尔兰人。虽然是历史事件，但休谟仍然清楚地赞扬（例如）詹姆斯一世对爱尔兰人的“教化”政策。使爱尔兰人与“法律与产业”一致，因而使得他们“长期和更有用地服从英格兰的王冠”，为此要“废除爱尔兰人的习俗，那些习俗让他们永远处在野蛮和混乱状态，要用法律来取代那些习俗”。特别是，要取代那些妨碍了“土地上固定财产权的享用”（没有这种财产权，就没有激励，“没有圈地，没有耕作，没
89 有改善”）的习俗（*HE*：III 33，34）。我感谢保罗·斯密（Paul Smith）让我注意到这一段话。

[4] 可以将这个立场解读为表达了“资产阶级意识形态”（见第 8 章）。我们后面几章会看到，苏格兰人主要不是在批评他们自己的商业社会，虽然从理论上看，“纠正偏差”可能在意识形态上切合了殖民政权的利益，但苏格兰人直率地批评了欧洲人的傲慢。（见 Robertson *India*：1154，Dunbar *EHM*：414，Millar *HV*：IV 263-265）

[5] 斯密的一些解释（e. g. Farr 1978，Capaldi 1978）事实上主张了他是赞同一种社会科学的“解释主义”路径，这种路径要求运用主观的理解

（verstehen）。这些解释向“另一边”偏得太远了，很难认真地对待休谟思想实质性的、评价性的要义。

[6] Jones（1983）强调了杜卜思对休谟的影响，特别是美学方面的影响。

[7] 在《论古代绘画》（1740）中，特恩布尔事实上明显采用了杜卜思的思路。按照特恩布尔的说法，杜卜思（或者说《诗歌、绘画和音乐上的批判性反思》的作者，那本书的作者从来没有鉴定出到底是谁）作出了“一些非常审慎的考察，证明了物理原因的力量产生的效果可以被称作是道德的”，列出的这些物理原因有空气、饮食、气候、土地、身体结构。（108）虽然在杜卜思那里，这些原因肯定可以解释为什么英国历史上缺乏画家，但特恩布尔则与之相反，认为英国文科教育中缺乏好的技艺这个道德原因才是决定性的。（109）

[8] 阿布斯洛特是苏格兰人，他从圣安德鲁斯大学获得了医学学位。在他的书中，他公开称希波拉克底是“伟大的人”（122）。也有人怀疑阿布斯洛特对孟德斯鸠产生了影响，见 Gates（1967）。虽然这样，但很明显，气候这个主题已经得到了不少讨论。对这个传统的综述见 Glacken（1967：Ch. 12）。

[9] 例如，气候仅仅是他所提出的“总体精神”的几个原因中的一个（见 *SL*：19，4）。他在《论法的精神》之外的一部著作《罗马盛衰原因论》中，清楚表明在民族的性格和精神上，道德原因比物理原因更有影响。（1995：III 421）

[10] 在一篇更早的文章中，休谟指出，摩纳哥白人与黑人间的内战之所以发生“只是因为他们的肤色”。他这里的论点与他另一些文章中的“肤色的差异是一种明显和真实的差异”（*E-PG*：59）的信念之间存在着争议。

[11] 沃克勒（Wokler）讨论了凯姆斯与布丰的关系。沃克勒也主张，美洲人种是独立的创造物这种理论形成了“凯姆斯对 18 世纪人类学思想的主要贡献”（1988：156）。对多元人种论的讨论，见 Greene（1961：Ch. 8）。凯姆斯的阐释受到恶劣詹姆斯·阿戴尔（James Adair）的公开挑战，他的《美洲印第安人史》（*History of the American Indians*，1775）努力去建立一种美洲印第安人是源自以色列人的观点。他以一种比较的方法（见第 3 章）来谈论美洲印第安人的“宗教仪式，文明和军事习俗，他们的婚姻，葬礼，生活方式，语言，传统和各种各样的特殊性”（15），以便尽力“证明”自己的观点。阿戴尔的《美洲印第安人史》也被斯图亚特

引用了，后者并不对阿戴尔的以下观点感到惊讶，即美洲印第安人受到“朴实且纯正的自然法的支配，他们整个躯体里呼吸除了自由别无他物”（407）。

[12] 把“食物”包括在内可能指的是威廉·汤朴（William Temple）《著作集》（*Works*，1754）中的《论尼德兰联邦》（*Observations on the United Provinces of the Netherlands*，1673；杜卜思也提到了“饮食”，见本章注释 [7]）。他在同一篇文章的同一个语境中清楚提到了汤朴（212）。凯姆斯也特别提到了汤朴的观点（*SHM*：I 35，197n.）。

[13] 在后来的一篇文章中，休谟再一次确认了，在决定古代世界是否与当代世界人口更稠密这一点上，**一般的**物理原因是无关的，虽然他承认**特殊**
90 **的**物理原因，比如疾病起到了一些作用。不过，他转而用道德原因来回答这个问题。（*E-PAN*：378–379；黑体是休谟自己加的）罗伯特·华莱士（休谟此文中的批评对象）做了相似的论证。他区分了“恒常的”（例如空气的温度）与“变化的”（例如饥荒）物理原因，但认为在解释为什么古代世界比现代人口更稠密时，道德原因是决定性的。（*Dissertation*：13）

[14] 弗格森的句子很可能不是碰巧出现在休谟的文章中，在那里他说，即使假设北方人爱喝酒和南方人爱女人有物理基础，“我们也只能推出气候可以影响我们大体的、更加身体化的组织，而不能推出它能影响心灵和理解力运作所依赖的那些良好组织”（*E-NC*：215）。

[15] 这当然是孟德斯鸠自己的立场：物理原因并不能决定法律，但可以设定什么是“好的”法律的条件，即有效的法律应该怎么形成。因此，他称赞中国的立法者们所制定的法律和风俗，其目的是抵消气候的不良影响：“物理原因更多的是让人休息，而道德原因应该使之转向。”（*SL*：236）

5

社会历史

在本章的开始部分，我们最好是把早些的一些发现整合起来。从第 3 章我们得到了人类有能力进步的观念。也是从第 3 章，我们得到了下面的观念，即“科学”历史将用因果性来处理社会制度，而不是把这些制度看成类似于战争和征服之类的单个事件，相应的，它处理什么是“自然的”而不是什么是“最符合事实的”。从第 4 章，我们得到的观念是，社会多样性最重要的来源是不同的道德原因，而且随着人类的发展，这些道德原因的越来越具有决定性的影响。

总的来说，这还是抽象的，现在可以看看这种发展的**内容**。人的社会史（history-of-mankind-in-society）的内容主要是社会制度史。对苏格兰人来说，理解这种历史，就是通过发现联系原则来消除“惊讶”。换言之，一个社会的各种制度不是仅仅在特殊节点（社会静力学）或一段时间（社会动力学）上偶然相关联的，而是揭示了一种必然的 / 自然的模式。正是这种模式使得社会的历史是可理解的。就像我们将看到的，获得这种可理解性最有特色的方式是把社会制度的历史分成四个阶段，我们也会看到，关键的社会制度是财产权。

5.1　洛克，经验论和原始心理学

在我们讨论这是如何做的之前，我们先必须勾勒出关键的基本前提。我们要再次回到先前所提出的观点。我们在第 2 章看到了苏格兰人有多么强调“证据”。人的社会性是经验上成立的事实。这种经验论根据人类经验的实际记载，推翻了所有“空谈的形而上学”。人类通过他们感觉的中介“经验了”世界。这个学说的盛名可以说是来自于约翰·洛克（见第1章）。

对洛克来说，我们所有的观念或者是来自感觉或者是来自反思，也就是，或者来自“没有感觉的对象”或来自“我们自己精神的内部运作”（*Essay*：Bk 1，Ch. 5 1854：II 3）。对我们当前目的来说，重要的是洛克自己论证方式的特点。在讨论语言时，他发展出一种起源或历史论证。按照洛克的观点，我们的词语是源自普遍的感觉观念，即使是那些论及“移除了感觉”的观念的词语也是“出自于感觉”。例如，“精神”一词的来源是“呼吸”。（2）

洛克经常用孩童的经验来说明问题。孩童的第一个词——洛克指的是“奶妈”或“妈妈”——永远是特定的，因为他们的观念只是特定的。
92（Bk 3，Ch. 3，Sect. 7 1854：II 11）孩童的观念是特定的，主要是从经验中得来的；只有当他们长大了，他们才有反思的观念。（Bk2，Ch. 1，Sect. 8 1854：I 210）洛克相信，对孩童的观察将显示出心灵是如何逐渐运用其能力扩大，合成和抽象观念的。（222）虽然形成一般观念的能力“完美地区分开了人与动物”（275），但这种能力在白痴和疯子那里不起作用。这种能力也是随着孩童的成长而发展的，理性是需要获得的。不过，还有另一种的人——洛克说“野蛮人和文盲”就像孩童和白痴一样，也无法让其指涉一般准则和普遍原则的能力发挥作用（153 cf. 140）。这种认知模式主要突出最后要得到的什么，而孩童和野蛮人的类比则是在突出我们最初是从哪里开始的。

至少是因为托马斯·皮考克（Thomas Peacock）的讽刺[1]，苏格兰人没有明显使用这样的类比。虽然不是什么新奇的用法，但它常常使用出生—成熟—死亡—出生这样的循环来表述。不过，苏格兰人强调的是从新生到成熟的发展——虽然他们有时候也通过谈论衰亡来探讨这种发展（弗格森在这方面比较著名，但他不是唯一的）。对目前来说，核心阶段是孩童与野蛮人（生活在社会婴儿期的人）精神和情感能力的类比。

下面一段是罗伯森的话，它概述了什么是关键，所以值得大段引用：

> 就像人是从婴儿时期的无知与低能发展为强健和成熟的理解一样，也可以类似地看待人类的进步。人类也有婴儿期，那一时期尚

> 不具备心灵的一些能力，而且其他能力的运作也是脆弱的、有缺陷的。在社会的早期，虽然人是简单的、未开化的，但人的理性也只得到了很少的应用，人的欲望集中在非常狭隘的领域。因此，这种状态下人类的心灵有两个突出特点：心灵的理智力极其有限，心灵的情感和努力既稀少又呆滞。这两点都明显存在于美洲最野蛮最不发达的部落中……（*HAm*：819）

我们可以从中看到猜测或自然史的两个必备成分，正如斯图尔特所界定的（见第 3 章）——人性观（婴儿期 / 野蛮）和对环境的描述（不发达的美洲）。这里所猜测的是“每个人最初的努力是自然而然地盘算去增加生存的手段”以及（考虑到什么是已知的和什么是猜测的）这些最初的“努力”所采取的形式是“捕捉野兽或收集野果”（Millar *OR*：176）。野蛮人是狩猎—采集者。这是进步四阶段中的第一步。

5.2 财产权与四阶段理论 93

在概述四步或四阶段之前，重要的是去领会苏格兰人在努力做什么。在一段经常被引用的文字中，罗伯森宣称：

> 在关注人在社会中的运作的所有研究中，第一个关注对象应该是他们的生存模式。虽然不同的处境，他们的法律和方针也肯定不一样。（*HAm*：823）

这值得更仔细地考察。注意，首先是兴趣的集中。这强化了第 3 章的论点，这种事业是“研究”社会的运作。罗伯森规定了这种研究的程序和目的，即先考察生存模式因为它与“法律和方针”的变化积极相关。后者是社会运作，也就是研究的对象。其次，不应该遗漏罗伯森所使用的“肯定”一词，如果只是因为这段话所关注的论点，那么“四阶段理论”就是马克思“历史唯物主义”的原型了。我们后面会简单地谈到这个论点。

虽然罗伯森的这段话在那个论点中是非常著名的，但这只是因为它的清晰而不是新奇。这里要指出的是，罗伯森所相信的是一个既定立场。当然，在整个苏格兰启蒙运动中，对这种立场的感情是不断重复出现的。虽然不是非常确定，但看起来亚当·斯密的表述是关键性的。这种不确定部分是因为这种研究（四阶段理论）只是出现在 1776 出版的《国富论》中。不过，斯密在他格拉斯哥的讲座中已经突出了这种学说，并且有可能在 1750 年至 1751 年爱丁堡的公开讲座中就已经这样做了（cf. Meek 1976：Ch. 4）。因为我们有斯密格拉斯哥的讲座，所以它们是我们回顾这种最初探索的材料来源。

在斯密 1762 年至 1763 年的讲座中，他明确谈到了“人类通过的四个独立阶段”——狩猎、畜牧、农业和商业（*LJ*：14–16）。在 1766 年的版本中，它们被称为狩猎、放牧、农耕和商业（459）。《法学演讲集》中也出现对四阶段学说的表述，说明这不偶然的。这两处的语境都相同的，即占有的财产权。与之类似，可能是另一个最公开的表述出现在米拉（未出版的）论政府的讲座中，它们被清楚地说成是“获得财产权的各阶段”[2]。斯密的观点与罗伯森所暗示的观点相同（*HAm*：823），占有的支配规则会随着社会四阶段而变化。[3]

斯密通过狩猎社会与畜牧社会对待偷盗的不同态度阐明了它们的区别。在游牧社会，以鞑靼人为例，偷盗立刻会被判处死刑，但在狩猎—采集社会中，以美洲印第安人为例，没有理由去偷盗，因为那里几乎不存在私人财产权。（*LJ*：16）在农业社会，虽然对偷盗惩罚的严厉性降
94 低了，但需要更多的法律来管理财产权，因为“财产权被中断”（我稍后会回到这个短语）的方式是多种多样的。四阶段中最发达的商业社会，仍然需要更多的法律来防止对财产权利的侵犯。（这里反复提到的法律和规范后面会讨论）

所有这些观点都在其他地方得到了共鸣，而且斯密的论述被当成了一种标准［邓肯·福布斯（1952，1982）甚至把它称为种子］，这清楚表明了财产权的核心地位。我将讨论这种地位是如何在苏格兰人讨论等级或服从（第 5. 3 节）、政府和权威（第 5. 4 节），以及生活方式特别是妇女在社会中的地位（第 5. 5 节）的论述中体现自身的。不过，在此之前，我想探讨财产权与那时人们广泛接受的、有关野蛮人精神的洛克主义学说之间的联系。

把财产权的历史呈现为四个阶段，这是基于“自然”发展的特殊模式。这种发展史人类认知能力和感情能力的发展。虽然《美洲史》第

823 页中有一段话被引用了很多次，但其后面接着的段落却很少引用。罗伯森在那里马上接着说：

> 这种制度适合那些部落的观念和危机，那些部落靠狩猎或捕鱼为生，已经有了某种不完善的财产观念，这种财产观念比那些以耕作为常规产业的社会的财产观念要简单得多，在后者那里，财产权利是完整的，不仅包括农作物，还包括土地本身。

罗伯森不仅在后面的段落中谈到了“观念”[4]，而且他还把狩猎和捕鱼这些最初的“生存模式”与“不完善的财产观念”（可以推论，不完善的一个标准是缺乏财产的“权利”）联系起来。米拉做了类似的联系。他第一个指出，野蛮人的“观念和感受”是“与他们的状况一致的，肯定是狭隘和有限的”（*OR*：176），他于是勾勒了（虽然那时没有清楚地列出）这四个阶段。

这些最初的观念是“狭隘和有限的”，因为就像米拉在以后的著作中所说的，“可怜的野蛮人”的心灵中只有“很少几个思想痕迹可以超越他外部感觉印象到的几个对象”（*HV*：IV 206 cf. II 354）。同样，罗伯森注意到，“每个人最初的观念肯定是他所接受到的感觉”，他马上继续写到，“虽然野蛮状态下看起来几乎不可能有任何观念，但通过这种途径的确有观念”（*HAm*：819）。野蛮人事实上所运用理性能力“仅仅是在可感觉到的东西上”（820）。既然有进一步地证据表明了野蛮人与孩童类似，于是罗伯森公开把这些特征与“孩童缺乏思考能力的多变”（819）相比较。

这与财产权有什么关系？感觉对思想的优先性意味着最初的财产与拥有是没有区别的，它们后来的分离标志着认知能力的“成熟”。在《法学演讲集》中斯密评论说：“在野蛮人那里，财产的起点和终点都是拥有，他们看起来几乎没有任何观念可以把自己身体之外的东西看成是 95
他们自己。”（*LJ*：460 cf. 18）凯姆斯说了同样的话：“他们 [野蛮人和蛮夷] 没有独立拥有的财产观念。”（*ELS*：228）凯姆斯也解释了原因。他认为：“没有拥有的财产观念”，“对野蛮人来说太抽象了”。他进一步提出，这一点的理由是野蛮人“只涉及感觉到的对象”（*HLT*：91）。

拥有是可以感觉的——它是可触摸的或可抓住的。我们能够问物体是“为什么”和“如何”拥有的。斯图亚特为第一个问题做了简明回答，他宣称：财产权的基础在于其拥有者对物体的使用或快乐（*Diss*：26）。但他在后面清楚表明，这与有财产—权利是不一样的，因为“这个词所传达出来的抽象观念对于尚未逐步发展的社会初期来说是几乎不了解的”（115）。所有苏格兰人都认为财产是人与物体之间的关系（cf. Hume *THN*：310，491，522 etc.；Kames *HLT*：88，*ELS*：228），因此占有是人与物体最直接的关系，斯密［追随最近的前辈哈奇森（*SIMP*：155），他之后还有自然法传统的其他人[5]］也是从这种关系开始讨论财产的。弗格森有效地讲清楚了这种观点，他宣称：“占有就是……拥有……[和]占有的效果，因此，在实际使用中，它不等于财产权。”（*PMPS*：II 204）所以，要回答物体是“如何”拥有就是回答什么是占有的最一般的条件。

通过说明自然能力与道德能力之间既定的区分，我们能更好地理解这里的关键之处。凯姆斯对这种区分的使用可以提供启发。占有是抓住物体，是通过运用自然能力来获得的。凯姆斯相信，通过“技艺和产业”（*HLT*：90 cf. *SHM*：I 65，那里说的是“劳动和技艺”[6]），即用陷阱抓到的野兽，或用钩子抓到的鱼，从其最初来看是属于猎人或渔夫的。但如果野兽从陷阱中逃脱，然后被另一个猎人通过运用自己的自然能力抓到，那么这种拥有的中断导致了所有权的问题。“最粗野的野蛮人”，由于他们不能抽象思考，没有“道德能力”的独特观念；他们是那种脱离了物理或“自然”拥有的财产权道德观念的“陌生人”（*HLT*：91）。[7]我们能够看出这种区分有一种外在的自然法维度。普芬多夫说过：“一个人运用单纯的自然能力掌握无生命的物体或动物……但只有这种道德效果在其他的人那里产生作用时，这种自然能力才有真正权利上的性质。”[8]凯姆斯（和其他苏格兰人）加上了一种认知发展的视角，所以虽然普芬多夫承认财产权的“历史”，但他没有把这种历史描绘成一种“人类的自然史”。

野蛮的狩猎者—采集者是财产权观念的陌生人，解释这一点是通过以下事实，即他们所生活在一个具体直接的世界中，“此时此刻”罗伯
96 森对这个世界做了清楚的阐述。由于野蛮人看重当下使用的物体，被当前欢愉所支配，所以他们不注重那些不是直接需要的东西；如凯姆斯所说，他们的行动是“依靠感觉而不是预见”（*SHM*：I 48）。同样，罗伯

森谈道：“他们不考虑未来。”（*HAm*：821）邓巴也注意到，人“最初只拥有很少的观念和更少的欲望，只专注于当前所感觉到的物体，他很少反思过去和预先关注（焦虑地期待）未来”（*EHM*：68 cf. 15，在那里他对罗伯森的论述表示感谢）。按照洛克的起源论证，野蛮人受限于直接感觉的世界中，这意味着他们不熟悉所有的普遍或抽象观念。罗伯森（*EHM*：68 cf. 15）和凯姆斯（*SHM*：II 377n.）都指出，美洲语言中缺少时间、空间和实质这样的抽象词语［事实上，按照洛克的引导，通过调查语言可以了解很多认知思维的发展，所以斯密对财产权观念发展的论述是反映在他《论语言的最初形成》中对言语的论述中（见第2章）］。罗伯森也注意到美洲印第安人不能计算3以上的数字，他对此的解释是“野蛮人没有财产要估价，没有钱财要计算，没有各种物体或大量的观念去列举”（*HAm*：819）。他们的观念要服从他们的经验，也就让这类能力没有运用的机会。[9]

这就是第一阶段。苏格兰人并不重点解释阶段到阶段之间的转化。米拉只提到了“经验”[10]（*OR*：176），而凯姆斯提到是“必然性”（*HLT*：100），其中饥饿最重要（*SHM*：I 55）。斯密按照自然法的常识，把人口增长以及随之而来的资源压力看成是这种必然性的来源（*LJ*：14–15）。按照阶段划分假说，我们知道会产生畜牧“经济”，但按照认知发展的洛克模式，我们能够预计抽象思维的能力是逐渐显现的。其中一个决定性的标志是出现了不同于物理占有的财产权利。

斯密所提到的对简单拥有的第一个扩展是凯姆斯所说的逃脱野兽的情况。在这种情况下——查士丁尼在《法学阶梯》（II–1–12）提到过——斯密的评论是，如果最初的猎人仍然追踪那个野兽（用凯姆斯的话来说是继续运用自然能力），很可能再一次抓住它，那么其他人会想这个野兽是他的。对斯密来说，这种“想”是扩展财产观念的第一步（*LJ*：19）。但他宣称，直到“人们开始驯服那些野兽”，“财产才会必然得到更大的扩展”（*LJ*：20）。凯姆斯也看到了畜牧这第二个阶段的出现是扩展的来源，但斯密通过遵循罗马法（cf. Justinian：II–1–15）和区分不同阶段，继续对此进行了详细的讨论。最初，那些被驯服的野兽是习惯性地返回到经营者那里，被看成是他的财产。进一步的扩展发生在某 97
些以驯化方式存在的物种（例如牛）出现时，所以它们被当成是所有者的财产，不是因为它们可以返回他那里，而只是因为可以辨别出这些是他的。斯密没有解释这是如何实现的。不过，斯图亚特说动物驯服时得到了不同的记号，于是财产就可以看出是不同于拥有的了。（*Diss*：27）

这些“记号”的存在表明了符号表现的能力—— 一种看起来标志着出现了某种“抽象的”认知能力。但其自身还不够成熟。凯姆斯和约翰·达尔林普尔爵士（Sir John Dalrymple）谈到了“符号拥有”，但论证到，这之所以需要恰恰是因为拥有的转换还需要某种可触摸的标记（休谟把这称为“迷信的做法”，*THN*：515）。达尔林普尔引了旧约做例子，那里记述了波阿斯通过收到一只鞋子确认得到了以利米勒的土地（*General History of Feudal Property in Great Britain*，1757：220），而凯姆斯引用了塞尔登（Sclden）报道的一个例子，对土地授予的确认是把一块草皮放在祭台上（*HLT*：108）。

这两个谈到土地的例子把我们引入第三阶段。第三个或农业时代产生了土地财产权。凯姆斯［以休谟的方式（*THN*：310）］提到了耕地与耕种者之间密切的精神联系（*HLT*：104）。不过，这种联系不仅体现了自然能力，而且也体现了道德能力，因为如果我离开我的土地或房子，而我不在的时候剥夺了我的土地或房子，那么可以看出这是不正义的。这就是说即使有了物理中断，也存在着明显的财产权利；在财产权与占有之间存在明显的区分。斯密的说法有些类似。不过，他评论道，土地的耕种并没有直接产生私人所有（*LJ*：20）。相反，他相信存在着公共所有，而只要耕种者占有这块土地，它才属于他。（22）对斯密来说，关键的是城市的发展。住所是固定的，那么相邻的土地就得到耕种，所以看起来一次性地分配土地更容易一些，而不是地方首长每年分配一次。[11] 米拉的说法从根本上来看是相同的。（*OR*：252）斯图亚特［米拉感谢了他（251n.）］让这种土地财产权在德国人的共有阶段中发挥了重要作用，并且他在这一点上公开批评了凯姆斯和达尔林普尔（*Diss*：29），但他更大的兴趣是在认知方面。他写到，“未开化的人”没有“技艺的教导，不会使用抽象”，很难根据价值来分配财产。（33）

不像之前的各个转换，商业社会的出现不是因为人口资源这种外在压力。事实上，正如斯密清楚表明的那样，交换一直都存在。即使是狩猎社会（第一个阶段）也存在着一些不完全的劳动分工，一个人可以制造弓箭，用以向那些更有捕猎技能的人换取肉类食物。（*WN*：27）正如斯密所说，如果商业社会中每个人都是商人（*WN*：37），那么这意味

着在那个阶段，每个人都以交换为生。（见第 6 章）对土地财产权相比，113
第四阶段的财产权的特点是流动性。98

对凯姆斯来说，财产权最初并不能转让（*HLT*：110）；事实上它最初是与拥有连在一起的。转让预设了一种“意愿”或“意图”。正如斯密和凯姆斯注意到的，这种预设对遗嘱继承特别有影响。斯密评论道，在“亚洲和美洲的野蛮民族”中，这种继承是陌生的，对此的解释是，“对死者的怜悯”对“野蛮人来说是过于微妙的学说了”（*LJ*：65 cf. 462）。凯姆斯注意到，由孩童来继承可以被看成是“某种财产权”，但这种“权利”的存在是不依赖父亲的意愿的。（*HLT*：110）斯密认为遗嘱继承是财产权的伟大扩展（即概念上不同于拥有），因为它暗示了一个将死之人遗弃的权利不能恰当被称为是具有一种权利（*LJ*：466 cf. Kames *British Antiquities*：128n.）。斯密认为承认死人的愿望是“人性相当大的提升”（467），或者用达尔林普尔的话来说，这样一种承认对未开化之人来说是“不那么自然的观念”（*Feudal Property*：143）。

第四阶段的特征是财产权的转让是无限制的。关键性的扩展是土地自身变成可转让的。比起不可动的物体来说，可移动的物体的转让更早一些，这是常识，而第三个农业阶段的一个特殊标志是扩展常常受到诸如资格（一个经常受到攻击的制度）[12] 之类做法的抵制。凯姆斯宣称，在如今的商业阶段，转让的权力是“普遍公认内在于土地财产权的，而不仅仅是那些可移动物体的财产权”（*HLT*：113），达尔林普尔清楚表明，这种普遍性的来源是商人之间的交易（*Feudal Property*：94，114），“商业秉性”必须允许“土地上的无限制的商业行为”（159）。米拉同样说，“技艺上的整体提高”使得土地成为“商业物品”（*HV*：I 308）。

在《英国政府的历史》一书稍后一些的地方，米拉评论了这个过程，它的发生是通过“社会的改善……扩大了人类财产权的观念”（II 191 cf. Stuart *Diss*：119）。基本的认知心理学再一次帮我们理解了这个评论。财产权观念就像所有的观念一样，最初是具体的，然后逐渐发展成或变成抽象的。凯姆斯清楚地表明了这一点：“在民族走向成熟理解的过程中，抽象观念变得熟悉起来：财产权从拥有中抽离出来；在我们现在的观念已经确立了，缺乏拥有剥夺的不是人的财产权。”（*ELS*：229）这意味着在大多数成熟（即商业）社会，财产权的观念是最抽象的。它的存在形式是以（例如）那些依靠一系列信念的信用票据和汇

票。这反映了这种社会中生活的一般特征，但由于第 6 章是讨论苏格兰
人对商业的态度，那么在此之前我不会对这种抽象性做进一步的讨论。
99 在本章末尾，我会回来讨论洛克式的发展主义对这四阶段解释地位的影
响。我们现在必须考虑财产权上的变化是如何与其他制度上的变化互相
影响的。

5.3 等级

我们知道在社会的婴儿期，没有区别于拥有的财产权，而拥有自身是限定在占有或抓住某物上的。在《国富论》(702)中，斯密表明，在“狩猎民族”，“几乎没有任何财产权”[在《法学演讲集》中，他设想财产权“一开始”是限制在“一个人是什么，他的衣服以及他有必要拥有的工具”(*LJ*：20)]。他也把这个阶段刻划为经历着“普遍的贫穷”和“普遍的平等”(712)。无财产权、贫穷和平等这三个事实是相互关联的——缺乏私人财产权意味着不能发生大规模的交换，也没有富裕；反之，私人财产权的存在确保了不平等的建立。

虽然斯密说第一阶段存在着“普遍的平等”，但在同一个句子中，他清楚表明这并没有排除服从的全部依据。事实上，他界定了“自然引入服从”的四个“原因”或“环境”(711/712 cf. *LJ*：321)。其中在两个在狩猎时代运作。这两个是个人性质或属性。第一个原因是身体或心灵上的优势，第二个是年纪上的优势。斯密有效地忽视了身体上差异(即使身体上最弱的人仍然可以杀死最强壮的人——正如雅亿在希西拉睡觉时杀死了他)，而他也认为精神上差异是“不可见的”，因而是有争议的。这与第二个年纪原因不同，因为按照斯密的说法，年纪是“清楚且明显的性质，没有争议的”(“明显”这种性质在这个文本中出现了不只一次，它的存在可能与早期普遍存在的具体优先抽象有关)。

所有的苏格兰人都说在最初的年代，服从是建立在个人性质上的。米拉说，在渔猎的“未开化时期”(那时没有机会获得相当的财产)，不存在区分，除了那些出自“个人的心灵或身体的性质”之外(*OR*：247 cf. 204)。罗伯森宣布：“在那些财产权尚未建立的地方，唯一的区分是来自于‘个人性质’。”(*HAm*：827/828)他提到了“年纪”和“勇气”作为这种性质的例子，而凯姆斯提到的是“年纪”和“经验”(*SHM*：

I 414)，休谟说的是“勇猛、有力、正直或谨慎”(*E-OG*：39)，斯图亚特说的是“身体的有力和心灵的勇敢”(*VSE*：37)。就弗格森来说，他相信某种“服从模式”是遵照“一种自然订立的秩序”(*ECS*：63)，他最清楚的表达是在《文明社会史论》一段以阶段划分为主题的论述中[13]，他说那些“野蛮人”以渔猎为生，没有财产权，他们所经历的服从只是“出自年纪、天赋和秉性上的区别”(84 cf. 7)。遵循着孟德斯鸠的观点(cf. *SL*：290-291)，弗格森区分了野蛮人与“蛮夷”，后者拥 *100*
有财产权，并且“确定了永久而明显的服从的依据”(98)。这里所暗示的是，等级的区分优先于财产权的建立，这也是斯图亚特在他论述古代德国人所体现的公共美德时所强调的。(*Diss*：130)

不过，斯密另两个原因在财产权与服从之间建立了关键联系。第三个是“财富的优越”(*WN*：712-713)，这在畜牧时代特别明显。他主要的例子是鞑靼人的首领获得了最大程度的服从。这建立在首领拥有大量的牧群之上，由此他拥有大量的侍从。这些家臣完全依赖首领为生，所以他们“在战争中必须遵从他的命令，在平时必须服从他的管辖”。正如其暗示的，斯密这里指出了服从所必然涉及的(也是在第二阶段)是政府的出现。(见第5.4节)

斯密的第四个原因——出生的优越——加强了第三个原因，因为只有当财富不平等确立之后，第四个原因才有社会意义。(713)斯密做了这样的直接描述，即事实上所有的家庭在古代都是平等的，出生能作为一种优越的原因，只是意味着生在富裕家庭。既然如此，它意味着第四个原因必然不存在于第一阶段，因为那里财富是平等的，而且同样，游牧社会最大程度地体现了这种不平等。(714)回顾上一节的主题，值得注意的是游牧时代可能有了财产所有权，虽然这种所有权对于这一阶段逐渐增加的拥有上的不平等来说并不是必需的(cf. Horne 1990：115)。第一阶段的不平等受到了物理能力或自然力量的限制，而通过给牲畜打上记号却使得牧群数量(拥有的质量)超越了这种限制。

第三个和第四个原因合在一起起到了相当的作用，弗格森在评价“财富和出生的区分合起来”(*ECS*：100)让首领在战场上享有超凡的地位时，也做了同样的论断。在《道德情操论》对等级的讨论(见下文)中，斯密评论道，相比于智慧和美德这些不可见的因素来说，“等级的区分”更牢靠的基础是“出生和财富这种清楚和明显的区分”

（*TMS*：226）。因此鞑靼人的首领“是由于他的大量财富，以及依靠他为生的大量人，其尊崇是由于他出生的高贵，以及无法追忆的古代辉煌家谱，对他牧群或部落低下的牧羊人和牧马人有着自然权威”（*WN*：714）。

我们能够看出斯密这里所使用的“自然权威”（下文会谈论它本身的意义）指出了统治的有效基础不是物质依赖这种“原始”事实，相反，是一套关于统治的信念。休谟发展了这个论点。“神奇的是少数人如果轻易地统治了多数人，特别是（数量上的）力量永远都在后者那
101 里。所有的统治者（少数人）能依靠的只是‘看法’。”（*E-FPG*：32）休谟随后分析了“看法”，区分了“利益的看法”（建立在从政府获得的利益感）与“权利的看法”（这又细分成“权力的权利”与“财产的权利”）。（33）他认为后者的两个细分是已然既定的，他所举的前者的主要例子是与“古代政府”的依恋，因为“古代永远产生权利的看法”（见第 34 页）。

如果我们回到斯密对游牧社会的论述，我们能看到他是在暗地里重复休谟的这些论点。游牧社会的社会凝聚依赖的是习俗。我们在第 2 章看到，臣民在心灵中需要很长时间来建立这样一种秉性，以便把现状接受为合法的。在这里的上下文中，斯密评论道，因为游牧社会中财富没有别的出路，只能由仆从来保管（这个状况在商业社会得到了根本变化），所以它必然是集中的。其结果就是关系模式的延续，正是这种延续让习俗信念得以发展。斯密说，事实上“人更容易服从于那个他们祖先一直服从的家庭”（713）。米拉为这种推理链条提供了一个非常清楚的例子，“因此儿子继承了父亲的地位，也拥有了同样的等级……习惯的力量每天都在强化这一点，并且在一代传给下一代的过程中越来越强”（*OR*：250）。

有一个问题仍然未得到回答，鞑靼人的首领最初是如何成为首领的。就像从阶段之间的转变相对不那么理论化一样——它是偶然的事实——这个问题也没有得到详细的考虑。可以界定出三张备选方案。第一个是前面暗中提到的，即习惯原则所支持的军事才能。米拉遵循了休谟的观点（见 *E-OG*），假设了那些战争中的高手会引人注目，会被那些“习惯遵循他旗帜”的人所推举。（*OR*：247 cf. 254）如果这要成立的话，前提是在第一阶段地方上的战争是常见的，不过人们广泛认为这

种前提是可以接受的。（e. g. Hume *E-OG*：40，Ferguson *ECS*：101）由于进入畜牧阶段时领导权已经建立，头领将宣布所有权，并进一步加强他的权力。第二个方案是“产业”。正如狩猎社会中军事能力产生了首领一样，那些在获取牧群和畜群上表现出“杰出和超凡能力”的人也将变成最富的人和首领（Millar *OR*：250）。最后一个方案是运气。米拉只是把这个与第二个方案列在一起，而没有单独进行处理。弗格森也同样不愿不说；人“由于机遇达到了不平等的境况”，在他们意识到“服从是一种选择”时，这些“境况”已经牢固了。（*ECS*：237）

土地财产权的建立，以及第三阶段的出现，虽然有着很多深远的后果[例如城市的增长和爱国主义本身情感的出现（Kames *SHM*：I 465）]，但没对服从的根基进行任何改变；它只是巩固了。就像游牧时代首领拥有最大的牧群一样（因此有最多的侍从），农业社会的首领也 102
拥有最多的土地（因此也有最多的侍从）。（cf. Smith *WN*：717）同样关键的依赖关系以及其对习俗服从的基础地位，在两个时代都是适用的。商业社会中一个更深的特色是这种依赖性的阙失。由于交换的普遍存在——包括我们在土地上看到的——于是财产“得到了永恒的循环”，这“不再授予拥有者习惯性的尊重和关心，那种习惯是源自长期持续存在的贫富差距”[14]（Millar *HV*：IV 131/*HV*L：337）。

5.3.1　服从的社会心理

这种与生计相关的不断增长的依赖性看起来有些类似或预示了一种“经济的”或“唯物的”历史理论。[15] 如果这意味着人是由经济的自我利益而驱动的，那么很明显，苏格兰人没有这样的理论。[16] 他们的整个道德理论反对的是把自我利益看成是首要的（见第 7 章），他们对等级的讨论明显是其他情况。在这种讨论中，苏格兰人再一次地致力于提出一种符合经验的阐述，他们提出了一种有关信念的社会心理学。

斯密对这些信念提出了最完整的阐述，虽然休谟可能已经简述了其中最关键的原则。（cf. *THN*：365）社会性的核心要素是反应性互动（responsive interaction）。（见第 7 章对其基础理论的讨论）其中一个表现是，因为人对快乐有积极的反应，所以我们标榜富裕而隐藏贫穷。（*TMS*：50）由于这是“人类的情感”，所以斯密指出了“趋富避穷”的激励——简言之，是“虚荣心”而不是“淡定”在做动因。（50）富人为其财富而自豪，因为这“自然地”让他们受到“世界的关注”。（51）因此人们竞相仿效富人，“人类的秉性是满怀激情地趋向富裕和权力”，于是“等级区分和社会秩序得以建立”（52 cf. Ferguson *ECS*：237）。一般来讲，个人之所以有这样的“趋向”，不是因为任何“私人对利益的期待”，也不是因为任何“对服从之功效的考虑”，而是因为他们对上等人地位“优势的尊崇”（52 cf. Farguson *ECS*：237）。我们在第 5. 4 节会看到斯密用同样的理论来说明政治责任的有效基础。

米拉谈到了斯密的阐述，莱曼推测，《等级区分的来源》有可能最初是受到《道德情操论》相关章节的启发。（1960：167）尽管如此，米拉更多的是在关注给了支持与得到生计和保护之间的联系。（*OR*：250）在他后一本著作中，米拉重复了斯密的论点，虽然他再一次地在承认上等人受到的尊敬后，指出富人对穷人的权威“无疑主要是由于自私考虑的支持”（*HV*：IV 289/*HV*L：349）。在同一段中，米拉暗示了一个对这种等级区分的心理默许的批评，他评论道，当下等人丧失“他们对自
103 然能力的运用”，变得“陷入卑微和愚昧”之时，这种尊敬和敬畏可能达到更高的程度。斯密并不反对这样的批评论断，不过这最好是从他对中间等级的评论中来领会。

5.3.2 中间等级

在《道德情操论》概述等级起源理论的那一章中，斯密同时也评论了“年轻贵族”的环境。他问道，什么使得这个人“值得”拥有高于他同胞的优越性？斯密的回答是：这不是由于学问、勤劳、坚忍或克己这些美德的运用（53）；相反，这个人最高的兴趣是“在舞会上出风头”，他一想到要运用那些美德就“不寒而栗”（55–56）。接下来的一章［第六版增加的一章，有些评论者认为是非常重要的一章（cf. Dickey 1986，Dwyer 1987）］的开篇就公开指出了这种描述的含义：尊敬富人的秉性对建立和维持等级区分是必需的，“同时也是对我们腐化道德情操的最大、最普遍的原因”（61）。我们在弗格森那里找到非常相似的论点。他注意到：“当仅仅富人或大人物构成等级时，心灵就偏离了其应该依靠的性质。”（*ECS*：238 cf. 250，254）这些渴望得到的“性质”是能力和长处。（cf. 67）

这种对贵族伦理的批评（“年轻贵族”和“大人物”）伴随着对精英

制的支持，看起来是例证了资产阶级意识形态（见第8章）。斯密对中间等级的讨论进一步明显直接地支持了这种解释。在下一章中，我们将直接考察他是如何看待商业美德的（以及他对商业活动某些后果的批评），但现在最好考虑他的这个特定讨论。

由于贵族出身的人蔑视勤劳的美德，那么对斯密来说，这意味着所有政府的行政都由那些“中等和下等出身而受教育的人”来执行。这些人“通过自己的勤劳和能力”在世界上取得了进展（*TMS*：56）。斯密通过他以下的评论进一步认可了这种精英制，即“出身中等和下等”的人的能力一般会得到相应成就的奖赏——“幸运地在大多数情况下”取得与之对应的美德和财富。（63）他们的诚实和守法产生了一种“大多数人”遵守的美德规范环境。（63）虽然这里没有公开这样说，但清楚地暗示了商业社会中获得了这种幸运的状况，在《国富论》中他说后联合时代的苏格兰，“中等和下等”人从以前贵族制的压制中获得了“完全的解救”（944）。

值得注意的是，在所有这些谈论中，斯密总是把“中等”和“下等”放在一起的。休谟也对中间等级做了类似公开的认可，虽然没有把“下等”包括在内。相比于“未开化、不文明的民族”（他这里指的是 *104*
第三个农耕阶段，其特色是“小暴君”贵族的统治），在商业社会我们发现“中间等级的人是公共自由最好和最稳定的基础”（*E-RA*：277）。同一现象的另一个证明是盎格鲁撒克逊人“真正自由”与“中间等级”的双重阙失（*HE*：I 115，116）。像亚里士多德的对阶层的阐述（cf. Politics：1295b）一样，他们既不是贫穷到要屈服于卑微的依赖，也不是富裕到要去欺压别人——相反，他们“渴望平等的法律来保障他们的财产权”（*E-RA*：278）。凯姆斯提出了同样的“经典”论点，“中等财富的绅士”（或“中间等级”）是“真正自由精神”的所在，因为他们既憎恶“为上等人服务”，也同样憎恶“欺压下等人”（*SHM*：II 531）。邓巴也看出，“中等出生的人”不仅拥有道德和智力上的禀赋，而且他们没有上等人那么腐败。（*EHM*：436）除了这些传统的常识看法外，还有另一个既定习语表达了有些不同的社会学信息。这里的关键是“中间权力”的概念，它在君主和人民之见起着缓冲的作用。在法国，这与孟德斯鸠和高贵之人（cf. Ford 1965）有关，这表明，贵族制可以看成是执行了这种角色。在英国政治中，土地绅士偶然也有同样的作用，

（例如）休谟把这种“中间权力”的消除看成是通向专制的必然之路。（*E-PC*：358）

这些不同习语的存在，使得人们谨慎地不去建立一种过于固定的对中间等级的解释。[17] 当然，把它们解读成资产阶级意识形态的表达不是一件简单的事情，假如解释本身过于复杂的话。我在第 8 章将考虑这种解释以及其他的一些情况。

5.4　政府和权威

我前面已经提到了一些这一节要讨论的议题。第一个是等级阐述与财产权之间的紧密关联。政府与服从之间有着密切的联系，因为统治者与被统治者之间的等级关系被假定为是“政府”含义的一部分（cf. Millar *HV*：IV 293/*HV*L：350）。之所以对这种与财产权的联系有兴趣是因为它让苏格兰人重新遭遇到了洛克。

洛克规范理论（文明政府的“真实目的”）的核心策略是追溯政府的起源。正如我们在第 2 章看到的，苏格兰人对契约论批评的关键之处是割裂起源与合法性之间的关联。如果政府不是起源于契约，那么它是在何处以及如何开始的？休谟提供了最一般的回答。就像我们在上一节所指出的，他阐述了最早的社会“长期”处在战争状态，那时最强和最谨慎的人获得了首领的地位。（*E-OG*：40）人们“习惯了”服从，开始在和平时期也接受首领的任意决定。这是政府之开始的原
105 因和不完美方式，它是一种意外后果；它不是为预见到种种不便之处而作出的补救（39）。

其他人也追寻着同样的轨迹。凯姆斯和弗格森都认为政府的出现是这样的“原因和不完美”方式，其例证是政府是逐渐产生的，其维系只是“在官员和臣民犯了多次错误”（Ferguson *ECS*：63）或者人民经受“邪恶政府”的苦难（Kames *SHM*：I 414）之后。米拉紧紧地遵循了休谟。未开化社会的头领最初是军队的领导，后来转为平息内部的争端（*OR*：254/255 cf. *HV*：I 233/234）。这种外部事物优先于内部事物的一个主要理由［凯姆斯（*HLT*：39，306）和弗格森（*ECS*：100）也赞同］，即最初内部纷争有望私下解决——人们认可复仇原则。斯图亚特指出，多数人放弃了复仇的权利，将其交给首领。（*VSE*：37 cf. *Diss*：

90）罗伯森也强调了这一点，他在作品中几次提到了它。（见 *HAm*：828，*VSE*：322，*HSc*：97）米拉也加入进来，他把这个过程归因为“政府的过程”（*HV*：I 192，198），并同时重申了它与财产分配的关联（I 127）。

这种模式同样是洛克在他正式阐述自然状态的种种不便中所追寻的。执行自然法的自然权利（惩罚的权利）是主要的“不便”之一，因为“有私心的”人容易过度惩罚。（见 *Second Treatise*：§8）这背后是财产（人与物）的争端，所以洛克能够说政府的目标或目的是保全财产权（§94，95，138）。洛克与苏格兰人之间区别的一个明显例证就是斯密如何（特别地）解释了同一“目标”的出现。

我们回忆一下第 5. 3 节，社会不平等出现在第二阶段，这建立起了依赖关系。斯密那时说这也“由此引入了某种程度的……文明政府”（*WN*：715）。这里提到的“文明”政府不仅强调了传统的洛克式的关联，而且在这样做的时候也把私人 / 家庭统治当成是理所当然的。凯姆斯也公开承认了这一点，“在人类第一个状态，即渔猎状态，明显没有政府的位置，除了那些家庭首领对孩童和家庭用品的统治之外”（*HLT*：56n. ）。

在斯密的阐述中，文明政府的引入是富人出于自我利益的举动。他们需要政府来保持“事情的秩序，唯此才能确保他们自我利益的拥有”。那些下等人的财富也随之确保了，因为他们依赖他们的上等人保护他们。结果是“就保障财产的安全说，文明政府的建立，实际就是保护富者来抵抗贫者，或者说，保护有产者来抵抗无产者”（*WN*：715）。《法 106
学演讲集》中做了同样的论断，斯密在那里直率地说畜牧时代的财产权使得政府“绝对必需”，不得不这样做否则穷人会攻击富人。（*LJ*：208）

这个论点要注意三点：第一，它主张要做描述性的阐述，要判断它是“真实”的。这个主张背后的意图是不相信洛克式规约主义描述的说服力，因为它背离了“实际发生”的事（cf. Hume *E-OC*：487）。第二，它在政府与社会不平等之间建立了历史上很强的联系，并把前者归因为占支配地位的自我利益的理性，而不是某种（理想的）对公共利益的关注。[18] 第三，它建立了一种标志。这是对第二阶段事情如何成立的描述，也对第三阶段有效。不过，当这些与第四阶段的通行的环境——正规政府与正义不偏不倚的管理——相悖时，那么可以看出明显的改善。

5.4.1　责任与革命

洛克理论的核心是责任理论。它提出了一些原则标准来决定什么时候统治者有资格让人服从，同样地，什么时候市民有资格不服从。就像我们期待的，苏格兰人对责任提出了一种自然主义的而不是公开规范性的阐释。斯密简洁地对比了这些阐释。“国王是人民的仆从，如果公共利益需要的话，服从他们、抵制他们、废黜他们或惩罚他们”，这种观念“合乎理性和哲学的原则”，但他加上了一句，这种规范主义洛克式的立场不是“自然的学说”。相反，出于自身目的而服从国王才是自然的，“在他们崇高的地位面前战慄不已并屈从他们”（*TMS*：53）。当发生抵制时，为了克服这种“习惯性的顺从”，必须激起“大多数人”最深的恐惧、憎恶和愤恨。（53）但这种顺从的根基是如此之深，以至于它很快又重建了自身（就像英国历史所证实的那样）。

斯密在其他地方界定了效忠的两个原则（*LJ*：318）。第一个是权威原则。通常，尊重既定权威是一种自然秉性。它适用于年轻人对老年人的尊重，孩童对父母的尊重，或国民对他们政府的尊重。第二个原则是效用或公共利益。个体支持他们的官员是因为这些人是他们安全（和正义以及和平）的保障。（*LJ*：402）因为从这种安全中衍生出公益或公共效用，那么特殊个体倾向于容忍他们自己私人效用的一些损失。还因为国民是“生于和长于官员的权威之下”，那么习俗的力量意味着官员的规则得到了接受［“习俗让每件事看起来都是正当的”（*LJ*：322）；见第35页］，而且这种稳定性有益于这种安全。看起来这种有力的推导可以让斯密宣称“权威的原则的基础是效用原则”（*LJ*：322）。

米拉采用了同样的术语。他重述了斯密有关权威的整体论点，也
107 恰当地强调了习惯的力量［我们行动最大的控制者和统治者（*HV*：IV 291/*HVL*：349）］。他也把政府的“一般效用”看成是那些吸引了个人去“放弃私人利益，抑制他们相反的和不协调的激情”的首要原则。（293/350）米拉看起来不仅让效用承担了支持作用，而且给予其关键作用。这可以从他对爱尔兰历史的处理中看出来。他首先反对假设单纯的沉默就是赞成。他用一般术语来表达这个观点，“在每个未开化的民族”那些有权威的人可能不受惩罚地“任意专断”（*HV*：IV 56）。不过，长期的习俗不能让制裁措施与“社会的多数利益”相违背。在爱尔兰的情况中，这意味着他们通过“声称他们的自然权利”的正当性来对抗英国

人压迫的统治（60）。

这最后一个短语需要做些解释。[19] 实际所用的术语不应该过分强调。在一个非常相似的语境中，米拉谈到国民的正当性在于联合起来“捍卫他们的特权”，而不仅仅是诉诸他们的“基本权利”（*HV*：IV 261）。比术语更重要的是，米拉这里没有与他对契约论及其个人主义预设的批评相矛盾。他谨慎地指出了盎格鲁—爱尔兰的关系议题不是由“抽象的推理”决定的，相反，它是普遍社会进步的影响的另一个例子。英国人发现他们不能把爱尔兰人阻挡在“自由精神之外，那种精神的例子就是英国人的宪法以及商业和制造业的普遍提升”（IV 60）。事实上，他在该文讨论权威和效用的时候，指出那些先于社会的自然权利即使没有丧失，也被社会生活修改了（例如放弃复仇的权利）[20]。（*HV*：IV 294/*HVL*：350/351）这读起来像伯克 [21]，但正如我们看到的，米拉在下面这一点上是清楚的（也许比他的同胞更清楚），即单纯的长久性或“传统”也要受到“公共利益”的评估。

这些对效忠的根据的理论关注从来不是“纯”理论的，它们有着实践上的共鸣。也许在这一点上最清楚的例子是有权利去抵制的原则。这在法理学 / 自然法传统中得到了良好的建立，并且正如我们上面注意到的，是洛克《政府论下篇》的核心。[22] 苏格兰人对这个议题特别敏感。就像我们在第 1 章简述的，他们希望自己被看成是英国人，这意味着他们强调汉诺威王室的合法性，让他们自己与詹姆斯党人相去甚远。（第 6 章我们将在讨论苏格兰民兵时看到这种敏感性的一个重要方面）休谟早期的《道德、政治和文学论文集》展现了他的这种特性，就像邓肯·福布斯说的：“要给予既定政体、革命协定、汉诺威王室继承权所没有的可敬的知识基础。”（1975：91 cf. 94）不过，我希望这种共鸣是由美国革命所产生的。

一般来说，苏格兰的文人们不愿意面对美国革命。凯姆斯用这个冲突来继续批评洛克，就像洛克用“无代表不纳税”的观点反抗英国政府一样。对于这个观点，凯姆斯的回答是，责任（因此纳税的义务）是 108
来自于保护（*SHM*：I 492–493）。[23] 弗格森受政府委托，写了一本小册子去直接回应理查德·普莱斯（Richard Price）的《论公民自由的性质》（*Observations on the Nature of Civil Liberty*），并且在 1778 年作为和平委员会的一员访问了费城（Fagg 1995：li–iv）。弗格森的《对普莱斯先生最近出版的小册子的评价》(*Remarks on a Pamphlet lately published by Dr. Price*，1776）抓住了普莱斯的洛克式的公民自由观（cf. Laboucheix 1970：132，Thomas 1977：156）。对普莱斯来说，自由起源于人民，由公民社会自我统治的权力构成（*Observations in Political Writings*，1991：22）。在美国的语境中，这意味着英国政府尽力在剥夺美国人的自由——“他们自然的不可分割的权利”（21）。按照弗格森的说法，这种观念是与“文明政府的伟大目的”即安全不一致的（*Remarks*：3）。于是他把安全粉饰成权利的拥有，同时要阻止侵害他人的权利。（5）谢尔判断这本小册子与弗格森其他的作品是一致的，并提到了对权利的法学定义作为证据。（1985：267）我们在第6章会看到弗格森《文明社会史论》中的“权利”观以及“权利”与自由的关系并没有他所粉饰的那么清晰。

在小册子中，弗格森评论道：尽管美国人谈的都是权利，但实际上冲突是在税收与财产权之间的。（*Remarks*：28）米拉做了类似的揭露。他讥讽地提到，“奇怪的景观”是那些人如此大声地谈论自由和不可分割的权利，却“毫不犹豫地”剥夺他们大多数同胞“几乎所有的权利”（*OR*：321）。就纳税而言，弗格森采用了一个守法主义的思路——除非美国正式脱离大英帝国，否则他们有责任作出贡献（*Remarks*：31）。代表权的议题是无关紧要的，关键是谁被选上了，而不是谁能够选举。（13）两个阿伯丁教授 / 神学家提出了类似的论点，他们为这场冲突做了布道。坎贝尔布道的语境是“不要插手那些正在发生变化的事”。他并不否认合法抵抗的可能性，但这只能是一种必要的恶（*The Nature, Extent and Importance of the Duty of Allegiance*，1776：6，13）。坎贝尔把“自然的”和“不可分割的”这些词排斥为无意义的（35），同时他宣称，人民的权利就像官员的权利一样，是真实的和有价值的（15）。不过，政府的目的是公共效用（13）。像弗格森一样，坎贝尔公开批评普莱斯的自由是自我统治的观念（25），他也和他的阿伯丁同伴亚历山大·杰拉德一样，认为这种自由观等于是无政府主义（*Liberty the Cloke of Maliciousness*，1778：8）。杰拉德也把美国人解释成不想为帝国的维系作出任何财政上的贡献——一种与“正义最明显原则相反的”欲望。（12）他也不同情美国人的抗税，因为他宣称，税收侵害了自由只是由于它过度或不平等，而不是由于它的征收没有得到同意。（10）

弗格森、坎贝尔和杰拉德都不仅肯定了政府政策的廉洁，而且还称颂了这个体系和宪法。虽然没有贬低这个体系，但邓巴提出了对其政 109
策更具批判性的观点。邓巴并不是美国人的辩护者，在（反对苏格兰教会的福音派的）文人中（cf. Fagerstorm 1954），他是最明显反对战争的人之一。[24] 例如，相比于弗格森和其他人对普莱斯的公开攻击，邓巴指出，普莱斯“正确地”把殖民地政府归为那些值得标明是暴政政府之列。（*EHM*：292）

邓巴不仅在自己的著作中加入了他对战争的看法，而且写了一本小册子直接评论这场冲突。[25] 这本小册子是献给卡姆登（Camden）的，邓巴在另一本书中也暗示地对他大加赞扬（*EHM*：435），卡姆登确实认为没有代表权而纳税是抢劫（cf. Beloff 1960：19-24）。邓巴公开批评英国的高压和错误的盘算（292，313），虽然他希望仍然可能存在某种相互可接受的和解（283）。他论点的一个主题是采用流行的家庭比喻来坚称，要“正确理解”殖民地与“古代国家”之间的关系，即平等并不适用于母女之间。（281）英国人和美国人享有共同的文化，双方应该妥协，真正的自由是位于谦卑的服从与骄傲的支配的中间位置。（*Oratio*：20）

在他论证的过程中，邓巴谈到了斯密。斯密在《国富论》中用了很长的篇幅来讨论英国的殖民地政策；事实上布莱尔发现，对美国的讨论使得那本书看起来“太像是为那一时刻而出版的”（*Corr*：188）。斯密推测，如果英国放弃殖民地的统治，而与它们进行自由贸易，那么所有各方都会获益，但他很好地意识到“利益”比不上自尊心那么有说服力，更重要的是，这样一种对权力的放弃是“永远与[一个民族]政府方面的私人利益相违背的”（*WN*：616-617）。尽管他讨论的范围有针对性，但斯密的观点应该根据他整个的经济论点来理解，而不是看成是他对政府的历史阐释或他对责任原则阐释的延续。（cf. Skinner 1976）

5.5 生活方式与妇女

按照凯姆斯的观点，“生活方式”表现了一种“行为模式”（*SHM*：I 181）。因为它们依赖的是一种“无穷变化的环境”，所以它们“对法律来说太复杂了”，它们“主要依赖社会的福祉”（*Loose Hints upon Education*：21）。凯姆斯在这个题目下，包括了衣着、语言和习俗，但他也写了一个单独的概述来讨论妇女这个主题。我想按照他的例子，并在生活方式的名目下讨论这个主题（以及相关的婚姻和家庭议题）。

虽然爱丁堡的医生威廉·亚历山大（William Alexander）写了两大册的《妇女史》（*History of Women*）[26]，但范围最广的阐释是由米拉提供的。他在《等级区分的来源》的第1章，也是最长的一章，关注的是"妇女在不同时代的等级和境况"。就像标题所显示的，米拉也是最
110 明显把这个话题按照阶段划分主题来处理的作者（斯密在国内法的语境中也很好地做了类似的工作——这是对米拉的启发——但我们的记录并不完整[27]）。在最不开化的渔猎时代，缺乏闲暇和财产，没有什么可以"打断两性之间的自由交媾"（*OR*：183）。性交是为了生殖，很少注意以前的依恋。不过，"某种婚姻"与对后代的关心成了一种合二为一的任务（184/185）。邓巴采用了一种不同（准卢梭式的）的周期划分（见第2章），认为这不是理所当然的，因为最早的年代不仅有父亲的影响，而且还有母亲的影响，所以是可以质疑的（*EHM*：19）。在米拉的阐述中，纽带通过时间的确凝固成了婚姻，但他将这归之为便利，而不是一个男人喜欢一个特定的女人。他从那些环境推出，那一时代的"生活方式""肯定极为贬低妇女的等级和尊严"（*OR*：192）。没有足够的体力参加战争，妇女不得不从事"所有下等的家务活"，由于这些活不受尊重，所以"家庭中的妇女被看成是男人的仆人或奴隶"（192）。

罗伯森从美洲印第安人那里得出了同样的图景（米拉的资料来源更广）。对罗伯森来说，妇女的境况是"羞辱性的低"；妻子"只是注定要承担各种苦活累活的牲畜"，所以她的境况以及妇女的一般境况是"屈辱和可悲的"（*HAm*：822）。这种屈辱的一个标志是妇女是可以买卖的。罗伯森引了凯姆斯作为支持的论据（*SHM*：I 303f.），米拉也早已指出，由于妇女比奴隶强不了多少，那么妇女可以进行交易就是"自然的"（*OR*：195 cf. *HV*：I 54）。休谟的论证也相似（并且耸人听闻）。在野蛮民族，男人显示自己的优越性是通过"把他们的女人变成最卑劣的奴隶；囚禁她们，鞭打她们，出售她们，杀死她们"（*E-AS*：133）。斯图亚特是这种共识的一个例外。他公开批驳罗伯森、凯姆斯和米拉，宣称在财产权出现之前，妇女并不是处在一种卑劣的奴役状态（*VSE*：

11）。他猜测在社会的每个时期（不排除“广泛财产权”的知识之前的时期），存在着一些柔情，而且男性心中“对女性吸引力不可能无动于衷”（12）。

斯图亚特在讨论一夫多妻制时，也表明了他相信的是一个相反的立场。凯姆斯把一夫多妻制归结为两个来源——野蛮的生活方式与温暖气候下的纵欲淫乐（*SHM*：I 302）。就前者而言，一夫多妻制是妇女地位低下和可以买卖的必然结果。斯图亚特提出了异议。他宣称，一夫多妻制在简单生活方式时代是陌生的（*VSE*：20）。凯姆斯的第二个原因也是米拉的看法，后者把一夫多妻制看成是本身属于纵欲淫乐的东方民族的，那里的气候使得生活更容易（只有少数人才能实行富裕的生活）。（*OR*：225 cf. Ferguson *ECS*：139，Hume *E-PD*：183–184）野蛮（欧洲）民族有这种做法只是为了补充人口的暂时权宜之计（*OR*：226n.），邓巴也同样有这种观点（*EHM*：50）。

米拉与斯图亚特在这里争论如何正确解释塔西佗和恺撒。前者（特 111
别）是斯图亚特的主要权威。这就让人不会惊讶于他的基本谋划是把欧洲制度追溯到那些德国部落中去了。斯图亚特也有其他的资料来源，（通常）最突出的是拉菲托和夏利华对美洲印第安人的著作，他引用所有这些事为了进一步论证他的妇女早期社会地位较高的观点。他证据的一部分是他指出妇女参与了公共集会（*VSE*：15）。米拉解释了这个情况，他明显认为这是野蛮生活方式整体宗旨的一个例外，远不是普遍的（*OR*：199），他的方式是指出母亲对孩子有权威是在婚姻建立多久之前的事了（199）。（在这个语境中，米拉引用了莱德隆群岛的例子——第 4 章提到过——在那里妻子是绝对的女主人）女性参与公共事务因此是那种权威的衍生物（他猜测，其可能来源是亚马逊神话）。（202）弗格森利用同样的来源做了评论，妇女的家庭角色和母系氏族的规则反而是她从属地位的标志，因为这只是显示了男性战士不能受到干扰。（*ECS*：83）邓巴公开承认了这个论点，并做了一些让步，但评价道，这种地位证明了从早期状态以来情况有了改善。（*EHM*：54）

对米拉来说，尽管有母系氏族的例外，游牧阶段的发展产生了妇女地位和待遇上的变化，这也是“这一阶段和人们生活方式非常重要的变化”（*OR*：203）的一个必不可少的组成部分。更多的闲暇、财产权的出现以及等级区分打断了两性之间的沟通（205 cf. *HV*：I 120）。第三阶段再次加强了这种效果。农耕增加了便利，也扩展了纠纷和嫉妒的原因。这些发展的一个重要后果是认识到了贞操的美德。斯密评论道，在那些未开化和不文明的生活方式中，没有嫉妒这样的事情（*LJ*：439），对米拉来说，在最初时代，违背“贞操法则”不是妇女的污点（*OR*：187）。但在后来的阶段，当“爱成为激情”而不是“感官欲望”时，“自然地认为那些不被各种愉悦所驱散的感情是最纯粹和最强烈的”（204）。米拉没有讲清楚这种联系，而斯密和凯姆斯更坦率一些。对斯密来说，嫉妒只能发生在那些“出现了爱的微妙情感”的地方（*LJ*：439），对凯姆斯来说，这与尊敬的提高有关，因为丈夫变得嫉妒只是在他从“妻子对他的依恋得到了快乐”的“感觉成熟”的时候（*SHM*：I 328）。凯姆斯特别喜欢用“成熟”这种生物形象化的比喻，他在别处类似的说法是，“法律随着人的能力逐渐成熟，通过洞察力的成熟和情感的微妙，很多以前忽视的义务现在建立在良心的约束上”（*Principles of Equity*：I 8 cf. *SHM*：II 523，Dunbar *EHM*：24）。根据第5.2节中的论证，这可以被看成暗示了，从“感官欲望”到“爱”，或从“原始”到“微
112 妙”这种整体变化是进一步体现了从直接具体到越来越抽象和精细观念的转变。

尽管在尊重上有了这些提高，但关系并非对等。存在着“双重标准”：妻子的通奸比起丈夫的通奸来说是更加严重的罪行。（Kames *SHM*：II 283 cf. Beattie *Elements of Moral Science*：II 136）女性不仅自然地（对凯姆斯和比蒂两人来说这是神意的公然安排）享受着“过人的谦恭”，而且她容易通过“背叛她的丈夫，养育和教育那些不是他自己的小孩”的方式，从而把“欺骗带入家中”（Kames *SHM*：II 324）。斯密提到了后一个论点［米拉也提到了（*OR*：188）］，但他认为关键在于偏爱的“疏远”，而不是欺骗。（*LJ*：438/439）

斯密没有否认贞操美德在决定法律继承权上的效用，而这是休谟的关注点，他更正式地阐释了这种美德的来源。休谟清楚地提出了一个先验论证，即男人干活去养育他们的小孩是**因为**他们相信这“真是他们自己的孩子”。为了让他们有效地相信，“必须”要给他们“某种特殊的保证”（*THN*：571）。在实际中，男人“自然地不赞成”妇女的不忠，因为他们在妇女的忠贞上抱有利益。通过羞耻来约束妇女，这种利益自身得到了更有效地加深——通过“生活方式”而不是法律上丈夫统治权利

的认可（cf. Baier 1988：774，1983：38）[28]。妇女是通过教育（“控制了她们驯顺的心灵”）把贞操作为美德的（572）。休谟不像凯姆斯（cf. *PMPR*：145），因此贞操是人为的美德，而不是自然的美德。像正义那些人为美德一样，它是通过规则或习惯来约束“原初的倾向”。这种约束是“社会的利益”。不过，虽然妇女从丈夫帮助照顾后代中受益，男人从他们关心的后代更大的（虽然不是绝对的）确定性中受益，但很明显，这对两性之间不是平等的。虽然他宣称，男人完全放纵地沉湎于“性爱愉悦的欲望”是“与文明社会的利益相悖的”，但男性贞操的责任比女性要弱一些。（cf. *EPM*：207）这是休谟版本的“双重标准”[29]，一种“各个民族各个时代的实践和情感”证实了的事态。（*THN*：573）

当然，在这种普遍主义之下，休谟认为理所当然的是妇女受到不忠的强烈诱惑（虽然是在强调妇女的情况，但人的倾向就是喜近恶远）。米拉做了同样的假设，他注意到正派和端庄的规则对妇女来说是“特别不可缺少的”，因为“基于明显的理由她们需要最大程度的矜持和得体”（*OR*：190 cf. Kames *SHM*：I 289）。这后面是男性污蔑的长期传统。女性在德尔图良（Tertullian）那声名狼藉的短语中是“邪恶之门”。女性同时也是软弱的，因此不能抵制她们的激情（因此她们比男性要更接近动物 / 自然），而她们的强大在于她们可以诱惑男性离开坚定的义务（夏娃劝说亚当吃了苹果）。女性与奢侈有着特别强的关联，这一点我们 113
很快会看到（我们在第 6 章中会更充分地讨论）。

历史上，贞操的各种法则在欧洲中世纪（第三个阶段）达到了顶峰，那时它们是以骑士风度、骑士精神的名义和浪漫爱情的惯例来约束的（Millar *OR*：210-214 cf. Roberson *VPE*：329）。妇女被有效地放置在神台之上，而她们也相应学会了“矜持甚至虚弱”（Stuart *VSE*：33）。不过，随着进一步的发展（以及第四阶段的逐渐转向），妇女第一次开始因她们的“有用或宜人天赋”得到了重视，妻子也开始享受朋友和伴侣的地位而不是作为奴隶或玩偶（Millar *OR*：219）。后来，妇女得到了殷勤，更多的是因为她们的“宜人特性”而不是实践技能，随着社会的文明化，她们的导向是“以礼貌修养来区分自己，并激发她们天生的特殊情感和激情”（224）。休谟也评论道，在精致时代，两性之间的相会是以更平和的社会化方式（*E-RA*：271）；事实上，不可能有“比陪伴美德女性更好的礼仪学校了”（*E-AS*：134）。在其他地方他走得更远。他宣称，女性自己有能力通过“曲意逢迎”和“迷人魅力”来打破原来建立在身体力量上的男性暴政，来分享“男性的所有社会权利和特权”（*EPM*：191）。

不过，休谟的论证有着时间维度，它是整个文明化历史的一部分，而且他没有对这种变化的“四阶段”生活方式提出系统的阐释（也见 *E-PD*）。虽然米拉在他的阐释中毫无疑问地把第四个阶段看成是妇女地位的巨大改善，他也不过是表达了某些传统的警告（cf. Ignatieff：1983）。他指出富裕和奢侈是如何产生“放纵和放荡的生活方式”的（*OR*：225 cf. Beattie *Dissertations Moral*，*Critical and Literary*：579）。由于恰当的矜持正在消失，那么这些会削弱妇女的等级和尊严。第一阶段的自由交媾以一种相反的方式重现了，虽然现在是在良好秩序下的有害后果。凯姆斯花了很大篇幅来详细说明这些后果，他用了罗马的衰亡的标准解释来加以论述（*SHM*：I 330）。米拉也克制不住地引用了贺拉斯和尤维纳利斯的讽刺诗集，他相信现在欧洲（特别是法国和意大利）正在展示同样的特征。凯姆斯一贯是直率的——国家是通过征服来扩张，商业是因奢侈而衰败，“贞操变得只是一个名词而已”（338）。甚至休谟也注意到了在文明时代，放荡之爱更加频繁（*E-RA*：272）。商业时代既是一种提升，也有着不少缺陷，这是下一章的主题。

5.6 结论

114 苏格兰人提出的社会史是在解释社会制度的发展。随着时间，制度不是不变的，但通过把发展作为他们主要的组织原则，苏格兰人消除了多样性带给庸俗之人的“惊奇”。这种发展的根基在于人性。以人类官能的自然史的面貌给予了进步性的形式原则以确定的形态——“人与其他动物最显著的区别之一是他有神奇的能力去改善他天赋的官能”（Millar *OR*：218）。

按照广义的洛克式体系，个人和社会是从具体直接的世界发展到了抽象关系的世界。其出发点是人类对生存的关注所得到的重要性。就像罗伯森说的以及米拉在一些地方同样指出的，这种关注是对首要（也就是，“直接”）对象的关注。这不等于是“唯一的对象”。随着发展，对象的范围和数量都增加了（没有消除“首要”），不仅包括优良的技艺、科学和哲学，也包括人类关系上的日常生活的高品质以及更高标准的事物、住所和衣物。

在这种背景下，“四阶段”是一种启发式的功能。它是一种工具，以界定社会制度中某些连贯性。它本身不解释社会制度。苏格兰人没有在任何地方说过生存模式是社会制度所采取的形式的**原因**。相反，它是一种设置，以突出了财产权所起的作用，因为是财产权的组织方式构成了这种连贯性。财产权起到了这种作用是因为它的“组织化”不得不要求了所有权是如何界定和维持的，相应地也就与法律和权力的正式（政府）和非正式（生活方式）功能密不可分。

苏格兰在这里做的——以及为什么很多评论者都印象深刻的（见第8章）——不仅是把社会理解成一个联结的整体，而且也用一种整体的方式来领会它的变化。当然，随着他们的这种把财产权看成是关键之处的做法也有诸如哈灵顿（Harrington）之类的先行者，但在他们把财产权看成是社会制度而不是政治制度的论述中，表明了苏格兰人是**社会**理论家。

他们理论的独特之处也是他们洛克主义的另一面。这就是他们的“决定论”，它有两种方式：第一，就像洛克著名的白板说所显示的，经验论学说使之成为一种决定论图景和语言的过程——我们只是接收到了感觉的输入，因为没有天赋观念，那么我们每个人都是环境的产物。[30] 当米拉评论：“人的秉性和行为容易受到他所处环境的影响，受到他特殊教育和生活习惯的影响，很少人会改变这一点。”（*HV*：IV 174/ *HV*L：383）那时他阐明了这个一般原则。“教育和习惯”以及社会化过程的影响是道德原因的核心。我们回忆一下第4章，这些原因是所有在我们脑海中起着动机或理由作用的情况，它使得我们习惯于一套特殊的生活方式。（*E-NC*：198；见第82页）我们可以把这种“使得”称为“温和决定论”。

这种“决定论”把孩童/动物进行类比，这是他们洛克主义的第二 115
个贡献。虽然没有天赋**观念**，但有着先天的“原则”和“力量”，这些体现在一种决定的或结构的方式中。因此，引用米拉的话，它是“需要以及需要所必备的能力的相似性在人类进步的一些步骤上在各个地方都产生了显著的一致性”（*OR*：176）。在“社会的婴儿期”，也就是狩猎—采集时期，人类“**肯定**把注意力集中在少量对象上”（176；黑体是我加的）。或者像罗伯森说的，野蛮人的理解范围“**肯定**是非常有限的”，使用的“只是感觉到的事物”。（*HAm*：819；黑体是我加的）当“改善的种子”“变得成熟”时，“那些神奇的力量和能力”将“导致技艺或科学上最华丽的发现，以及审美和生活方式上最高贵的优雅”（Millar *OR*：198）。（回忆一下凯姆斯对“成熟”一词的喜爱）

正是信奉这种改善之确定过程，才支持了那种从（用米拉的话）“愚昧到知识，从未开化到文明的生活方式”的“自然历史”或“自然进步”观念（*OR*：176）。这里的“自然”是说由自然原因产生的，而不是说在任何特定情况下最符合事实的。（cf. Dugald Stewart *EPS*：293–296，以及第3章）所有的制度都容易受到自然历史的影响——宗教、审美和科学，就像爱默生指出的那样。（1984：82）当然，以上三点还要加上四个阶段的主题——财产权、法律、政府、等级和生活方式。因为四阶段理论是自然历史，所以这种进步肯定是一致发生的就不是虚假的了——就像我们在第4章看到的，气候条件有影响，斯密指出了一些北美民族是如何耕作土地的，“即使他们没有看守牧群的观念”（*LJ*：459）。这不是说，这些阶段是分离的社会组织模式，例如弗格森清楚地说美洲的野蛮人在狩猎的同时进行着“某种原始农耕”（*ECS*：82）。也不是在说，经由这些阶段的进步是不可逆转的，最明显希腊城邦和罗马共和国是“文明的”，但继之而起的是野蛮的游牧民族。

最后一点对商业来说有着特别影响。虽然雅典是文明的商业城市，在最早的时代就进行了货物交易，但那时商业没有构成一个独立的阶段。为什么应该是这样，它的独特之处是什么，这些问题将在第6章回答。

注释

[1] “*Rev. Dr. Folliott*：祈祷吧，麦克奎迪先生，你们国家的绅士们用‘社会的婴儿期’来形容一切的开始，它到底是怎么样的呢？”引自《科罗切特岛》（*Crotchet Castle*）。Forbes（1954）和 Höpfl（1978）都引用了这一点。

[2] 米拉的排列是“猎人和渔夫或仅仅野蛮人”、“牧人”、“农夫”和“商业民
116 族”，引自 Meek（1976：166）。这个引用出自1787年的版本，但在另两个现存版本中也重复出现了（1789年版和1790年版）。这三个版本在格拉

斯哥大学图书馆都有。

[3] 斯坦（Stein，1988）指出，对四阶段的清晰表述相当少，虽然他说凯姆斯在《历史上的法》中是“第一个公开如此宣称”（405）的，但只能在多年以后的《人类历史概论》（II 92）中找到对四阶段的清晰论述。四阶段的公开描述之所以常常阙失，一个解释是商业不是那么明显的主要模式，一个人只能交换得到那些以前抓到、种植或耕种得来的东西。（cf. Hont 1987：254）也见第 6 章。

[4] 就在这段话之前，罗伯森写道：“因此这些观念看起来对处在野蛮状态的人是自然的，由于它们是必然来自当时人的环境和境况，也就影响了家庭生活的两个主要关系。”（HAm：823）注意，这是确实起到了“影响”的“观念”。

[5] 占有在格劳秀斯那里的重要性，见 Buckle（1991：13–15）。对这一用语的错误领会，因而也是对斯密的误解，见 Werhane（1991：69）。

[6] 除了哈奇森（见 *SIMP*：156）和奥格尔维［Ogilvie，见他的《论土地财产权》（*Essay on Property in Land*）］，他更接近洛克式的自然法理论，“劳动”在苏格兰人的理论中没有任何特殊的地位，事实上，它因其过于限制得到了公开地批评（见 Hume *THN*：505n.），甚至哈奇森（*PWD*：170/*SIMP*：152）也批评财产权的“物理”起源［也就是洛克的“混合”观念（*Second Treatise*：§27）］，虽然奥格尔维认为占有与劳动一样也构成了一种有效资格（*Essay*：§§1，7），但斯密确实在论劳动限制的语境中提出，每个人都在他自己的劳动上有财产权（*WN*：138）。

[7] 斯密的说法是把“权利”的基础放在拥有者 / 占有者的“理性预期”到他能继续拥有之上，这就要一致同意“不偏不倚旁观者”（见第 7 章）的情感（*LJ*：17）。这里斯密是在解释拥有如何能产生一种“权利”感。但是，正如我们注意到的，这种非常公开的表述并不使他承诺要赞成这种“权利”最初是与实际拥有相分离的，或者，那时就存在法律上的“权利”观。米拉在他的讲座中遵循了这种基于预期的旁观者理论。

[8]《自然法与万民法》：II–5–3。这里的上下文是在批评霍布斯的“自然权利”观。

[9] 罗伯森这里主要的参考对象之一是拉孔达麦（他的探险证明了牛顿预测的准确性——见第 1 章），在他的报告中，评价了南美洲印第安人（1745）的语言中缺少抽象词语。孔迪拉克在他直接受洛克启发的对人类知识的

论著中，也在这一点上准确引用了拉孔达麦（见 *Essai sur l'origine des connaissances humaines*，1746（1947）：Pt. 2，Sect. 1，Ch. 10）。

[10] 在讲座中，米拉说存在着两种改善途径，食肉的就去畜牧，食谷的就去耕作。不过，前者更容易一些，于是人类“在农耕状态之前一般都进入放牧状态”。Lectures 1789（no.4）.

[11] 可讨论的是这种“更容易”是说个人／家庭与相邻的特定土地之间的联合，既然邻近是自然的联合原则之一。（见 Hume *THN*：11）

[12] 例如可见斯密（*LJ*：467）、达尔林普尔（Feudal Property：185f.），以及凯姆斯（*HLT*：135ff.,*ELS*：334,*SHM*：II 523-533）。受益于法官的实践，凯姆斯更公开地讨论了这一议题的实践步骤——见（例如）他给大法官的信和提出的意见，重印在 Lehmann（1971：327-332）。进一步的讨论见 Lieberman（1989：156-158），Horne（1990：106-108）。

[13] 弗格森列举了头三个阶段“人类维生的技艺”，并在同一节的后面提到了技艺的进步使商业“便利甚至必需”。（*IMP*：Introd. §9）由此观之，Chitnis（1976：102）说弗格森没有接受四阶段理论就是错的。因为 *IMP*
117 是弗格森在爱丁堡的讲座，也由于“四阶段”理论是斯密和米拉在他们的讲座中提出来的，所以它的确表现了这种理论是有某种解释效果的。

[14] 财产的波动，在所有的商业国家如此显著，也无法阻挡，必然会动摇那些上等人的权威。那些后来富起来的人没有机会去建立那种畜牧时代所抱有的对首领的依靠思路。因此，最大程度地破坏了世代相传的影响；由财富所产生的关注常常只限于财产拥有者自己的一生。（cf. *OR*：291）

[15] 这种理论最著名的阐述者是米克（Meek），他在 1954 年发表了一篇名为“苏格兰人对马克思主义社会学的贡献”的论文［在文中他承认帕斯卡（Pascal）1938 年的论文是“开风气之作”］。虽然米克随后的作品的确对他最初的表述做了限定，但他在 1977 年的一篇文章中公开说，对于他早期的阐述，他并不认为“他把这个理论体系［即四阶段］描述为**一种**（如果不是马克思主义**那种**）唯物历史观是完全错误的”（1977：19，引自 1954：90；黑体是米克加的）。米克提出，四阶段理论中的“基本观念”是社会各阶段的相继发展是建立在不同生存模式上的，这应该被看成是“即使是庸俗的，但在某种意义上就是整体状况的决定因素”（1976：4 cf. Skinner 1965，1967，1975，但要注意下一个注释）。

[16] 米克的观点受到了霍普夫（Höpfl）的批评，后者认为苏格兰人所写的猜

测的历史并没有给予特殊动机或利益以必然的优越性，米克把苏格兰人的思想解释为社会变化明显是受“经济”力量的影响，政治和其他观念的活动都“只是附带现象，这是非常有别于苏格兰人的本意的”（1978：33–35）。同样，哈孔森清楚地否认了斯密的动机理论是唯物主义的，强调了斯密在社会变化的阐述中对非经济因素的承认，例如纯机遇、地理和宗教。（1981：185）斯金纳似乎受到了哈孔森的影响，改变了他早期的论点，转而宣称斯密既不是一个决定论者，也不是一个唯物论者（1982：104）。罗杰·爱默生（Roger Emerson）对把苏格兰人设想为唯物论的观点进行了彻底的批评，他论证说苏格兰人信奉的是“复杂且常常是唯心论的社会变化理论”（1984：82；也见 Winch 1978，1983）。索尔特（Salter，1992）的论点与哈孔森不同，他认为斯密是唯物论者，但不是米克或斯金纳说的那种唯物论者。见第 8 章对这些不同“读本”的讨论。

[17] 对当时这种术语灵活用法的讨论，以及休谟对这种术语的各种用法。（cf. Forbes 1975a：176–177）也可见 Giarrizzo（1962：Ch. 2），Miller（1980），Chisick（1989）。18 世纪更一般的用法见 Corfield（1987）。

[18] 这个论点看起来与休谟在《人性论》中更加正式的阐述有冲突。在那本书中，休谟提出政府的出现是限制有私心的人严格遵守正义规则的必要手段。统治者是那些“在所有不义行动中没有利益，或者利益不相关的人”；他们在“在每个正义的执行上有着直接的利益”。相应的，那些统治者是“对他们目前处境感到满意”的人（537）。这**可以**解读成鞑靼人的首领作为行使正义的统治者实际上是在维护他们自己的物质利益（就像斯密暗示的）。或者这**可以**解读成商业时代正义体系以法律的面貌获得的一般化境况，在这一点上休谟与斯密有细微的差别（见第 6 章）。在他后来的《论政府的起源》中，休谟说官员“常常被私人激情引入歧途”，虽 118
然他确实认为通常情况下，那些官员有“明显的兴趣对正义进行不偏不倚地管理”（*E-OG*：39）。

[19] 在其他地方，米拉也提到了“自然权利”（*HV*：I 375，III 327）。哈孔森抓住了这个用法，以此来作为“唯物论”解释的主要障碍（1985：65）。

[20] 弗格森说“人的权利被他们的境况修改了”（*ECS*：68），凯姆斯认为封建体系是“对人自然权利的暴力侵犯”，也宣称“个人权利在这里[拥有的安全]要屈服于公共效用，就像每个这种权利应该做的那样”

（*ELS*：334，233）。

[21] 伯克是格拉斯哥大学的院长，而那时米拉是教授。事实上，由于米拉写信给伯克鼓励他接受第二个学期而遭到指控——见 Lehmann（1960：399）。波考克判断，米拉和伯克对英国宪政史的观点"实际上相去不远"（1985：299）。不过，按照米拉女婿的看法，米拉（以伯克式的方式）蔑视"形而上学的"权利观念——包括"人们在政府事务中不可侵犯的和不可剥夺的权利"——他赞成议会改革和大量人民之友的人（Craig 1990：cxiv-cxv）。这种批评与上一代的特恩布尔的观点形成对比，后者认为"自由"是不可侵犯的，它是"自然的不可分割的权利"（评论来自 Heineccius *System of Universal Law*：I 245）。

[22] 哈奇森与洛克非常类似，也坚定地支持抵抗的权利——卡洛琳·罗宾斯（Caroline Robbins）称之为哈奇森最重要的政治原则（1959：188），她强调哈奇森预见到了"当殖民地可能变得独立时"（*System of Moral Philosophy* 1755：308 / *PWD*：196）。更一般而言，自然法理论在 18 世纪早期不列颠强调一种有限的抵抗权利中发挥了作用——见 Phillipson（1993）。

[23] 作为他《绅士农场主》的一个旁白，他评论道：虽然现在的反叛很快会结束，但美洲的"整体脱离""为时不远了"。（368）

[24] 休谟在 1775 年 10 月说"我是我自己原则上的美国人"，也许最好是根据他在别处说过的同样的话来解释，即最好是让美国人统治——或错误统治——他们自己。（*Letts*：II 303）Pocock 对休谟立场的细微差别做了论述（1985：125-141）。

[25] *De Primordiis Civitatum oratio. In qua agitur de Bello Civili inter M. Britanniam et Colonias nunc flagranti*（1779）. 就像题目显示的，这本小册子也包含了一种更一般的社会哲学，其中很多主题与苏格兰启蒙运动是共同的；例如强壮之人最早掌握的权威（6），对社会契约的批评（13），以及对习俗力量的承认（14）。对邓巴外在于文学社的立场的阐释，见 Berry（1974b）。

[26] 亚历山大的书是为了"娱乐和教育女性"精心写的，是他对所谓"前辈"作品的辛勤编撰。由于缺乏持续的理论组织，书基本上是各种观点的收集，并伴随着一个强烈的信念，即很多妇女受到了不良教育的影响。虽然他的一些材料不可避免地反应了他同胞的观点，但他没有注意到他们

的社会理论，他的同胞也没有注意到他。

[27] 兰德尔（Rendall）收集了一些证据，以证明斯密有一种阶段分期的阐释（1967：646-648）。

[28] 拜尔（Baier）对休谟妇女观点的细致入微的阐释包括把休谟归为“激进的女性主义典范”（1989：45）。也见她早期的文章（1979）。

[29] 贝特斯比（Battersby，1981）对休谟所捍卫的双重标准做了很好的分析。她批评拜尔，但也批评其他人把休谟的性别歧视看成是他哲学的必然含义的做法［见 Lacoste 1976：425，她说她同意 Burns（1976）的观点，“休谟式的女性”表达了“男性沙文主义的立场”］。 *119*

[30] 这个前提（当然是爱尔维修的，后来出现在戈德温和欧文的作品中）确实促进了一种强烈的世俗可完善论（perfectibilism）。但就像我们在第2章看到的，随着苏格兰人注意到习惯的约束力和理性的相对弱小，他们（洛克自己同样如此，他一直坚定地与一种神学框架结合在一起）并没有遵循那条道路。苏格兰人中间偶然也能听到这种可完善论，例如：Fordyce，*Dialogues concerning Education*，1753：151；Turnbull，*Observations upon Liberal Education*：91；Wallace，*Prospects*：23.

6

商业社会

四阶段的第四个阶段是商业时代。由于这些阶段是进步的，于是这个阶段标志了一种发展。它的优越体现在它的同义词上——它是“文明的”或“有教养的”或“优美的”。但我们也需要回忆前面几章提到的它的一些不良之处。苏格兰人并不是不批评这第四个阶段，不批评他们自己的社会。虽然说他们爱恨交加有点过分，但他们判断商业社会的优越是就“总的来说”的，也存在着消极下降的一面。本章考察他们的总体评价，既有积极方面的也有消极方面的。这是一个冗长且复杂的工作。其中一个重要的原因是在这个议题上，看起来**苏格兰人**的意见分歧更严重一些，**而且**这些分歧不是直接或鲜明的。最合适的做法是把这些观点想象成程度上的（不同的灰暗相间），而不是针锋相对（黑或白）的。即使斯密和休谟这些强调积极面的人，也没有排斥那些消极因素，同样的，弗格森和凯姆斯这些发现了很多缺陷的人，也没有排除整体上的优点。

6.1 繁荣

一个学生记录下了斯密在格拉斯哥大学的讲座，在那里斯密说“富裕和自由”是“人类能够拥有的两个最大恩赐”（*LJ*：185）。这种联系是斯密为商业社会所做的辩护中的关键之处（cf. Berry 1989，1992）。在下一节中我将讨论他的“自由”观，这里集中讨论“富裕”。

6.1.1 劳动分工

对斯密来说，发达商业社会的一个特点是出现了“普及到最下层人民的那种普遍富裕情况”（*WN*：22）。这种富裕的标志是各等级的人自身“所需的”得到了“充裕地”供给。这种充裕的来源是劳动分工。斯密推测，这种做法是人类“倾向”的结果，这种倾向就是“互通有无，物物交换，互相交易”（25）。由于这是一种“倾向”，一种偏好或秉性，那么这种结果（导致了“如此多的益处”）既不是深思熟虑的结果，也不是一种有意的后果。此外，既然是一种倾向，它不可能是第四阶段特有的；劳动分工在第一个阶段就存在了一种雏形。正如我们在第5章看到的（见第97页），斯密举的例子是，有个善于制造弓矢的人，他往往以自己制成的弓矢，与他人交换兽肉，与其亲自到野外捕猎，倒不如与猎人交换，因为交换所得更多一些（27）。之所以是雏形，是因为“市场”有限。反过来说，之所以第一阶段是这样，而第四阶段不是这样， 121
是因为“财产权和生活方式”的状况，以及法治所产生的保障（见下第6.2节）。

斯密阐明了广泛的劳动分工是如何产生富裕的，用的例子是著名的“极其微小的制造业”——扣针制造（14）。不过，就像他公开承认的，这个例子是经常使用的（它出现在1755年的《百科全书》中），它也很快得到他同胞的使用。[1] 斯密做了计算，通过劳动分工，10个人1天可以成针48 000枚——平均下来1人1日可成针4 800枚——而如果他们各自独立工作，绝对不能“1日成针20枚”。他提出了三个原因：第一，劳动者的技巧因“业专”而日进；第二，由一种工作转到另一种工作，通常须损失不少时间，有了分工，就可以免除这种损失；第三，专注一种工作有利于发明更好的机械来简化该项工作。（17-20）当我们考虑这种专业化的其他不利后果时，我们将会讨论这些特点（见第6.3.5小节）——就像斯密做的那样。

一个像扣针制作都要分工的社会肯定是复杂的。（回忆一下第3章苏格兰人猜测历史的形态——进步是从简单到复杂）商业社会的成员是深深地相互依赖的。休谟阐明这一点是通过粗劣呢子上衣的例子。他评论道，即使这件粗劣的产品也需要许多人的联合劳动。在列举了九个行业后，他紧接着加上了“以及其他许多人”，然后继续指出了所有从事材料运输的人，还有那些生产运输的人，这还不包括那些与用于制作大衣的工具有关的人（等等），所以不可避免的，结论就是这个相对简单的衣服中暗含着“成千上万的人”的合作。（22-23）这种相互依赖的事实意味着每个人“在所有时候都需要大众的合作和帮助”（26）。如此广阔的相互依赖以至于“每个人都依靠交换而活，变成了商品的某种尺度”。当这一切发生时，那么这就 “真正（properly）是一个商业社会”（37）。我们还会再次遇到“真正”这个特性。

6.1.2 贫穷的悲惨

由于富裕的“恩赐”，商业社会的成员能够享受比以往时代更高的生活标准。在物质意义上，他们食物、住所和衣物的基本需要得到了更好、更充分的满足。例如，休谟顺便指出，中国人如何把欧洲船舶丢弃的“腐烂和恶臭的”废物当成是健康的食物。（90）在其他地方他注意到，欧洲农民的住处如何超过了许多非洲部落首领。（24）但斯密并不是唯一持这样看法的人。如果我们谈到那三种基本需要的第三种，那么我们发现凯姆斯这位对商业很多方面批评的人也讲道：在欧洲人抵达之前，在刺骨的严寒下加拿大人为何衣着单薄（*SHM*：I 363）。

不过，关键的是超越基本物质满足以外的东西。既然充裕，那么物
122 品就范围更广，“品质”更高。以往时代认为是奢侈的东西，现在被看成是必需的或“合乎商人之妻”的东西（Kames *SHM*：I 261 cf. Millar *HV*：IV 205，Smith *WN*：870）。同样，职业的相对重要性也发生了转变。打猎和捕鱼，是第一阶段最重要的活动，在第四阶段变成了“宜人的娱乐”（Smith *WN*：117）。这种“生活品质”的提高超越了“物品”或物，转向了关系。在《国富论》的绪论中，斯密说“渔猎的野蛮民族”的居民是“悲惨的贫穷”，所以结果是，“他们往往迫不得已，或至少觉得迫不得已，要杀害老幼以及长期患病的亲人；或遗弃这些人，听其饿死或被野兽吞食”（*WN*：10）。这是有力且重要的论证。这反对了斯多葛“简朴”和基督教禁欲主义这两个极有影响力的学说，斯密坚定地否认了任何一种认为贫穷是崇高或救赎的观点。霍布斯所主张的“人类的自然状态”事实上是野蛮人的境况，他们的生命往往低贱、残忍和短暂恶毒，任何对之加以改善的东西毫无疑问都是好的。由于商业带来的丰裕恰恰是这样一种改善，那么斯密否定贫穷的崇高性，就是他对商业社会辩护的一个关键因素。

这个论点可以一般化。例如，它是我们第 5 章讨论妇女地位的一个因素。妇女地位的改善是与“富裕的提升”一起发生的（Millar *OR*：

203），虽然，正如我们指出的，还有某种新的原因在关注商业的提升（我们将看到，“关注”的是消极因素的一般症状）。正如米拉清楚说明的，适用于妇女的也适用于另一个弱势群体——孩童。像斯密一样，米拉注意到了野蛮人的“悲惨”与放弃孩童、“听其饿死或被野兽吞食”之间存在着联系（230 cf. 236）。米拉很可能是遵循了斯密在《道德情操论》中的阐述（*TMS*：210 cf. *LJ*：172），野蛮人的“极度贫困”导致了放弃孩童，任“野兽”处置。（见第 76 页）相比之下，在“欧洲那些在商业和制造业上取得伟大改善的民族”，孩童只是在“看起来对其利益必需”的情况下服从父亲的权威。（Millar *OR*：243）

6.2 自由、正义和法治

当斯密比较欧洲农民与非洲部落首领的住所时，他在描述中提到了后者是“上万赤身裸体野蛮人的生命和自由的绝对主人”（*WN*：24）。商业社会的主要积极标志之一是，其成员不仅物质上是繁荣的，而且享有自由，可以否定那种对非洲君主的服从。在商业社会与法治运作之间，在“严格”正义的首要性与自由之间，存在着关键和复杂的相互关 123
系。几个苏格兰人也不出意外地或者探索或者接受了这种联系的历史维度。

6.2.1 商业的出现

虽然斯密承认他是在遵循休谟的足迹，但对商业出现最详细的阐释却是他在《国富论》第三卷中提出的。在四阶段的第二个阶段，首领是那些拥有最大牧群的人，同样，在第三阶段农耕阶段，权力集中在那些地主手上，或者就像斯密称呼的那样，在“大领主”手上。这些人就像鞑靼人首领（cf. *WN*：712）一样使用他们的剩余，即维持大量的家臣和仆从，相应的回报是得到了那些人的服从。（413）

> 他们在平时，是境内居民的裁判者，在战时，是境内居民的统领者。他们有统率境内居民以抗不法者的权力，所以在境内成了治安的维持人，法律的执行者。没有任何其他人拥有这样的权力。（415）

由于国王只是另一个领主，所以正义的执行是交给了那些有能力执行的人的手里。在这一点上，斯密注意到，说这种“地方性裁判权”起源于封建法律，实在是一个错误。（417）我们可以说这种错误的缘由，是社会科学上的过失，是错误地理解了社会因果关系。封建权力的原因不是在于法律的深思熟虑的、有目的性的法令，而是在“财产权和生活方式的状况”（cf. Cropsey 1957：63）。前者要服从于后者。这种优越性不是一个导致了惊奇和惊讶的单个事件（见第 60 页），因为它在法国和英国的君主制历史中是重复出现的，而且在“不到三十年前”也得到“苏格兰洛赫巴的绅士”克默伦先生的例证（416）。因此，它是一种经得起科学解释的规律性，就像斯密说的，“这种种结果必随这种种原因而发生”（416）。

为了解释封建权力的崩溃——既是世俗方面的也是教会方面的（803）——必须找到一种合适的社会原因。斯密在“国外商业潜移默化的运作”中找到了它。在一个著名的段落中，他这样简述它的结果：

> 他们［大领主］就宁愿把足以维持一千人一年生活的粮食或其价格，用来换取一对金刚石纽扣或其他同样无用且无意义的东西，随而也把这粮食所能给他们带来的权威一并舍弃了。但金刚石纽扣是由他自己独享而无人与他共享的。至于以前的花费方法，他至少要与一千人共享。这区别是非常明显的，要作出取舍的决定，有赖于明智的判断。于是，为了满足最幼稚最可鄙的虚荣心，他们终于完全舍弃了上述权威。（418-419）

124 作为一种“原因”的“结果”，这里存在着一种隐含的“规律性”。斯密提供了一个反面的例子——没有原因就没有结果——他提到，鞑靼人的首领从自己的剩余中养活了上千人，**因为**“在他那种未开化的社会状态中，他没有可能把自己消费不了的原生产物换得对等的制造品、小装饰品或玩意”（712）。不过，由于国外的商业，封建时代可以获得那些玩意［或“国内的奢侈”（*LJ*：227 cf. 416，420）］，这导致了商业社会的成员从人身依赖的束缚中解放出来：

> 但在现在的欧洲，每年有一万镑收入的人，不必直接养活二十

> 人，不必直接使唤无使唤价值的仆役十多人，却可消费其全部收入。事实上，他通常也是这样做。他间接维持的人，也许和往昔消费方法所雇用的一样多或是更多……不过，他对于他们各人的贡献，却只是他们全年生活费的极小部分。他们各人每年的生活费，来自他一个人的，少数占全部的十分之一，许多占全部的百分之一，有些则尚不及千分之一、万分之一。他虽然对维持他们全体的生活有所贡献，但他们全体的生活，都不一定要他维持，所以，对于他，他们就多少是独立自主的了。(419–420)

一旦佃户获得了独立性，那么——这是关键的——领主们“不再能打断正义的常规执行”。这种社会交换过程，斯密称之为“公共幸福最重要的革命”，是“意外后面”的另一个例子；不能把它归为任何有目的性的个人主义解释。领主和商人都没有“一点点服务公众的意图”，也没有“那种伟大革命的知识或远见”(422)。公共幸福、公共善，不是由精心的人类政策产生的。对斯密来说，这是社会生活的一般真理，它的重要性即将显现。

斯密所讲述的基本要素也在其他地方重复出现了。例如，休谟在他的论文“论技艺的精致”(1752)中——斯密也许记得这是他自己论述的前身之一——描述了一个“未开化不文明的”社会分成“土地领主”和他们的“家臣或佃户”两部分。后者是“必然依赖”前者的，前者就是“小暴君”。这种状况的改变是由于“技艺”的发展和“奢侈所滋生的商业和工业”而导致的农民的“富裕和独立”(*E-RA*：227 cf. *E-Mon*：291)。休谟在《英格兰史》中说得更具体。这些事件在亨利七世统治时期起着决定性作用。那时候发展出“散尽了古代贵族的大量财富”的“奢侈的习惯”，“新的消费方式”使得“技工和商人以他们自己行业的成功来独立维持生计”(*HE*：II 602 cf. III 99)。休谟清楚地把“时代生活方式”作为这种改变的“一般原因”；这种改变“招致了自由的一种新方案”。[这里以及斯密那里的“奢侈”的作用应该放在次要地位，因为整个议题会在下文中重新整理(见下面第 6. 3. 3 小节)] 125

我们简短地谈下其他三种阐释。米拉紧紧地追随休谟和斯密。“技艺”的进步使得生活更加不用“必需取悦他们的上等人”，所以他们自己不感到“强烈地依赖那些人”(*HV*：III 101/ *HV*L：375–376；cf. II

81)。这种独立性使得他们“沉溺于热爱与他们意气相投的自由”(III 102/ 376；cf. II 434，IV 168-169；*OR*：299)。斯图亚特鲜明对比了封建政府下“下等阶级的必然依赖性”与“引入工业”后同样阶级的“独立性”和“现代自由”。这种“独立”是对具体主人来说的，而不是对“经济体系”的独立，正如我们所看到的，“相互依赖”是对经济体系状态的更好描述。最后，罗伯森注意到，城市的形成是封建“压迫”终结的主要原因(*VPE*：318)。(斯密的阐释是在题为“城镇商业如何有助于国家的改善”的一章中)通过获得“社区的权利”，城市成了高度重视其自由的“数量众多的小共和国”。这种“自由”复兴了“行业精神”和“财富流通”(319)。这种自由和独立鼓舞了其他人去实现它，而且封建上等人也预计到其中的好处，“让他们的仆从得到了自由”(320)。最终的结果是建立了一种“更规律、平等和有力的正义机制”(321)，或法治。

6.2.2 市场与法治

在斯密的阐释中，封建地主不仅是“战时的统领者”，也是“裁判者”。权力这种根本的地方化特性意味着各地方的决定可能不一致，或者说，“裁决权”的一致性可能没有任何“外部”的保障。缺乏一致性意味着缺乏安全(cf. *LRBL*：170)。正如斯密谈到的洛赫巴的克默伦时所表明的，斯密清楚地意识到他自己国家的这种特性(cf. Hume *HE*：III 182)。1745 年叛乱失败的一个重要后果是废除了“世袭的裁决权”(见第 1 章)。这些“裁决权”让部落首领有“权利”去征税、开审和判决(以及征兵)。斯图亚特把它们称为“可耻的”，不仅是因为这些裁决权让司法职位脱离了天赋和意向，而且也因为在“执行者手上”没有“一致性”(*PLS*：144)。简言之，“缺少可认可的法治”(Kidd 1993：155)。高地人需要得到“文明化”(见第 76 页)，文明化的一个重要手段是引入商业。一旦引入商业会发生什么？答案是它按照它自己的影像创造了世界(马克思的话非常合适)。虽然“美丽”，但这幅影像不是在所有方面都“可爱”的。

商业需要稳定性或一致性和安全性，因为它建立在一系列期望和信
126 念上。交换的前提是专业化。我只专门做帽子，期望其他人专门做鞋子、手套、衬衣，等等，所以当我把帽子拿到市场上去时，我能通过货

币的媒介来跟他们交换鞋子和其他东西。这意味着现在的行动期望着将来的回报。休谟表达了这种“逻辑”，他写道：

> ［一个最穷的匠人］期望，在他把货物运到市场，并且以合理的价格出卖时，他会遇到购买人，而且他还能用所赚的钱来使别人供给他以维持生活所必需的那些货品。人的事业愈广，他们的交游越复杂，那他们在他们的生活方略中越常计算到别人的许多有意的行动，他们正希望那些行动会依照适当的动机来和他们的有意动作合作。（*EHU*：89）

需要强调的是，这一整个系列都是可预见性的或有信心的（上面引用的一段来自休谟的“自由与必然”一章）。如果其他人的行动是不可预见的，那么更好的（更理性的）做法是独立自足、不依赖任何人——我做我自己的全套衣服。但是，这个选择当然放弃了那种来自相互依赖的富裕的恩赐——衣服质量较差，即使是帽子，我也不再有那么多时间去做。可以这样说，它们冲击的是期待的性质。未来永远是不确定的。专业化是有风险的——我的帽子可能卖不出去。一个依靠可预见性的体系中有这样的不确定性，被很多人认为是它的阿基里斯之踵。我们在后面会看到，很多学者利用经典的先例，认为商业社会本质上是不合理的，因为它看起来只是建立在上一套信念的基础上的。

期望和信念是最关键的，这明显是种信用体系。在第 5 章，我们看到财产权开始是作为一种具体的拥有观念，后来逐渐变得抽象。信用是商业的核心要素，与此同时，基于同样的理由，它也是抽象的，依靠信念的。正如斯密说的，在商业社会，货币是“流通的巨大轮毂”（*WN*：291）。金银的纸质替代物增加了国家的财富，因为它提高了生产率，也因此增加了物品的数量和质量。一般来说，纸币构成了一套期票（cf. *WN*：292），虽然与直接具体的“经验”相悖，但它能成为一种实质的财产。它的实质明显不在于其有形物体，也不像波阿斯的鞋子一样代表了某种与土地相关的形象；而是在于事实上**其他人相信**它有价值。这证明了是信念在支撑行动——拥有期票可以用来作为贷款的担保。

这构成了一种契约。斯密论证，在社会的最初时期以及后面相当长一段的时间，契约没有约束力，最早的形式是需要双方到场（*LJ*：

88，91）。凯姆斯（*HLT*：66）和达尔林普尔（*Feudal Property*：106）
127 也指出了野蛮或不文明民族中责任的脆弱性。达尔林普尔还强调了，那时候认为话语“不足以消解”领主与他财产之间的“有形联系”，所以另外需要用精心设计的仪式来更具体地确认所有权的转让。（*Feudal Property*：225 cf. Kames *HLT*：107）不过，当达到“程度广阔的商业”（250）时，写下来的话语被看成是充分显示了转让意图。只有在商业社会，陌生人之间的契约才是重要的。斯密坚持认为，契约的责任完全来自于“契约给予人的期待和依赖”（*LJ*：92）。这把我们带回到稳定性。

这些契约所体现的责任的背后是斯密所说的正义的“规则执行”（*WN*：910），或休谟所说的正义的“刚性原则”（*THN*：523），也是它在支撑契约中的合作。我们后面将讨论休谟和斯密对正义的论述，但我们这里可以指出正义体系是一种通过一般规则来运作的非人格的抽象秩序，它的对立面是那种部落首领或地方地主的个人化的特殊规则。这种体系的核心是法治原则以及米拉说的，在“富裕和文明的国家”，“正义不偏不倚的执行可以看成是一种过程”（*HV*：I 251）。只有生活在法治之下，个人才在“契约的信念”和“债务的偿还”上有“信心”（*WN*：910）。只有在“商业国家”，“法律的权威……才完全足以保护国家中最低贱的人”（*TMS*：223）。

6.2.3 商业与宪法

一个“真正的”商业社会是一个每个人都是商人的社会。这样的社会要运作，法治和正义的规则执行是必需的。政府的工作是去做“必需”之事，这是它最重要的任务。正如我们刚看到的，这种任务是商业或“文明和兴旺”社会的反应。文明化的程度现在成了区别政府不同类型的最有信息的标准。

这个观点的力量是消极性的，它偏离了根据宪法来谈论政府的核心地位。没有一个苏格兰人完全抛弃了这种谈论，其中一些人甚至更多的是在用这种语言而非别的观点。但即使是弗格森这些使用这样谈论的人，也在强调“社会性的”因素。这种因素一直都存在——（例如）它是亚里士多德寡头制和民主制的核心。这也适用于孟德斯鸠，虽然他在很多方面都颇有影响，但是他对这种标准语言的重述，让他成为苏格兰自己这种偏离的有力先行者。

苏格兰人进路在强调重点上的转移可以从休谟下面的评论中来简单把握，“文明君主制可能会得到肯定的、而唯有共和制得到了正式肯定的，在于它是法律和人的政府”（*E-CL*：94 cf. HE：II 15）。（cf. Vlachos 1955：169）这种肯定的标准是什么？休谟的回答是，那些君主制“保 128
障财产权，鼓励工业，繁荣技艺”。君主自身保障了他的臣民（*E-CL*：94），即使如此，休谟也在另一篇文章中承认，君主“自己在行使权威时是不受限制的”（*E-AS*：125）。不过，因为这里的政体被界定为“文明君主制”，那么其他所有的大臣或官员“必须服从那些统治了整个社会的一般法律”。人民依赖君主只为了保障他们的财产权，但由于“君主离人民太远，免除了很多私人的猜疑”，以至于“这种依赖几乎感觉不到”（125）。整个论证思路都是站在休谟立场的争论。[2] 这从他下一个论点中得到了证实。他继续说，这样一个君主所得到的“最高政治辱骂”是“暴政”，而事实上，通过它“正义和审慎的管理”以及提供了“人民的安全”，它“满足了政治社会的大部分目的”。

因为重点放在限定词“文明”上，而不是实质的“君主制”上，所以休谟能够提出两个进一步的论证。首先，他能够接受这样一种历史论点，即“技艺和科学”只能通过自由政府或“共和国”产生。这个论点基于一系列因果联系：法律架构的稳定导致了安全性，安全性是好奇心运行的前提条件，而如果要获得知识（因此也是技艺和科学），必须要用好奇心。（*E-AS*：118）虽然一开始共和制是必需的［它们是“温床”（119）］，但一旦文明进程开始了，那么它可以被君主制接收和延续。（cf. Livungston 1990：128-129）其次，商业、文明和法治之间的消极关系也可以维持下去。他主张，绝对政府“本性上”是“对商业有害的”（*E-CL*：92）。这种主张的基础不是在于“绝对主义”会威胁到财产权的安全，而是在于在这样一个社会中，商业被认为是不光荣的，“出身、头衔和地位比勤劳和富裕更光荣”（93 cf. *E-AS*：126）。（后面会讨论“美德”上的区别）社会对勤劳的蔑视的一个后果是，“普通民众的贫穷”是“绝对君主制的自然（如果不是必然）结果”（*E-Com*：265）。

更典型的论证是，当自由基于斯图亚特所称的“一个或一些人的变动不居的意志”时，当法律往往随着“特殊的人或阶级的喜好或偏见”而变化时，自由是靠不住的（*PPE*：I 206）。相比之下，“由一般法律统治”下的人，当法律“不会变化，而是有规律的、一致的”时候，人是“自由的”（206）。斯图亚特也继续指出了这个原则（如果不是休谟论证中[3]）隐藏的内容。对斯图亚特来说，这与他下面的界定是相符的，“可以发现人在那种最专制的政府形式中享有自由”（207）。这就是说，斯图亚特区分了一般法律（法治）下的自由与作为一种“政治权利”的自由。这种区分是“现代自由”的标志。

6.2.4 现代自由

由于在商业社会，成员不是陷入依赖关系之中的，那么（例如）只
129 要他们乐意，他们就可以改变职业（*WN*：23）。斯密用“暴力”来称呼父亲迫使儿子继承自己生意的做法（80；他引了印度和古埃及的“监管”）。他清楚表明，职业可以选择，以及可以通过遗嘱让子女继承和处理自己财产，这些让个人“在自由的现在意义上是自由的”（缺乏这种自由是“农奴身份和奴役状态”的重要原因）。（400）

现代的选择自由触及的是丰富的人类动机。斯密宣称，人类有自然欲望去改善他们境况。对“绝大部分人”来说，这种欲望所采取的具体形式是“积累财富”（341）。为了达到这一目的，个人应该享有私人自由去决定他们如何使用他们的资源。（454）这是斯密所说的“自然自由明显和简单的体系”，每个人都“有完全的自由去用他自己的方式追求自己的利益”（687）。从这个视角来看，那些旨在管理消费的限奢令是“最不得要领的”，揭露了“国王和大臣”的专横地企图“监控私人的经济生活”（346 cf. 630）。

按照斯密的自然自由体系，政府只有三个任务：抵御外部敌人；维持公共工程，其中重要的是教育（见第 6. 3. 5 小节）；以及“恰当地执行正义”（687）。只要个人不违背正义之法，那么他们就可以自由地追求他们自己的利益。正如我们所看的，休谟和斯图瓦特[4]基本都是这种理解，米拉也认可这种理解（cf. e. g. *HV*：IV 109-111），现代自由在于生活下平等的法律之下事实上，休谟再一次地将此称为“真正的自由”（*HE*：I 115，I 175；见第 104 页）。这里重要的是，这种自由是所有人享有的。这种包容性的界限使它明显不同于“古代自由”。古代自由是排他性的。只有那些有闲暇的人才能享有，而正如休谟（*E-Com*：257；*E-PAn*：387，684）和斯密（*LJ*：226）指出的，这只有在存在

奴隶阶级的情况下才有可能。废除奴役是商业出现所带来的文明化进程的一部分。[斯密注意到奴役在经济上是没有生产率的（*WN*：387，684）——财富的增加是由于勤勉的工人，勤勉的提升是由于“劳动的自由酬劳”（99）]

现代自由与古代自由的这种区分是商业社会评估的重要分界线。虽然不赞成或宽恕奴役[5]，其他苏格兰人（以弗格森最著名）希望保留那些他们所认为的古代政治自由中有价值的部分，并以此来警告斯密 / 休谟式路线中的危险。我们将在第 6. 3 节中探讨这些关注，但本节还需要讨论最后一个密切相关的主题。

6.2.5 正义

我们已经在几处地方接触到了正义。再次提到正义显示出了它的核心地位。它关键地位的进一步的证据是这样一个基本事实，它受到了大量的分析。在这些分析中，休谟的《人性论》是非常著名的。[6]

休谟论证的关键之处在于，正义是一种人为美德。从柏拉图到各种 *130*
伟大的自然法体系，正义都被看成是“自然的”——正义行动是人性的一部分。然而，休谟谨慎地阐明了他在肯定什么，否定什么。简单来说，休谟的论证是，正义是一种协定，它是由于以下两个事实的同时发生而“必然”产生的：人性中的“狭隘的”或“有限的慷慨”以及“外部事物”对人类欲望来说的相对稀少（*THN*：494–495）。（20 世纪的政治哲学家约翰 · 罗尔斯公开承认了这些构成条件，称之为“正义的环境”）这种同时发生的永远存在，意味着正义是必需的。休谟强调：“没有正义，社会必然立刻解体。”（497 cf. *EPM*：199）虽然斯密与休谟有些区别，但他这里同样坚定：“正义犹如支撑整个大厦的主要支柱。如果这根柱子松动的话，那么人类社会这个雄伟而巨大的建筑必然会在顷刻之间土崩瓦解。”（*TMS*：86）凯姆斯也直截了当地说：“正义是社会维系的根本必需。”（*PMNR*：65 cf. 42）

对休谟来说，正义是通过规则来支撑社会的。人们同意限制自身。正义是人为的，因为它是这种协议的产物。休谟仔细论证了这些规则 / 协议 / 协定是如何产生的，以免与他对契约论的批评相冲突（见第 32 页）。[7] 休谟界定了三种规则：稳定财务占有，根据同意转移所有物，履行承诺。（*THN*：526）它们是社会凝聚所必需的，他说，把“它们成为自然法是不恰当的”，因为“自然”意味着对任何一个物种来说是“共有的”或“不可或缺的”。（484）这些规则有两个重要特点，这也是休谟的分析与我们对商业社会的关注的明显联系之处。这些规则既是一般的，又是刚性的。

也许“规则”意思中的一部分就是它是“一般的”。如果每件事都作为单个事件分开处理，那就不可能有规则，因为每个独立事件之间没有联系；它只是“一件接一件讨厌的事”。然而，那不可能是全面的。我们这里能够看出休谟的认识论与他的政治的道德哲学之间的清晰联系。世界的连贯性（宇宙的黏合剂；见第 58 页），依靠的是通过习惯把经验从一种情况扩展到另一种情况。一般规则形成的基础是期望过去发生的继续发生（*THN*：362）。它们是不可或缺的；事实上，休谟认为人性真实的一面是“我们可能受到一般规则的吸引”（551）。

在正义那里，这些规则是人为的。人们把规则加于自身是为了建立秩序。这些规则限制人们，并且“不会被敌意和偏爱、不会被对于公私利益的特殊看法所改变”（532）。这种不变性或刚性是必需的，为的是可预见性以及社会连贯性的存在。当它建立时，个人能够在“期望他人
131 的类似行动”下行动（498）。这种期望建立在“重复发生的经验”上，因为“这种经验还更使我们确信，利益的感觉已成为我们全体社会成员所有共有的，并且是我们对他们行为的**未来的规则**发生一种**信心**。我们的节制与戒禁只是建立在这种**期望**上的”（490；黑体是我加的）。

这里谈到的“期望”和“信心”揭示了休谟所做的分析背后的商业社会的图景。正义不得不是刚性的，因为放宽规则的诱惑力是强大的。他举了一个守财奴的例子，那人正当地获得了大量的财富。他承认，像这种正义的“单个行动”可能“自身是对社会有害的”（这些钱可以有更好的用途），但“整个计划或设计”是“绝对必需的”（497）。如果一种情况下的期望，如果规则是灵活的或丧失了其一般性的，那么在这种“每个人都会这样做”的期望下，正义将会瓦解。如果正义瓦解了，那么社会必将解体。

虽然休谟对正义的阐释必须与社会同步［它体现在家庭中（cf. *THN*：493，*EPM*：190）］，但其一般性和刚性的程度是在不断改善的（又一次的从具体到抽象）。这种维度体现在他的《英格兰史》中，以及其他学者的作品中。在米拉那里，主要体现在对制度的讨论中。“商业

和文明的进步”往往“提高了严格正义的美德”。这种提高是科学法则文明化的重要部分。（*HV*：IV 266/ *HVL*：340）米拉明显是把这种“科学”的发展与“正义一般原则的建立”联系了起来。米拉对休谟论一般规则吸引力的观点做了呼应，认为一般规则的引入及其通过“习惯和类比”的扩展，是“所有人自然的习性”。虽然有这种基础，但起作用的是这些规则的“效用”（IV 278/344）。这种效用是双方面的。它能使每个人“简化其交易”，并核查“判断的偏私性”（278/344）。［休谟强调效用是在《道德原则研究》中（*EPM*：183，188）］罗伯森以一种大体相似的方式追溯了司法体系的过程，从最初的依靠“私人”（因此是“反复无常的和不平等的”）到更“规则程序”的建立。（*VPE*：321）斯密在《道德情操论》中，通过对比“未开化和野蛮民族”与“更文明民族”的环境，指出前者的正义体系不如后者那么规则，在后者那里“正义的自然情操”达到了“精确性和准确性”（*TMS*：341）。

虽然斯密这里谈的是“自然情操”，这让他与休谟有所不同，但他对规则的强调是紧紧追随休谟的。我们已经看到，他分享了休谟的正义之不可或缺的观点，并且，正如休谟把正义与限制联系在一起，斯密也谈到正义是一种消极美德。正义是消极的，因为它需要克制，不去伤害他人。所以，斯密宣称（其重要性我们后面会看到）“我们履行正义的方式常常是坐着不动，无所事事”（82）。

斯密把这种正义规则比作语法规则，因为两者都拥有准确性，精确 132
性和不可或缺性（175）。这种精确性使得语法和正义能够教导，我们可以被教会如何在同样的情况下把动词正确地变形，也同样可以“被教会如何正义地行动”。正义是适用于所有人（“人类的粗糙躯体”）的，因为：

> 几乎任何人通过训练、教育和示范，都会对一般准则留下如此深刻的印象，以至能在几乎一切场合表现得比较得体，并且在整个一生中避免受到任何重大的责备。（163）

这种教导或社会化（见第 2 章）过程的效果是建立了确定性和可预测性，因为“没有对于一般准则的这种神圣的尊重，就没有其行为非常值得信赖的人”（163）。米拉紧紧追随斯密。他也清楚地把正义称为一

种消极美德，指出它的规则是如何能够“精确和准确”的。（*HV*：IV 266-267/ *HV*L：340）

斯密反对休谟对正义所作的“效用主义”阐释。对斯密来说，对特殊个体的关注，而不是像休谟那样对社会福祉的关注，才是正义的有效来源。斯密并不否认效用的作用，但它只是“最初或主要来源”（*TMS*：188）。在斯密对人性的解读中，人们“高兴”地看到不义之举受到惩罚（89）。这种高兴本身源自对不义的愤恨（218 cf. Campbell 1971：190ff.）。这也是人性的一部分；愤恨感“看起来是天然的自卫给予我们的”，因为它“激起我们去抵制伤害”或“缓解那些已经造成的伤害”（79）。按照斯密的道德理论（见第7章），这些行动会得到“不偏不倚的旁观者”的赞成。

愤恨在这里的作用是早已公认的。特恩布尔（*Discourse upon Moral and Civil Laws*：293）在18世纪之初就提出了这一点，而他的学生里德同样如此（*AP*：655）。罗伯森的阐述不那么理论化。他对正义的发展做了历史性的阐释，从它源自“自然”欲望到“对不义的反感和对错误的报复心”（*VPE*：321）。在这种阐释中，从最初（具体地）对与自身相关的（或那些与他们有关的）个人伤害的关注，随着文明化的进程，这种“欲望”发展为用规则（和抽象）的程序来表达自身。

其他休谟同时代的人也批评他对正义是人为的阐释。凯姆斯否认报恩（休谟认为这是自然美德；见 *E-OC*：479）与正义行动之间存在区分（*PMNR*：40）。对凯姆斯来说，正义“属于人自身”（48 cf. 54）。他似乎同意休谟所说的，正义这种美德“捍卫了财产权，赋予契约以权威”（65），但他相信财产权和我们守诺的责任都是自然原则（79）。在凯姆斯眼中，这是自然社会化的结果，因此他也与（我们已指出的）休谟和斯密一样断言，正义是社会维系之必需（65）。里德也承认正义的
133 效用和必需性，而且还认可了“不是人性中动物性的感受去激发我们的正义行动”（*AP*：652-653）。然而，尽管这样，里德认为“每个诚实之人的情感”都证实了，对“不义之事中的奸恶”的感知是与效用毫无关系的（653）。他断言，“人的良心是对不义和背叛进行自然判断的基础”（654）。从良心原则（“这是自然植入人胸中的”），我们推导出了正义的情感（662）。正如我们会在第7章看到的，这最后一个观点也使得里德的阐释不同于斯密。

6.3 商业、美德和腐化

商业社会中并不是每个东西都是美好的。法治的冲击力，劳动分工带来的富裕，信用带来的益处，都能找到其对应的缺陷。经常提到的一个议题是，美德受到了威胁这样一种批判性的评价。这里的“美德”指的是个人所拥有的可贵品质（例如一个“勇敢的人”），以及全社会相应地共同推崇的价值（例如爱国主义）。这个议题与公民人文主义传统（见第 1 章）有很大的关系。

6.3.1 正义与仁慈

斯密阐明正义之不可或缺，是通过以下这个事实，即正义使得社会中的商人成为可能。（*TMS*：86）这个例子是非常用心地选来界定一个缺乏“相互之爱和感情”的社会。这能够得出一个重要的结论，即“在社会的维系中，正义比慈善更为根本”（86）。由于在商业社会中“每个人都是商人”，这进一步意味着商业社会的凝聚——它的社会纽带——不是依靠爱和感情。你能够在社会中与那些你漠不关心的人共存。

这种事态就是商业生活的现实。商业社会的复杂性意味着，一方面，任何个体都需要很多他人的帮助（粗劣呢子上衣的例子），但另一方面，“很多人”中只有少数是被个人所知道的。（*WN*：26）在一个商业社会，我们主要是生活在陌生人中间（见 Ignatieff 1984：119）。相互之爱和感情或友谊的关系是相对稀少的。由于我们主要面对的是非个人性关系，那么他们行为的基础必须是坚持正义规则。在一个复杂社会中，一个店主不可能同时也是你的朋友：对你来说，他提供你需要的东西；对他来说，你是一个顾客。这种关系模式是斯密这段著名话的原因：

> 我们每天所需的食料和饮料，不是出自屠户、酿酒家或烙面师的仁慈，而是出于他们自利的打算。我们不说唤起他们利他心的话，而说唤起他们利己心的话。我们不说自己有需要，而说对他们有利。社会上，除乞丐外，没有一个人愿意全然靠别人的仁慈过活。（*WN*：26-27）

这并不意味着斯密是在否定仁慈的美德。事实上，在《道德情操论》中，他谨慎地说一个商人的社会较之慈善之举的社会将“不那么快乐和惬意”。而且，由于正义“行动”是“不行动”（不去伤害），那么一个“仅仅”正义的人只有资格享有“非常少的感激”，拥有“非常少的积极美德”，没有受到感情上的对待。（*TMS*：82）

正义区别于诸如仁慈之类的其他美德，这不是斯密一个人的论点。事实上，这种区别有着长长的谱系，在《道德情操论》（*TMS*：80n.）中，（作为编者按）他提到了凯姆斯的《论道德和自然宗教的原则》来支持下面的观点，即我们正义的责任比慷慨的责任更严格。凯姆斯说，“相较于正义，仁慈和慷慨在爱和尊敬上更美、更有吸引力”，但它们是“超过了我们严格义务之外的美德行为”，而“履行我们的诺言”是我们“最严格意义上”的义务。（*PMNR*：41-42）米拉清楚地把正义的独特性与它的准确性、它能简化为精确的一般规则联系起来，相比之下，其他的美德的实施要大量依靠环境的特殊性，以至于很少有两个情况是足够类似的，也就很难建立起一种一般的观点。（*HV*：IV 266-268/*HV*L：340-341 cf. IV 283/346）

尽管正义与其他美德有这种区别，不过斯密对商业的辩护中的一个重要因素是，他不认为它们是相反的。他论证道：“不去伤害我们的邻人”构成了“完全清白和正义之人”的品质。他继续说，这样一种品质“很少不伴随着很多其他美德，不伴随着对他人的伟大感情，不伴随着伟大的人性和仁慈”（*TMS*：218）。商业社会的成员能够既是正义又是仁慈的。不过，这两种美德确实有各自的关注点。为了看出这一点，我们这里用“我们的邻人”来讨论。

6.3.2 私人事务与公共行动

即使我们承认斯密很可能用“我们的邻人”这个短语作为“我们伙伴”的同义词，但从解释的可靠性来说，我们只能把他的阐释中暗示的重点放在**私人**生活上。事实上，米拉也在同样的语境中用了同样的短语，因此他的论述也适用于同样的解释。（*HV*：IV 267/ *HV*L：340）正义是首要的，但却是消极的；除了遵守规则之外不能做任何事。任何积极的行动——慷慨或仁慈或相互之爱的举动——是为“我们的邻人”保留下来的。也就是，它们是为我们认识的人保留下来的。我们以一种必然偏私的方式行使这些积极美德；不可能每个人都是我们的邻人，不可能每个人都是我们慈善的接受者，不可能每个人都是我们的朋友。我们不偏不倚地对待“每个人”，我们按照正义规则来对待他们。

换一种说法，正义是公共利益的事，是**一般**规则的事，而其他美德是私人关怀的事，是**特定**行为的事。以这种方式来理解（这是对我解释 135
可靠性的证明），斯密的（和米拉的，暗地里也是休谟的）的阐释导致了美德的重新排列。“积极”生活是建立在私人关系而不是公共舞台上。因为商业社会产生的这种结果，于是它意味着积极的公共美德——特别是主要涉及公共利益的——不是（现在）期望的。那些尊崇公共议题（共和国）的人身上充满了“共和”或公共价值。这是弗格森《文明社会史论》中一个强烈的张力。

弗格森没有否认商业社会带来的利益和进步。不过，他被随之而来的美德的重新排列弄得心绪不宁。特别是，他警惕其中暗含的对积极公共生活的贬低。最好是回到自由这个议题上来把握这里的关键。在他的“公共自由”一章中，弗格森似乎接受了自由与法治的联系；“公民生活在应该有财产权和居住权的国度，并且这些权利的执行受到保护，那么可以说他是自由的；这些使他免受罪行伤害的约束力是他自由的一部分”（*ECS*：156 cf. 161，*PMPS*：II 459–461）。然而，即使是在这一章中，也存在一些焦虑。弗格森疑虑的核心之处是他反感那种他认为的这种“现代”自由观带来的消极性。

弗格森整个哲学的一个基本要素是他主张“人生来就不是无为的”（*ECS*：210 cf. 7，*PMPS*：II 508）。人天生就是积极的。弗格森相信，这种积极性应该在公共舞台上实现（*ECS*：214），不应该只限于“财富的改善”（253）或“单独追求快乐”（222）。由于这种信念，弗格森表明了他对“古典”立场的同情，即“政治”是男人要做的事，而相比之下，“经济”（家务事的组织和行为）是属于女人、奴隶和动物的。用亚里士多德的话说——这种立场的最终来源——人性要在政治活动中实现，因为人天生是政治的动物。（*Politics*：1253a）

在这种背景下，弗格森的疑虑得到了最好的理解。尽管“现代”自由的价值［因而清楚地排除了奴役（*ECS*：210，*PMPS*：II 472）］是毫无疑问的，但“古代”或“共和”自由的价值（cf. Goldsmith 1994）仍然占有一席之地。弗格森最害怕的是商业社会中丧失了后面的这些价值。他的关注最尖锐的表达在他注意到现代社会的关键原则——法治的危险时。他宣称，自由“最大的危险是我们衡量国家幸福……只是通过平等的行政机构所伴随的平静”（*ECS*：270）。这种平静或被动就是问题。个体公民让“行政机构”去处理正义一般规则的执行这样的公共任务，而他们去处理自己的私人事务。从个人的观点来看，行政机构越少干预“商业和盈利技艺”越好。但这种“漠不关心”的后果是“滋长了邪恶”（256），结果是产生了一种“比我们所想的更类似于专制”（269）的状况。

136 通过灌输或允许被动性，现代自由没有保护自由的真正价值。古代自由的**那种**保护要有效得多。弗格森写了多卷本的罗马共和国历史并不是偶然为之，而是因为早期罗马是“自由”国度的标准模式之一。（回忆一下第 2 章第 42 页讨论“冲突”时，在相对抗的力量如何维持了自由这方面，罗马是模式）弗格森也把斯巴达作为另一个关键例子。他把斯巴达看成是一个其“唯一的目标是美德”（160）的国度，在那里“公共自由保持”在“他成员内心”的“秉性”中（158）。[8] 古代自由有效性的来源是它要求成员积极地参与城邦或共和国的运作，是它要求政治参与。（cf. *PMPS*：II 509）商业社会不要求这种参与，存在着政治上的缺陷。（cf. Medick & Batscha 1988：79）它所唤起的仅仅是遵守规则，不去做不义之事。但对弗格森来说，这种被动性仍然是一种危险。如果现代人的“貌似完美的”政府的政治只是提供安全的保障，那么，这会“削弱社会的纽带”（*ECS*：191）。为什么？因为不号召公民“为维护他的权力而行动”（223）。不作为产生了漫不经心。由于忙于私人事务，与“积极美德”相连的“公共精神”无人问津，商业国家成为“拥有无价值的自由的国度”（221）。[9]

在讨论这整个过程中，弗格森用了“腐化”这种语言。例如，他说专制（我们已看到，他担心现代自由有这种趋势）的规则“导致了腐化之人的政府”（240）。这是“古典共和主义者”的地道说法。[10] 虽然强调美德的这个词可以与法学上的“权利”一词做对比，正如波考克（1983：248）说的，**美德**（virtus）不是**权利**（ius）。不过语言是灵活或不固定的，而不是僵硬或固定的。它也可能是双重说法的。弗格森对“权利”的处理看起来就是这样的。[11]

正如我们所看到的，弗格森的标准法学术语指的是“财产的权利”

（156），在对普莱斯的批评（见第 108 页）中，他把安全与权利的拥有联系起来，也就是把这些消解理解为阻止他人的侵害（cf. *IMP*：Pt. 5）。我们也指出了，他谈到了“个人有权利以自己的立场去为自己和为公共而行动”。他清楚地把后一种权利界定为“政治自由”（*ECS*：167）。要保持人民的自由，就需要这种积极的、参与性的权利。单靠法律，单靠公共程序的形式无法完成这个任务——“法律在维护自由上没有任何实际效果，法律的影响力是从书本中而来，没有任何神奇的力量，而实际上是人的影响力才有了争取自由的决心”（263）。自由是“每个人都有权利来为自己辩护”；这种辩护是“自由心灵”拥有的一种“坚定和坚决的精神”（266）。这意味着每个公民都“愿意承担自己身上的政府负担和保卫国家的负担”，而不把这些负担让他人来承受。（266）这里谈到的“保卫”激起了弗格森去支持民兵。（见第 6. 3. 6 小节）更一般地讲，在这种背景下，我们现在能够理解弗格森所说的“心灵的权利” 137
（167）；这些是（政治的）权利，它们只存在于美德的表现运用之时。

通过简短地回到斯密，我们能够澄清这整个论证思路。虽然斯密在《国富论》中是用“看不见的手”的比喻（见第 45 页）来对反对干预进行一般性的解释，这是一种“经济”论证，但它也有**政治**含义（毕竟所有政治上的干预都是要被削减的）。对斯密来说，因为公共利益在商业社会中是个人独立追求自己私人利益的产物，那么它不再要求特殊的**政治**行动。我们前面已经指出，商业所产生的富裕使得现在的社会比以往更好更幸福。由于这是商业活动和行使私人（消极）自由的意外后果，那么它意味着斯密可以始终如一地把这些不讨人喜欢的动机归到商人身上（cf. *WN*：267），而继续把某些公开的政治的和超个人主义的公共利益概念看成是多余的。弗格森的“心灵的权利”可以看成是与之不协调的。这种取代的深远后果不仅是用“经济”取代了“政治”的首要性（cf. Teichgraeber 1986：10），而且转变了整个亚里士多德式的人性观，即人性要在政治活动中实现（cf. Berry 1994：166）。在一个不同的语境中，斯密在《道德情操论》中评论好公民的时候，传达了类似的信息。斯密在那里说一个好的公民应该提升他同胞的福利，而不仅仅是尊重和遵守法律。不过，他指出，在“和平和安定时期”这两个原则是一致的——“支持现有的政治体制，显然是维持同胞们的安全、体面和幸福处境的最好的办法”（*TMS*：231）。就一般而言，这些所要求的“时期”正是商业社会提供的。把商业与“和平和安定”联系起来进一步说明了美德的重现排列，而这也是担忧的原因所在。

6.3.3 人道与勇气

像所有其他的“社会状态”一样，商业时代也产生了特定的行动方式，独特的生活方式。事实上培育了一种独特的人格。弗格森在他论民兵的小册子（见第 6.3.6 小节）中评论道，我们的祖先“在很多方面都与我们现在有所不同”（*Reflection previous to the Establishment of a Militia*，1756：5）。这只是我们从以前所讨论的社会化的影响中期望的。米拉把这两点紧密地结合起来。在直接呼应了斯密所说的每个人都是商人的评论后，米拉宣称“商业精神不是只限定在贸易商或商人身上，它以某种类似的方式遍布在所有阶层和等级人的身上，通过习惯的影响，它或多或少地传递给了社群中的每个人”（*HV*：IV 247/ *HV*L：386）。弗格森担心的就是这种扩散。“如果平等的正义和自由的借口最终是导致了每个阶级平等的屈膝卑微和唯利是图，那么我们就造成了一个奴隶的国度，就不存在自由的公民”（*ECS*：186）。

138 商业把“道德”弄成了什么样？什么是“商业美德”？弗格森指的是，“守时和公平交易”是商人的“生活方式体系”（189 cf. *IMP*：39）。米拉说，随着社会交往的扩展（随着社会越来越复杂），它“要求越来越多的相互信任和信心，没有诚信和公平交易这种一致的职业化和严格的做法，这些信任和信心就不可能存在”（*HV*：IV 237/ *HV*L：384），斯密再一次成为先行者。在他的讲座中，斯密注意到，“绝大部分人是商人，他们总是让笃实和守时流行起来”，以至于这些成了“商业国度的主要美德”（*LJ*：539）。这些美德是优先的，这直接反映了商业生活的抽象性质和以未来为导向的“市场”交易的可预测性和确定性。因此，它们与早先时代的美德或标准形成了对比；例如，“野蛮人”“很少注意到他们的诺言”（*HV*：IV 239/ *HV*L：385）。这种对比为“文明化”的进步史开辟了道路。（回忆一下第 5 章所讨论的那些反映了妇女地位之改变的生活方式）

以这种视角来解读休谟18世纪50年代的文章是有教导意义的。“精致时代”既是“最幸福的，又是最有美德的”（*E-RA*：269）。由于休谟也说那些时代享受着“奢侈的技艺”（*E-Com*：256），那么他是把美德与奢侈联系起来，而不是对立起来。（下面会显示出这种联系的重要性）如果个人现在是“更幸福的”，那么这种幸福是由什么构成的？休谟界定了三个组成部分——休息、快乐和行动。（*E-RA*：269–270）当然，最后一个是关键。第一个只是推导出来的，其价值只在于它是行动的中断。第二个与行动有必不可少的联系，因为“占有”本身就是愉悦的。但与弗格森所说的公共或政治上的“积极行动”相比，休谟注意到，是“要比前人生活得更辉煌这种欲望”激发人们去积极行动或勤劳。（*E-Com*：264）

这种辉煌自身体现了行为和生活方式的精致。从否定方面来讲，它阻止了“懒散的习惯”的建立。这与我们在第 5 章所看到的是同样的基本心理学，在那里罗伯森和米拉（及其他人）指明了“野蛮人”是倦怠和懒惰的。不过，在当前的语境下，重要的是它在肯定方面体现了什么。人越精致，越能培养心灵和身体的快乐。（*E-RA*：271）就后者而言，（例如）他们能够享受精致的烹饪，而不像“大嚼死马”的鞑靼人那样狼吞虎咽。（272）就前者而言，随着“每个技艺和科学”的改善，他们当然就越来越有知识，“完全消除了极端的愚昧”（271）。除此之外，社会性（包括对女子的骑士风度）也在增长。这种社会性是人口密度增加的产物，人们“涌入城市中”。对休谟来说，城市居住（city-dwelling）、文明（civility）和文明化（civilisation）不仅是词源上的联系。他对这些改善的总结是陈述了“一根坚不可摧的链条把勤劳、知识和人性联结在一起， 139
它们是那些更精致和（通常的说法）更奢侈时代特有的”（271）。

休谟谈到的“人道”传递了不少信息。他这里把人道与“性情”或情感秉性中的加强交流和改善联系起来。与之相伴的是对他人感情的强烈感觉。（cf. *TMS*：207）相比之下，野蛮人太残暴；他们缺乏人性——他们是残忍、残酷和嗜血的。斯密指出了野蛮人是如何折磨受害者的，是如何在折磨的时候铁石心肠的。这种冷酷削弱了他们的人道。（209）与文明人相比，他们的自制更是一种压抑。就像弯曲的弹簧一旦压力消失就会不可预测和不可控制地蹦起来一样，当野蛮人失去自制时，他们的行动也会是“激烈和暴力的”，他们的反驳“永远是血腥和可怕的”（208）。商业人士的人道（以及他们的真理和正义）的回报是他同胞的“信任、尊重和爱”（166）。由于斯密的道德理论是取决于他人的反应，所以三种美德建立起来，人们以此来行动。由于他人的“好看法”是永远的欲求，所以它将产生商业社会所必需的“规矩的举止”（63）或（换言之）规则统治的、可预测的行为。

弗格森也评价了人道的突出。他把人道界定为文明化的“主要特色”，“缓和”了“战争法则”，光荣在于保护被征服者，而不是消灭他们。（*ECS*：199–200）然而，弗格森担心商业国度有着“轻视光荣”的趋势。（258）光荣本质上是一种尚武美德——它是在战场上以勇敢来取得“胜利”。不过，斯密和休谟都怀疑现代世界中勇敢的恰当性；米拉也有同样的怀疑，虽然他用了“坚韧”一词。

米拉的怀疑来自于他的“（温和）决定论”；按照他的观点，我们的秉性受到我们环境的“影响”。因此，坚韧或被动地承受苦难（*HV*：IV 177）是“社会婴儿期”的做法。（181）由于是“缺乏人性”（178）造成了这种做法的有效性，那么相比之下，这意味着“富裕和文明国家的人的鲜活和细致的同胞之情……特别不赞成坚韧”（185）。这种同胞之情是商业“生活模式”的产物，这包含“正规政府”，“安宁”，“安全舒适的状况”以及“温和的生活方式”（185–186）。在这些社会环境中，坚韧过于杂乱无章和个人化了。斯密也谈到了这一点。“最英雄的勇猛”既能造成好的结果，也能造成坏的结果（*TMS*：264）。所以，它是“极度危险的”（241）。休谟的评论清楚表明了这种联系——“事实上可以看到，在所有未开化民族中有些尚没有充分经历到慈善，正义和社会美德带来的好处，在那里勇敢是最重要的优点”（*EPM*：255）。在《英格
140 兰史》中，他在谈到 16 世纪的苏格兰时评论道，那时“武力”比“法律”更盛行，“比起平等或正义，勇敢这种美德最有价值、最受尊重”（*HE*：II 81 cf. I 115；对盎格鲁撒克逊人的讨论）。勇敢与尚武美德密切相关。如果商业社会中勇敢的地位有限，那么尚武美德看起来也是如此。这种有限引发了一种忧虑。这种焦虑最终与奢侈所引起的一系列复杂价值有关。

6.3.4 关于奢侈的争论

在 18 世纪，有一场影响深远的关于奢侈地位的争论（cf. Berry 1994：Ch. 6）。这场争论的参与者来自全世界，苏格兰也不例外。其关键是“现代性”的特性，而商业及其后果又是其中的核心。

传统的观点是罗马道德学家提出的，并受到了公民共和主义及其他

人的拥护，它认为奢侈是一种腐化。在个人层面上，奢侈的生活让人变得柔弱。也就是说，他们变得“软弱”，不能忍受艰苦，不能再以“男人的”方式来行动，也就不能担当风险和勇敢行动。希腊语和拉丁文中“男人”（aner/andra 和 vir）与“勇敢”（andreia 和 virtus）有同样的词根，这并不是偶然的。奢侈的生活让人沉湎于自我放纵和贪欲的快乐，这样一种生活有社会后果。奢侈的社会是让社会沉湎于私人目的，因为人不愿意为公共利益去行动（奋斗）。这意味着，这种社会在军事上是脆弱的—— 一个懦夫的国家很容易屈服。

它进一步提出，那些服务于自己私利的人主要是贸易商或商人。与那些致力于公共利益的将军或政治家相比，商人的生活不那么充实，不那么有价值。这种蔑视体现在（例如）亚里士多德那里，而一旦商业开始扩张，这种蔑视变得尖锐了。而且，商业是可疑的，因为其核心是不确定性或冒险——并不能保证你能卖掉你的物品。由于这个体系只是建立在无形的信念、看法和期望上，它看起来明显是太不实在了，不能支撑一种社会秩序。17 世纪末 18 世纪初惊人的财政崩溃（达连湾计划、南海泡沫事件）加深了这些悲观主义论调。这些忧虑让人们去关注另一种对比性的模式，即独立的土地主或乡村绅士的模式。这种个体享有稳定性和确定性。与金钱经济的流动性、头晕目眩的时尚和“利润”的幻灭形成鲜明的和精心的对比的是，致力于固定“地方”的地主能够实践忠诚，担当和坚贞这些美德。这些都是“阳刚的”品质[12]，它们与女人众所周知的不可靠性形成了对照——女人的“特权就是改变她们的想法”，真是“女人善变”（la donna e mobile）。由于与柔弱联系在了一起，奢侈的话题又复苏了。

一个奢侈、软弱的国家满足其军事要求或需求的唯一方式就是让他人来执行这个任务。如果这要有可行性，国家得有必要的资金。因此提出了奢侈、财富（商业）与雇佣军之间的联系。对公民共和主义者来 141
说，这是否定性的联系，商业和奢侈是一丘之貉。这意味着捍卫商业需要偏转或推翻那些传统的反奢侈观点，以及这场争论的论调及其相关的讨论。

一个策略是探讨商业与软弱之间的联系，但把它解释成正面的。[13]罗伯森把这种正面的情况简单地总结如下：“商业往往清除那些让国家与国家相互区分和敌对的偏见。商业让人们的生活方式更温和更文雅。

商业把人们用最强之一的纽带联系在一起，提供人们相互的需要。商业使人们和平……”（*VPE*：333）商业的增长——以及随之而来的更人性和更温和的“文明化”品质，文雅的生活方式（cf. Hume *E-RA*：271；Roberston *VPE*：319；Stuart *PLS*：57，93；Millar *OR*：176 etc.）——标志着离开了一种艰苦的“斯巴达”生活，对传统主义者而言，后者代表了节俭的美德生活。

这种“离开”在17世纪正式开始。诸如尼古拉斯·巴尔本（Nicholas Barbon）那几位论贸易的学者开始把奢侈“去道德化”，提出奢侈是有用的，因为它提升了行业和财富（cf. Berry 1994：Ch. 5）。曼德维尔那煞费苦心的煽动之作《蜜蜂的寓言》（1721/1732）推动了这种想法，那本书公开为奢侈辩护，与其他书一起公开侮辱了传统或正统的感觉。很多人都盯住了这一点。其中，可能最精明和最著名的是弗朗西斯·哈奇森［例如，见他的《论蜜蜂的寓言》（*Observations on the Fable of the Bees*，1726）］。

从上面来看，有关奢侈的争论的几种大体思路和各种参与者的立场看起来是可以预测的。不过，虽然如此，解释框架也很少会是整齐划一的。例如，弗格森实际上对商业技艺非常谨慎，因为这些技艺强调“私人利益”，个人变得“柔弱，唯利是图和沉湎于感官欲望”（*ECS*：250），但他讨论“奢侈”的那一章却没有对此进行全面的谴责；他承认（并由此受到责备）奢侈作为一种增加了“国家声望和幸福”的手段是值得赞扬的。（244）这一章的褒贬交加揭示出弗格森意识到了“奢侈”的意思已经变得不固定了。特恩布尔有同样的观点。（*Principles of Moral Philosophy*：341）斯图瓦特也是如此，他企图把这个词的道德意义与政治意义分开。[14]

苏格兰人对这场争论最显著的贡献之一也是从这个词的“不确定的意义”开始的。这出自休谟《论技艺的精致》一文的开篇语——那篇文章1752年第一次出版时的题目是“论奢侈”。在那篇文章中（以及它同时期的《论商业》一文），休谟坚定地拒绝了传统观点对“奢侈”的“道德化”蔑视。通过引用他所说的“精致”或奢侈时代“最有美德的”，我们已经暗示了他论证的要点。

142 奢侈，作为商业的同盟，当它在人群中扩散时，它削减了统治者的暴力和雄心（我们回忆一下，商业是绝对政府的对立面）。（*E-Com*：

257）但这没有削弱国家。相反，“工业、技艺和贸易增强了统治者的力量”（260）。由于国家的“力量”取决于它的军事能力，这意味着休谟主张：商业社会是强有力的，而不是无力的；是刚健的，而不是软弱的。他的主张既有肯定性的，也有否定性的。从否定性来看，他主张，那些非贸易社会的人是懒散的，它的士兵缺乏知识、技能和勤劳。这些缺陷使得他们只能应付冲动的对抗，而常规战斗或防御超出了他们的能力。（260）从肯定性来看，一个文明国家，正是因为它是勤劳的、有知识的，所以会是一种有效的军事力量。其根本原因在于随着一个国家的雇佣劳动力“超过了仅仅的必需性”，这个国家的力量也相应增强了。这个原因的结果就是国家拥有了劳动力的仓库。（*E-RA*：272，*E-Com*：262）这种仓库可以满足军事需要。在文明国家，军事是靠征税养活的，这减少了消费或不必要的奢侈品，因此也让生产这些物品的设备用于军事目的。（*E-Com*：261）

休谟的分析有一个更深的维度。这体现在他的以下评论中，这种社会预设了批评奢侈是与“心灵的自然倾向”（263）相悖的。休谟这里指的是斯巴达——建立在艰苦、简朴美德上的政体典范（休谟对斯巴达的论述，见 Berry 1994：143–152）。斯巴达的政策违背人性，因为它倡导的“公共利益”太难了，无法坚持（cf. Moore 1977：820），人都是由“贪欲、勤劳和奢侈的精神”（*E-Com*：263）所激发的。要像斯巴达那样统治人，需要“人类发生了巨大的改变”（*E-RA*：280）。不过，政府的任务不在于这种神奇的改变；政府必须应对的是现实的世界和现实的人。相应的，“官员”“常常”只能用一种恶来应对另一种恶，两害相权取其轻。以“古典”原则，以某种“好生活”的目标理性学说来批评官员不作为，是毫无意义的。相反，恰当的判断是：这种政策提升了那些相关个人的物质福利吗？以这种方式来理解，那么就能有正当的理由去发扬奢侈，因为它优于懒惰。而且，以这种方式来定义奢侈，休谟仍然能够承认奢侈就像愚昧一样，是“恶”。但比起徒劳无益地消除奢侈来说，接受奢侈是更好的选择。（279–280）

其他的苏格兰人远没有这么乐观。例如，凯姆斯的著作中充满了对奢侈的传统蔑视。他责备它造成了人口减少。它直接造成了两性生殖能力的衰落，间接地造成了奴役和破坏了产业。（*SHM*：I 63–64）他接受了传统的看法，罗马是由于进口“亚洲奢侈品”而腐化的（473），他为

“正在不列颠广泛扩散的奢侈和自私的流行病症”而感到悲哀。(477)这暗含着对商业的判断。凯姆斯商业在创造财富和权力上是一种“直
143 接”利益，但他重复了弗格森的论点，担心“严格和正规政府”产生的安宁会使得“好战的民族柔弱和怯弱”(459)。奢侈是“商业国家中的最大害处”(373)，因为它杜绝了男子气概(487)和爱国主义(474)。

在凯姆斯对爱国主义的简述中，他把他传统的对奢侈的批评与他的“四阶段”理论结合起来。“最初的渔猎状态”不存在任何祖国(patria)观念；游牧状态有共同利益的观念，但没有祖国观念；只有在定居的农耕状态，“祖国的意义才开始支持自身”(465)。当“制造业和商业”开始兴盛时，就像英格兰的都铎王朝，爱国主义仍然存在(468)，但当“权力和财富成为唯一追求的目标”时，就像罗马和最近的荷兰，爱国主义就消失了(476)。凯姆斯认为唯一的解救之道是“要求节俭”，也就是引入是限制奢侈的法律(480)。(可以与斯密的限奢令对比；见第 129 页)

凯姆斯对奢侈及其在当时苏格兰的扩散感到不安，很多人对此都有同感。各种报刊都在哀悼他们国家正在走向“奢侈、柔弱和衰落”。[15]布莱尔既是爱丁堡大学的教授，又是广受欢迎的牧师，他的布道包含了常见的对“奢侈习惯”所带来的“恶”的指责。[16]同一阵营的还包括哈奇森(*Observations*：81，*SIMP*：321)、格里高利(*CV*：xiii-xvii)、蒙博杜(*OPL*：V 188，III 453)、华莱士(*Diss Numbers Mankind*：13，19 etc.)和布莱克威尔(*Homer*：63)。在斯图亚特看来，就像他总是在鼓吹“丛林”德国人的自由一样，奢侈不断增长是城市、不公平的等级和财富出现的要素——他把这种增长描述成“人类的邪恶、见利忘义和腐化”(*Diss*：36 cf. 95)。因此，虽然在休谟和斯密那里，奢侈是“封建主义”崩溃的因素，对斯图亚特来说，在不断增长的腐化中，奢侈起了同样的作用。(*VSE*：2，105；*PLS*：119)邓巴更像弗格森，他倾向于一种平衡的观点。奢侈既是有利的(作为勤劳的动机)，又是有害的(一旦获得)。(*EHM*：368-369)

米拉更有趣一些。我们已经看到他是商业的有力支持者，因为商业有助于自由，但正如我们在第 5 章指出的，他也担忧这种“自由”对妇女造成的某些影响。在“富裕和奢侈的国家”，“严重奢侈”这种自然倾向会“削弱妇女的等级和尊严”(*OR*：225)。米拉也对商业生活的竞

争感到不安，“追求财富成了一种争夺，每个人都相互对抗”（*HV*：IV 249/ *HVL*：387）。米拉关注劳动分工对个人的影响，这进一步显示他对商业的负面意识，米拉看到，个人局限在极度专业或有限的工作中。这种意识并不是他独有的。甚至他在这里还是在遵循亚当·斯密的权威看法。

6.3.5 “异化”与劳动分工 144

苏格兰人对劳动分工破坏性后果的论述属于两个语境——作为政府行动/费用的理由与作为商业和温和生活方式联系的进一步表达。这种双重性并没有得到充分的认识。一种解释是来自斯密，他是这场争论中最重要的一位，他的论证处在第一个语境中。顺便提一下，“尚武美德”似乎是第二个语境的关键。

在《国富论》开头几章中，斯密阐释了劳动分工的优点，而在第五卷中他又评论了它的缺点，这种看起来的矛盾引起了很多猜想。[17] 由于表现这种差异性张力的某些相同的语句是重复出现的，所以很难将其归为斯密的疏忽。斯密在第五卷的策略是先界定出其病症，然后推荐治疗方法。这种讨论之所以出现在第五卷，原因比较简单，是因为治疗方法涉及了某些政府干预和费用，而**那**明显正是那一节（“论公共工程和公共机关的费用”）和那一篇（《论君主和国家的费用》）的主题。

斯密对病症指出的诊断集中在人“的一生全消磨于少数单纯的操作”这一点上。这个人“就没有机会来发挥他的智力或运用他的发明才能”，失去了“努力的习惯”，变成了：

> 最愚钝最无知的人。他精神上这种无感觉的状态，不但使他不能领会或参加一切合理的谈话，而且使他不能怀抱一切宽宏的、高尚的、温顺的情感。其结果，对于许多私人日常生活上的平常义务，他也没有能力来作适当的判断。（*WN*：782）

既然斯密联系到了“私人生活”的重要性，那么这种论断是严肃的。斯密通过指出其广泛性和有害性，强调了这种对“症状”的阐释。个人的生活是“十足的无知愚钝”（788），“腐化了他心灵的勇气”，使他无法在战争中保卫国家（782）。总之，他的技巧熟练的代价是牺牲“他的理智的、社会的、尚武的美德”（782）。

这些个人病症有社会后果。与这种残缺的变形相伴的是智力上的迟钝（788）和原子化的反社会的生活，它们减少了自制，结果是这些个人成了“狂热”和“迷信”的猎物，而那些经常是“最可怕的混乱”的来源（788）。尚武美德的衰落和怯弱［“精神上的残废、畸形及丑怪”（787）］的兴起显然削弱了国家的防卫能力。[18] 这幅残酷的画面让评论者们看到，斯密承认了工业进程中的“异化”。不过，这是根据70多年后马克思的著名论述来解读斯密。[19] 如果按照斯密本身的论证来理解斯
145 密的话，而不是按照一位德国哲学界非常不同的形而上学来理解，那么斯密的形象会更清楚一些。

斯密上面说的是，“穷苦劳动者，即大部分人”在这种（不良）境况下必然堕落，“除非政府费心地加以阻止”（782）。斯密的基本治疗方法是教育。那些有“等级和财富”的人有闲暇，可以照顾自己，但“普通民众”没有这些（784）。所以，“国家”（就像苏格兰那样）要成立地方学校，让孩童受教育，其费用“务必使一个普通劳动者也能负担得起”（785）。国家财政将支付教师薪水的剩余部分。[20] 斯密的论点有点怪异，劳动专业化的（有害的）意外后果要用专业教育来有意地弥补。

但斯密开出的药方要更加深入一些。他也推荐了一些应该教的东西。应该涵盖基本教育，这意味着能“读、写和算”，除此之外，取消有时候学习的“全无用处的一知半解的拉丁语”，代之以“几何学及机械学的初步知识”（785）。斯密认为这对这个“等级的人”来说足够了。要为学习这些基本教育设置一些激励机制。国家应该规定，要做贸易或成为公司的成员，必须先接收这些基本教育的“考试或检查”（786）。事实上，斯密推荐，那些成为“自由职业”或被提名候选“某种名誉的或有酬的职务”，都要接受类似的检查。斯密把那些人清楚地界定为将接受“科学和哲学”教育的“有中等乃至中等以上的身份及财产者”。由于科学是“是对于狂热及迷信之毒的大消毒剂”，所以那些等级的人会相对免疫，斯密相信，这会预先防止“下等民众”中毒。（796）

虽然斯密清楚地看到教育在内容和效果上都有用，但这不意味着他的推荐就是表达了他赞成社会控制（cf. Winch 1978：20）。或者，只是，他能（令人同情地）以这种方式来解读。他承认，普通民众所学习的几何学和机械学是“最高尚最有用的科学的必要入门”（786）。他

（有些累赘地）写道，“国家即使从下等人民的教育中得不到任何利益，这教育仍值得国家注意”（788）。

因此，教育直接应对了理智美德的麻木，间接应对了社会美德的虚弱。那么，尚武美德呢？斯密这里的推荐并不具体。看起来，他不把民兵作为明显的解决之道。民兵问题属于第二个语境中劳动分工的害处，我们在下一节讨论和处理。

斯密的整体策略是，这些破坏性的后果需要政府来资助和补贴教育，不少人都赞成他的这种看法。邓巴在引用了扣针制造者后，谈到了技艺造成了“智力的麻木”，这几乎在重复斯密的“心灵的麻木”这个 146
用语。邓巴进一步评论道，这“意味着每种男子汉美德的阙失或湮灭”。不过，在上面这句话中，他加上了一个限定词“如果”。这种湮灭会发生，“如果他的这种职业倾向没有得到政府费用的阻止的话”（*EHM*：423-424）。米拉也一如既往地追随斯密的思路。机械技艺的工人局限在“简单的手动操作中”，“思想往往习惯性的一片空白”，以至于“他们变得像机器”。即使在工作间隔的休息中，他们也几乎得不到改善，因为他们周围都是同样的人。（*HV*：IV 145-146/*HV*L：380）与斯密相比，米拉的忧虑更明显一些，在那些具有美德和理智的人与不具备美德和理智的人之间，社会将出现一道鸿沟——这可能会再现欧洲黑暗时代，那时宗教牧师甚至可以“以欺诈和欺骗来行事”（*HV*：IV 157）。[21]不过，米拉相信“很明显，上等人帮助去教育普通民众的心灵是有好处的”以及“对国家非常有利”的是下等民众“在国内事务上认真尽责，生活方式平和，远离暴乱和混乱”（158）。达到这一点的方式是国家像苏格兰那样建立“教育学校和学院，尽可能地让最有用但卑微的国民阶层获得知识，而他们的生活方式原本会在某种程度阻碍他们获取知识”（160/382）。凯姆斯也用了类似的语言。专注“一个简单的对象”会排除“思想和发明”，结果是操作者“变得迟钝和愚钝”，像“牛马”一样。[他在刻画永久和平的危害时重复了最后一个短语（*SHM*：I 464）]但与其他人不一样的是，他并没有详细描述这种害处，也没有专门提出教育作为补救方法。（101-111）

6.3.6 民兵与劳动分工

虽然弗格森在《文明社会史论》中对劳动分工的评论很多是典型休谟式的，但我认为，它们最好还是根据弗格森对商业社会及其腐化倾向的整体不安来理解。因此，在写作那些经常被引用的论商业技艺的效果的段落之前，他已经指出，“技艺和职业的分离”适用于“政策和战争这些更高的层次”（*ECS*：181）。当他讨论“制造业较低部门”时，他注意到“最昌盛的地方最不需要求教心灵”，“那里的工厂一点都不把人的想象力看成是推动剂”（182–183）（马克思在《资本论》第一卷中引用了这句话）。他继续指出——米拉后来也这样做了——比起“底层工人”，工厂“主”更有机会看得更广，“思维更开阔”（183 cf. *PMPS*：I 251）。[22] 尽管人们的关注点集中在这两段评论上[23]，但看起来很明显，这不是弗格森主要的精力所在。

弗格森真正关注劳动分工的地方是它把社会分割成几个区间，而其独立的区间中没有一个具有“社会本身的鲜活精神”（*ECS*：218）。他
147 承认，制衣工人和制鞋工人的专业化让我们拥有了更好的衣服和鞋子，但——这是关键——“脱离了那些形成了公民和政治家的技艺，那些政策和战争的技艺，是在企图肢解人的个性”（230）。他关注的与其说是“工人”阶级，不如说是“政治”阶级（cf. Kettler 1977：451）。[24] 这与下面几点有直接的关联，他支持“古代”自由原则（这种“自由”一直保存在那些拥有土地的、历史上还拥有奴隶的精英身上），他想要让“心灵的权利”保持活力。商业不仅威胁到了“积极美德”，而且通过把战争技艺变成一种技术性的职业，它也把它的专业化扩展到了社会精神的核心深处。在一个广为人知的语句中，他说这使得国民与战士区分开来，就像“女人与男人”的区分一样。（231）

一个补救措施是利用传统古代自由的资源，即民兵。现在可以毫不惊奇地看到，在警告社会精神的阙失（218）后，他立刻引用了伯里克利，在批评罗马之后也同样如此引用。他的多卷本的罗马史可以看成是对这一主题的长篇叙述。例如，为了这一目的，他利用了罗马与迦太基之间精心安排的战争。迦太基在商业上和每项资源上都优于罗马，只是除了“那种源自民族性格和那种公共美德的结果”之外。当然，在接下来的斗争中，罗马是胜利者，那时它的生活方式“相比之下是完美的”（*Rom*：I 108–110）。

民兵的优势在于，“在上等人中”，它使得“公共会议和公共场合的人才”团结起来，与此同时也使得“人民主体”“热爱国家，而尚武品格使得他们可以共同保卫国家的权利”（*ECS*：218 cf. 266）。依靠雇佣军会让那些权利不可靠；雇佣军是商人，他们为那些提供最高报酬的地方作战，而不是为正义而战。同样，依靠职业化“常备”军队也会威胁那些权利，因为这种军队不仅可以用来对付外部敌人，也可以用来对抗任何可知的“内部敌人”（cf. 227）。

弗格森的关注不只是理论上的。他是建立苏格兰民兵运动（见第 1 章）的领袖之一，正如我们指出的那样，他还写了一本提倡建立民兵的小册子。[25] 围绕这个议题成立了“扑克俱乐部”，弗格森是成员之一，其他成员包括休谟、布莱尔、罗伯森、达尔林普尔和斯密（详细名单见 Robertson 1985：189-191），虽然成员主要是贵族和绅士。很明显，俱乐部既有“社会”性又有“政治”性（Robertson 1985：186，cf. Sher 1989：259n.）。

虽然斯密是扑克俱乐部的成员，但他的观点与其说是来自对劳动分工的消极评价，不如说是来自积极评价。[26] 对斯密来说，“现代军队” *148*
中火炮是主要力量（cf. *HE*：I 498），其自身是技术进步的产物，这种军队的关键是“纪律、秩序和迅速服从命令”（*WN*：699）。[27] 以这些标准来看，常备军优于民兵。正如我们看到的（见第 142 页），这也是休谟的观点。[28] 米拉也认为民兵不适合于持久的战争。（*HV*：IV 195）对斯密来说，“一个富裕文明的过会”，职业军队是保护文明、对抗“贫穷野蛮国家”入侵的手段。事实上，在《法学演讲集》中斯密注意到在 1745 年的叛乱中，有数千“裸体赤手的高地人”，如果不是常备军的抵抗，他们“毫不费力”地就攫取了王冠。（*LJ*：540-541）但在此之外，斯密也看到它能够在全部“帝国行省”中推行统治者的法律，以此来带给野蛮人文明。（*WN*：706）正如米拉指出的（*OR*：286），这显然与封建主义崩溃后法治的出现是并行不悖的。[29]

斯密实际上反驳了“民兵”阵营的观点。他说，“持共和主义原则的人”认为常备军关于“危害自由”（*WN*：706）。[凯姆斯正是做了这样的联系（*SHM*：II 12，37）] 但他接着说，常备军“在某些情况下也可以有利于自由”。这些“情况”包括对私人行动的宽容，即使“趋于放荡”（707）。这当然是有限定的。这只适用于军队的主要长官出自

“贵族和绅士”，他们“最大的利益是支持民政权力”（706）。

不过怎么处理尚武美德的衰落？正如我们在上一小节看到的，斯密将此界定为劳动分工的后果。斯密认为，这种美德或“尚武精神”的阙失是对国家安全的威胁（787）。1745 年叛乱中赤身裸体的高地人最初的成功是因为“不好战”的居民无法抵抗他们。（*LJ*：541）基于这些理由，尚武美德的不良境况（就像与之相关的理智的和社会的美德一样）值得“政府严重关注”（541）。即使别的不提，尚武精神的存在也会减少常备军带给自由的危险（“不管是真实的危险还是想象的危险”），会不再需要（不管程度如何）那么多的军队（也就花费更少）。[30]

还不清楚斯密到底推荐政府去做什么［唐纳德·温奇在这种语境下谈到了斯密的模棱两可的性格（1978：112）］。斯密谈到希腊人和罗马人的军事行动是由国民来执行的。（cf. *SHM*：II 20）虽然他说这些会随着改善的进步而衰败，“除非政府费心地支持［它］”（786），但他**没有说**（抱歉了，Robertson 1985：216），它应该作为国家教育的强制部分（cf. Sher 1989：25）——而弗格森确实赞成这样做（见他未出版的 *Essays* no. 15）。可以肯定的是，斯密在早些评论道，一个“勤劳富裕国家”要“不管国民的利益怎样，资质怎样，倾向怎样”而“强迫军事训
149 练”的话，将需要“极严厉的法令”。（698）在后面的语境中，他再次提到要保持民兵的话，政府必须“持久而辛勤的关注”。（787）米拉简单地陈述了这一点，他指出强制实行民兵的困难“足以表明它是违背时代精神的”（*HV*：IV 189）。[31] 甚至弗格森在他的小册子里也意识到，在商业时代“要复兴尚武之人的习惯”将会花费不少时间。（*Reflections*：4）**也许**斯密的信念是在政府的间接举措上。政府将通过提供相应的设施和“奖励”（或者使参与者有条件成为职业化），来“支持”尚武精神的培育。这种推测是来自这样一个事实，斯密先是论述了要提供相应的措施来对抗理智 / 社会美德的衰落，紧接着马上讨论了希腊人和罗马人的做法。

6.3.7 公共信用

还有最后一笔要加入商业社会这幅图画中。对“共和主义者”来说，贸易和交换性格中绝对的浮躁和幻象在信用那里达到了顶峰。信用

的授予和赎回证明了商业社会的脆弱及其基础的薄弱。这方面的深度质疑是由商业的两个最重要支持者提出的——休谟和斯密——他们对公共信用或债务的岌岌可危表示了担心。

对休谟来说，公共债务是一种现代的权宜之计。这个策略是抵押公共收入，相信后代会偿还债务。但是，接下来的“一代”当然只会把“责任推给”他们的下一代，就这样一代代地传下去，结果就是债务越来越多，最终崩溃（*E-PC*：350 cf. Ferguson *ECS*：234）。相比于这种崩溃性的支出，古代的做法是在和平时期积累财富，以便在战时用于征服或防卫。这是休谟文章的出发点，它形成了后续的论证。特别突出的是，他宣称“要么国家毁掉公共信用，要么是公共信用毁掉国家”（360-361）。国家的毁灭是来自于滥用抵押。这种滥用“几乎不可避免地”产生“贫困、无能和对外屈服”（351）。国家将背负着沉重的税收，最终无法满足要求。如果政府此时遇到紧急事件，那么它就会像绝对的统治者那样（cf. *E-CL*：96），抓住各种专项资金来偿还利息。虽然它发誓会归还那些资金，但这取消了“公共信念”，带来的是根基的“摇摇欲坠”。休谟把这种情况称为“公共信用的自然死亡”（*E-PC*：363）。但情况可能更糟。大量的志愿破产把“民众政府”搞得焦头烂额，其结果是没有任何剩余的资源，国家成了外部征服者的盘中餐。这是“我们公共信用的横死”（365）。这个结论使他的文章绕回了原点，因为正如我们指出的，他文章的出发点是更赞成古代为了战争进行储备的做法，而不是现代借贷的做法。[32] *150*

对休谟来说，商业“只能在自由政府中繁荣”（*E-CL*：92），但就像我们刚看到的，商业因素的结合助长了公共债务的紧缩，最终威胁到的就是国家的生存。这一系列事件产生的后果很难被开启这一过程的人所预见到。以此来看，公共信用体系的运作体现了“意外后果”现象。[33]这是我想要突出的斯密对公共信用阐释的一个方面。（见第 46 页）

像休谟一样，斯密对比了古代与现代的做法。在商业国家，可以买到那些诱人的奢侈品，这意味着在和平时期，资金是用来消费而不是用来存储的。所以，在战时，为了满足额外的费用，就需要借贷。（*WN*：909）米拉重复了这个论述。（*HV*：III 482）但产生了这种需要的“道德原因”，也产生了相应的满足手段，即商人和制造商有可以借贷的必要资金。（910 cf. Steuart *PPE*：I 182）由于商业社会享有正义的规则管理，那么这些商人对政府信用有足够的信任和信心。因为政府深处窘境，所以借款的条件是诱人的。（cf. *LJ*：536）但由于政府当时能够预见到它有收入来源，所以它“自己摒弃了储蓄的义务”（*WN*：911）。这样的链条产生了“当前沉重的巨额债务，从长期来看，很可能会毁掉欧洲那些伟大的国家”（911）。斯密用了一些篇幅来逐条列举债务资金的各种设置。尽管这些设置很精妙，但一旦收入不足以偿还利息，更不用说过去借贷的本金了，那么最终的结果就是破产。斯密指出，这经常通过“提高货币的面额”来“伪装”（929）。这只会加剧这种处境，并把“灾难”扩展到了无辜人民的身上。斯密认为，期待公共债务得到偿还是“徒劳的”。最好的结果是越来越多的公共收入（包括从殖民地征税）或者逐渐减少的公共支出能够削减债务。（933）

斯密的语言比休谟的温和一些（cf. Winch 1978：135），他更倾向于把债务看成是商业生活的现实，尽管我们都理想地希望它最好没有。正如我们在第 2 章指出的，这整个插曲阐明了商业市场兴起的意外后果，即它既在破坏封建权力和建立法治上是有益的，又在通过债务来摧毁社会上是有害的。[34] 人类行动的结果不一定就是良性的（上帝意图的）。

6.4　结论

这一章篇幅长且复杂。它的篇幅和复杂看起来是说明了对商业社会的理解在苏格兰人社会理论中占有核心地位。这些形容词也表明了要做更详细的总结是不现实的。相反，我这里只提出两个一般性的要点。

151 第一，尽管他们不那么言之凿凿，但苏格兰人的确认为商业创造了或构成了一个“社会”，一套相互关联的制度、行为和价值。商业自身并不是新奇的。它早已是学校教授的课程，苏格兰人清楚地意识到在雅典或腓尼基或迦太基已有了商业的先行者。但他们也知道“现在”世界是不同的。这里的“商业”是“第四阶段”中起作用的。它承担着两个角色。

虽然过去永远存在着势均力敌的对抗，斯巴达对抗雅典，罗马对抗迦太基，但在当今世界，阶段分期理论首先揭示了不存在这样的对抗。有的只是低等的“野蛮”社会或中国那种不起眼的“帝国”。其次，就像其他阶段有自己的制度结构一样，商业社会同样如此。它有自己的财产权形式和权力关系样式；它拥有独特的生活方式，提倡特有的道德准则。由于苏格兰人社会理论的一个基本信条是，人是社会的，并且社会化是强有力的，所以这种制度形态注定产生一种独特的精神面貌（mentalité）。正是因为苏格兰人确实把“商业”看成是能够产生和维系一种社会生活方式，所以他们的分析是从历史出发的，这一点是非常重要的。这提出了进一步的看法。商业不仅仅只是另一个范畴。苏格兰人整个研究的核心是提出这样一种想法，其他的“早期”阶段要根据这样的视角来理解。例如，因为财产权是商业社会中非常重要的，所以它在其他阶段应该也有类似的重要性。

不过——这是我两个要点中的第二点——能够发展出一个商业**社会**的观念并不意味着，实际的观念化是一致的，是没有张力的。事实上，本章的很多内容应该已经传达了这样的信息。回想本章开头的想象，我们看到的是程度不同而不是根本对立的一些观点。这不仅适用于不同的社会理论，而且适用于任何一个理论家自身。因此，例如把弗格森界定为“古代”自由的支持者，而把斯密作为“现代自由”的支持者，我希望是以此来抓住他们思想的一些面向。但这些真的只是“面向”而已。这种界定绝不是毫无问题的，事实上弗格森认为奴役在道德上是错误的，斯密真诚地认为懦弱不能成就一个真正的人。

苏格兰人对商业社会的理论化是对他们自己社会的理论化，事实上是对他们自己的理论化。如果黑格尔的想象是对的，即密涅瓦的猫头鹰（智慧）只在黄昏起飞（事件之后），那么我们也许不应该期望他们能提出早已准备好的答案。除非我们是黑格尔主义者，否则我们也能说我们的事后智慧必然能使我们清楚地看出那时的晦涩之处。一种干净利索、棱角分明的解释，不管这种解释是什么，都是一种扭曲。

明显的一点是，苏格兰人对商业社会的分析并不是冷漠的、价值中立的。下一章我们考察他们理论中价值分析的不同面向。

注释 152

[1] Cf. Dunbar *EHM*: 423, Ferguson *PMPS*: II 424, Millar *HV*: IV 154 / *HVL*: 381. 斯图亚特也用了这个例子（*PPE*: I 158）；在《国富论》之前，

斯密也在 18 世纪 60 年代早期的“早期手稿”（*LJ*：564）也用了这个例子。《百科全书》中大头针的例子是德莱尔（Deleyre）引入的（见 Lough 1971：48）。

[2] 福布斯把这场争论的核心称为“科学辉格主义”。这种观点质疑辉格党人的那些神圣观点，例如 1688 年革命的正当性证明，“古代宪法”，斯图亚特王室的邪恶以及（这里是中肯的）英国“自由”与法国“奴役”的对比。福布斯主张，这种“科学辉格主义”的哲学进路让“休谟的思想具有统一性和持续性”（1975a：139；cf. Forbes 1975b：191，1977：41）。福布斯（1954）用这种称呼来谈论斯密和米拉，并再次把它用在斯密身上（1975b）。

[3] Cf. Phillipson（1989：59 cf. 50，65），他论证道，休谟认为绝对的世袭君主制是文明政策的合适统治方式。明显的反对观点，见 Stewart（1992：171）和 Wootton（1993：296）。休谟有一次认为“纯粹君主制”（类似于中国），与“绝对”君主制不同，可能是“最后的政府”（*E-AS*：122n.）。

[4] 斯图瓦特的整体立场更复杂一些。他所阐述的统治形式，是假设政府的首脑是一个“政治家”，其行动“通过他们自然的和直接的效果或结果来阻止生活方式和革新的变迁去伤害联邦的任何利益”（*PPE*：I 12）。见 Skinner（1966）的编者导论。

[5] 萨尔托恩的安德鲁·弗莱彻（Andrew Fletcher of Saltoun，我们在下面的注释［30］中还会遇到）认为土地主应该直接雇佣流浪汉，而如果一个地方流浪汉过多，那么可以出售给那些流浪汉短缺的地方。虽然他否认他是在赞成奴役，但他说他是在重复古代，那时候提供奴隶更方便。［*Second Discourse on the Affairs of Scotland*，1698，ed. Daiches（1970）：49-50］Davie（1981）和 Phillipson（1981）认为弗莱彻是苏格兰启蒙运动的重要人物。休谟强调，因为不存在奴役，那些生活在专制政府下的人仍然比生活在“古代最繁荣时期”的人更自由。休谟忍不住（戏谑地？）加上了一句：“公民自由的狂热信徒”对奴役的阙失感到痛心。（*E-PAN*：383）

[6] 正如惠兰（Whelan，1985：5n.）指出的，休谟的正义理论是他政治理论中唯一受到“哲学家们”广泛对待的。除了惠兰之外，更专注的讨论见 Harrison（1981），更具分析性的考察，见 Stewart（1963），Mackie（1980），Miller（1981）。

[7] 正义协定是相互同意的结果，这对参与者来说，“产生了一种适当的决心

和行为”。例如，“两个人在船上划桨时，是根据协议或协定而行事的，虽然他们彼此从未互相作出任何许诺”。通过同一原则的运作，语言也是这样“逐渐”“一步步”形成的，金子也是这样成了交换的尺度。（*THN*：490）休谟的阐释也在博弈论中得到了讨论。（e. g. Charron 1980）

[8] 弗格森承认不能再造一个斯巴达，在这种意义上他是比卢梭更温和一些的信徒。不过，他暗地里批评了休谟的处理（见下文），并在一封信中承认了他的分歧（见 *Correspondence*：I 76）。弗格森认为斯巴达是他的“理想政体”，这一点是 Jack（1989：51）提出的。

[9] 当讨论罗马共和国最后的种种事件时，弗格森指出，加图、西塞罗、布鲁图斯及其他人以“对自由的可贵热忱”来行动，其目的是为了支持他们的同胞，虽然事实上那些同胞毫无价值（*Rom*：V 71）。更一般地讲，他在《论历史的进步和罗马共和国的终结》一个反复讨论的议题就是，随着军 153
事和政治美德（他把这两种美德紧密联系在一起，见下文）的松弛，“人性在倒退”（V 397）。

[10] 波考克称《文明社会史论》是“苏格兰人在这个主题［腐化］的研究上可能是最马基雅维利式的”（1975：429）。“弗格森对美德的理解是马基雅维利式的”（cf. McDowell，1983：545），也见 Medick & Batscha（1988：69）。

[11] 另一个双重说法的明显例子是特恩布尔。在他对海内丘标准法学文本（*System of Universal Law*）的翻译评注中，他零零散散地谈到并大段引用了哈灵顿的《大洋国》（1656）。哈灵顿是 17 世纪公民人文主义的主要代表人物［见波考克在他《政治文集》（*Political Works*，1977）中的导论］。特恩布尔也谴责海内丘像大家一样错误的诋毁了马基雅维利，对特恩布尔来说，马基雅维利是“杰出的政治家”，哈灵顿正确地称其为“自由之友”（*Commentary on Heineccius*：II 124）。对这个语境下特恩布尔的讨论，见 Miller（1995：53）不久前的评论。

[12] 这并不稀奇。伯克在他的“论美国税收的演讲”（Speech on American Taxation，1774）中慷慨陈词：“这些伟大和阳刚的美德、坚决、庄严、豁达、坚韧、忠诚、坚定。”（*Works* 1889：I 427）

[13] Hischman（1977：64）将此称为“甜美（doux）商业”学说，并把孟德斯鸠看成是其最有影响的倡导者。（见 *SL*：Bk 20，Chs. 1 and 2）

[14] 斯图瓦特“用一种政治意义”（*PPE*：Bk I，Ch. 6）来界定奢侈，它是一种“原则，产生了雇佣，养育了那些满足富人需要的人”（I 44n.）。他说，

奢侈本身产生了“好的效果”。但在同一个注释中，他尽力不把这种讨论与“道德学说”联系起来。在书的末尾处（Bk II，Ch. 20）他用了一章来讨论“奢侈”，他提供了一个规定性定义的列表。他把奢侈与感官享受和过度享受区别开来。他这种术语策略的要点在于他能够为奢侈辩护（像上面那样）而不用让自己支持过度或感官欲望；因此，“奢侈在于提供感官享受的对象，只要它们是不过量的。感官享受在于实际上的享乐，而过量则是享乐的滥用”。由于提供这些“对象”，“奢侈”鼓励“竞争，工业和农业”（I 266）。

[15] Cf. Dwyer and Murdoch（1983：231）。这个引用是出自《苏格兰信使》（*Caledonian Mercury*，1764）。

[16] 见他的布道“论奢侈和放荡”（“On Luxury and Licentiousness” in *Sermons*：IV 114）。布莱尔的布道得到了《苏格兰信使》编辑的赞扬（cf. Dwyer 1987：15）。

[17] Cf. West（1975），Rosenberg（1965），Werhane（1991）。清醒的认识见 Winch（1978）。

[18] Cf. *LJ*：540. 在那里他写道：“商业的另一个坏后果是它减弱了人类的勇气，往往会消除尚武美德。”（这种“后果”的原因是劳动分工）Hirschman（1977：106）引用了这一段，并宣称，基于这段话的力量，斯密“完全拥护古典的‘共和主义观点’”。这其实是把这段引用脱离了上下文。斯密这里是在列举商业的“不便之处”，而不是（本身）在赞同把这些划归为对“人们商业生活方式之影响”的一般评价。还有一些人也看出了斯密的公民人文主义，包括 Roberson（1983），McNally（1988）和 Winch（1978），其中以波考克最有影响，他详细探讨了这些术语，但他后来的文章（1983）澄清了这种解释的有限性。对这种解释的批评见 Winch（1978），而 Harpham（1984）论证道，斯密的“自由四阶段”使他与公民人文主义者（可能包括米拉）区分开来。Winch（1988）包括了一个回复，指责 Harpham 是“公然的误读”（88）。对斯密这些议题更广的讨论，见 Berry（1994：Ch. 6）。

[19] Cf. West（1969，1975），Lamb（1973），Werhane（1991）。Winch（1978）
154 的这本书在此同样大有裨益。

[20] 斯密反对国家财政支付全部的费用，因为这会鼓励教师“怠惰”（785）；斯密将此准则扩展到大学教育（760-761），认为（暗指）苏格兰的做法

不必（明指）牛津大学逊色（也见 *Corr*：178）。

[21] Cf. Medick and Leppert-Fögen（1974：31），虽然他们赞同引自《西德尼信件集》（*Letters of Sydney*，斯密可能是作者——见 Haakonseen：1985，42n.）的"两个阶级理论"（die Zweiklassentheorie）是存在的。在他们看来，这个理论是与"三阶层理论"（einer soziologische Dreiklassentheorie，即建立在租金、利润和工资上的三个阶层，正如斯密那里所表述的）共同存在的，对他们来说，这进一步支持了他们把米拉解释成一个小资产阶级理论家。（34，37 etc.）见第 8 章。

[22] 在一些未出版的手稿中，弗格森用了斯密式的语言来提出同样的观点——工厂主指导，而匠人停留在"某种程度的麻木中"［*Essays*，爱丁堡大学图书馆（MS Dc1）no. 15］。这篇文章出版在 Amoh（1989）。

[23] Brewer（1987，1989）认为弗格森的公民人文主义干扰了他的社会学；Benton（1990）把弗格森解读为"企业文化"的批评者；McDowell（1983）认为弗格森为马克思打下了基础，勾勒出了"阶级压迫的生动图景"（543），或者像托克维尔一样，看出了"商业精神滋生出的物质享乐主义的潜在危害"（537）。甚至 Ducan Forbes（1967：46）也宣称（最初是在一个广播节目中），在弗格森那里看到了"现代思想史上最爆炸性的主题之一（异化观念）的最早的清楚宣言"。

[24] Cf. *ECS*：260. "我们把我们的同情误用在怜悯穷人身上；它更应该用在富人身上，因为他们蜂拥而入到腐化国度的卑劣的无意义中……成为第一批受害者。"特别是富人不再拥有"心灵的勇气和高尚"，"缺乏任何男子气概"，他们"迅速远离了那些需要付出努力的地方"。（259–260）

[25] 在小册子中，这种与劳动分工的联系也是清楚的。（*Reflections*：12）弗格森也是另一本小册子《佩格修女》（*Sister Peg*）的（匿名）作者，虽然休谟已经提出了弗格森是作者（cf. Rayner 1982），但这看起来尚不能保证，而且也未得到证实。

[26] 弗格森在读了《国富论》后写信给斯密，说他在很多看法上支持斯密，但反对斯密对民兵的看法（*Corr*：193–194）。斯密与弗格森在这个议题上的关系见 Sher（1989），那里总结了斯密与休谟"根本性的"差异（208）。也见 Mizuta（1981）。

[27] 虽然说的是现代军队，不过这大体适用于更早的时期。斯密举了罗马和迦太基的例子，但重点放在第二次迦太基战争（弗格森的重点放在第一

次迦太基战争）。汉尼拔和哈斯德鲁巴的常备军优于罗马的民兵，而后者最终的胜利是取决于它纯粹的持久性，以至于它后来也具有职业军队的特点。（*WN*：703）弗格森则把同样的发展判断成罗马腐化的标志。

[28] 这不是在否认休谟确实有些同情民兵，有些反感常备军，见 Forbes（1975a：212）。罗伯森也有这种观点，但他更强调休谟的“一种完美共和国的理念”一文，千方百计地把休谟定位在一种“变形的”公民人文主义传统中。（1985：70ff. cf. also 1983）休谟不应该与这种传统搅在一起是 Stewart（1992）的重要主题。

[29] 虽然在欧洲大陆，雇佣兵的使用是与专制政府（路易十三和菲利普二世）
155 联系在一起的，但英格兰不是这样，尽管有詹姆斯一世和查理一世。米拉用海军的地位来解释这种差异，因为不像陆军，海军不太适合作为国家的执行工具。（*HV*：III 119–120）

[30] 这种试图把常备军和民兵的优点结合在一起的做法是凯姆斯精心论证民兵的关键，为此，他写了一整本的《人类历史概论》（Bk II，Sk. 9）。要存在定期的征兵，以便每个人都注定要在军队服役。这将不仅灌输纪律（特别是那些“名人和富人”，因为军队生活会治疗他们的浮华、荒淫和富裕的疾病），而且也让制造业不落后（凯姆斯承认是制造业使得国家强有力）。他指的是弗莱彻的萨尔托恩计划（Saltoun's plan）。弗莱彻是典型的“共和主义者”，把民兵推崇为“自由的真正徽章”和“美德的学校”。（*Discourse of Government with relation to Militias*，1698，in *Selected Writings*，Daichesed：19，24）

[31] 在展望尚武精神随着技艺的进步而衰落时，米拉甚至比斯密还要乐观。虽然米拉接受了胆怯与财富之间存在联系（正如英国人在 1745 年不情愿地与詹姆斯党人作战所体现的），但他论证到，这种联系是有限的，即商人将会勇敢地捍卫他的财产，如果政府想破坏的话。（*HV*：IV 200）

[32] 休谟论证的这个方面得到了 Hont（1993）的强调，这与 Pocock（1985：12）的解释形成鲜明对比，后者把休谟对公共信用的谴责解释为公共信用是商业社会自我摧毁的因素。Pocock 对 Forbes 提出了质疑。Forbes（1975a：174）也强调了外国事务这个方面，并用此来挑战 Giarrizzo（1962）的解释，后者认为休谟的这篇文章表明他越来越多的保守主义（Toryism）。Hont（346n.）认为 Forbes“驳倒了”Giarrizzo 的主张。

[33] 斯图瓦特用想象力把公共信用描述为“最可怕的怪兽，让那些在其初生

之际呵护有加的人充满了恐惧”（*PPE*：I 181）。

[34] 米拉指出，公共债务可以作为王位任命和附属的来源（cf. Pocock 1985：12），但也认为这得到了商业广泛扩展所带来的独立性的平衡。[*HV*：IV，essay II，“Political consequences of the（1688）Revolution”]

7 社会价值

无论是拥护法治，还是叹息人性的割裂，苏格兰人对商业社会的态度都不是中立的。由于人们认为“社会状态”（state of society）比之前的状态更优越，那么可以说价值判断是普遍存在社会思想的领域里的。这是唯一的结论。“社会科学”应该是“价值中立”的，这种信念是20世纪的执念（即使人们常常认为这种信念主要源自休谟[1]）。在早先的几个世纪，价值中立的观念看起来有点古怪。对古希腊人来说，他们主要考虑：“怎样好好生活”；对于基督徒来说，他们关注的是“知道自己是罪人，寻求在基督里救赎”；而对于像霍布斯这样的“科学家”来说，则是“要当心不接受权威的后果”。启蒙运动并没有就此止步。格拉迪斯·布莱森那开风气之作的主旨是，苏格兰人的社会探究是道德哲学的一个分支。这是本章要揭示的主题。我们可以把“社会价值”看做一个保护伞概念，在它的庇护下把道德、宗教和审美这三个领域联系起来讨论。

7.1 道德理论

7.1.1 语境

如果撇开休谟和里德的认识论以及斯密经济学的具体研究，那么道德理论可能是苏格兰人思想中被研究最多的方面。我在这方面的讨论是有选择性的，选择的理由都可以用一页的篇幅加以解释。米拉在道德理论方面的评论较少，而且并不充分。弗格森在《文明社会史论》中仅有一章草草提到了这部分，即使在他的其他著作中，道德理论也基本上是对他人观念的摘抄。罗伯森、斯图亚特和邓巴基本上都对这一问题保持沉默。剩下的斯密和休谟，以及追随他们的凯姆斯在这个主题上说的是最多的，这一节将集中谈论他们对道德的理论化。此外，弗朗西斯·哈奇森在他早期章节里断断续续地提到了道德理论，我们将在这里展开持续（但仍是简短）的阐述。贯穿其中的检验标准就是道德理论与社会理论的关系。

对苏格兰人来说，关键的问题是：我怎样知道什么是一个道德上正确的事情？这里强调的是**知道**。苏格兰人是经验主义者，为了解社会，必然求助于经验与证据，所以在讨论道德议题时，经验是基准线。这意味着，任何忽视经验的道德阐释都会遭到拒绝。与经验主义相对的是理性主义，理性主义意味着理性是道德知识的恰当来源和工具，例如，可 157
以用同几何学一样的方法分辨道德属性或道德关系。

反驳理性主义一直是当时活跃的议题。休谟特地对理性主义者展开了直接批评，斯密审视他的道德哲学体系也同样如此。他们都态度鲜明：休谟指出“由理性区分道德的善和恶，是不可能的”（*THN*：462）；斯密认为“想象一下对正确和错误的第一感知是来自理性，这简直是荒谬和莫名其妙的”（*TMS*：320）；凯姆斯也呼应了他们直截了当的批评（*PMNR*：100），虽然我们会看到的，他反过来又批评了休谟和斯密所提出的替代理论。

然而，理性主义和经验主义在一点上是一致的。两者都认为道德和神学既是相互关联，也是有所区别的。就像典型的理性主义者巴格利（Balguy）所认为的，“上帝意志自身必然服从原初法则或者行动的规则，所以‘和理性保持一致’的责任优先于按照上帝意志行动的要求”（*The Foundation of Moral Goodness*，1728，in *SB*：II 76）。苏格兰人赞同这其中的含义。他们也否认，圣经中所提到的上帝意志足以决定道德义务。我们在下一节会看到，这并不是否认上帝的作用，但它确实标志着从加尔文主义的圣经论（scripturalism）中出现了重要的突破（cf. Emerson 1989：79）。对他们那些正统的同胞来说，这一突破是明显将道德同化为社会礼仪，而不是上帝法则。[2]

尽管苏格兰人的经验主义使他们与理性主义保持距离，而不仅仅是与基督教的美德垄断保持距离（因为许多社会依靠道德规范而不是依靠圣经箴言的益处运行），但它本身没有提出轮廓清晰的道德理论。事实上它是如此开放，以至于很多实际的争论都是“内部的”，可以这样说：人类道德经验的证据实际上建立了什么？这个问题不仅是“生活的”，还是鲜活的。尤其是来自霍布斯和曼德维尔两位思想家的有力煽动，更为此增添了活力。这两位思想家的论述，以及对他们所解读的“证据”的回应，最能刻画苏格兰人的立场。

对霍布斯来说，人类本性的**事实**是自我中心主义。人类被他们的激情所影响，他们所欲望的就是“善”，他们所厌恶的就是“恶”。但**我**所说的善有可能是**你**所说的恶（见 *Leviathan*：Ch. 6）。而且，在“自然状态”中，我对那些**我**认为是自我保存所必需的东西拥有“自然权利”（可能由此包括了对你的财产，甚至对你的生命的一种权利）（Ch. 14）。由此霍布斯得出的结论是，必须建立一个绝对权威来对含糊不清的善恶的定义进行适当的裁断（Chs. 16，17）。同辈人以及后来者都认为，这意味着道德只是被强制地服从一个最高统治者的法令。许多批评者采取了理性主义者的道路（如萨缪尔·克拉克），而沙夫茨伯里伯爵三世安东尼·阿什利·库伯（Anthony Ashley Cooper）采取了另一路径。沙夫茨伯里认为，霍布斯的哲学，就像很多“现代的”推测一样，是建立在
158 对人性的错误解读之上的。人不能简化为自我中心，他们也拥有他所说的“自然的道德感”（*Characteristics*：I 262）。这是沙夫茨伯里引入的一个专门术语，而苏格兰人也采用这个术语。

尽管苏格兰人公开承认他们受益于沙夫茨伯里，但这种受益却被曼德维尔的影响给中和了。曼德维尔像霍布斯一样，甚至比霍布斯更加公开地煽动，“道德美德是在虚荣基础上由阿谀奉承产生的政治产物”（*The Fable of the Beens*：I 51）。曼德维尔被同时代的人认为，他是在宣称那些美德的拥有者（换句话说，所有正当思考的个体）都是伪善的。确实，他继续指出，人们实际**做**的（他们**享受**生活的舒服）和他们**说**的（通常是那些斯多葛式的语言）之间的差别真是有趣（I 166）。沙夫茨伯里就是这样一个常常被嘲笑的对象。但实际上的潜在威胁是，曼德维尔宣称沙夫茨伯里的理论并不正确，因为它“与我们的日常经验不符”（I 324）。

在众多反驳曼德维尔而支持沙夫茨伯里的辩护者中，最杰出的是弗朗西斯·哈奇森［尤其见他的《论蜜蜂的寓言》（1726）］。尽管对哈奇森来说，更多的是要给予曼德维尔负面评价，不过这里关键的是他自己对道德理论的正面论述，同样，他的道德理论对所有苏格兰人来说也是

至关重要的。尽管这并不意味着苏格兰人都赞同哈奇森，但是他们自身的理论正是通过不赞成的方式而形成的。

7.1.2 哈奇森和道德感

哈奇森在《论道德的善与恶》（*An Inquiry Concerning Moral Good and Evil*，1725）的第一句话中，把“道德上的善”界定为“在我们行动中领会到的某些品质的观念，这些行动使行动者获得称许和爱，这些称许和爱来自于那些从行动中并不获得什么利益的人们”（*PWD*：67）。相比于霍布斯和曼德维尔，哈奇森坚定地把道德与“利益”和“自我利益”区分开来。[3] 接着他表明，他的意图是力图发现道德善（和道德恶）“自然的普遍基础”（67）。

他发现这一基础存在于所有人都拥有的道德感中。他把这种感觉定义为，“在提前考察各种行动观念对自身所造成的利益得失时，我们的头脑对它所收到的各种受欢迎的或者有异议的行动理念所具有的决断力”（75）。说这是一种“决断力”就表明它是自愿的（它是“在我们的意志基础上独立产生的”）。（71 cf. *Essays on Passions*，1728：4）他的一个例子巧妙地表达了关键之处。他假设我们同样地受益于两种人，第一种人这样做是出于“对我们幸福的愉悦”；第二种是出于“自我利益的观点或者克制”。尽管两种得益是一样的，哈奇森认为我们“对两者有着非常不同的情感”（*PWD*：71）。这种“不同”是通过“道德感”来感知的。[4]

哈奇森相信，这种阐释不仅符合人类的经验事实（“人类本性使然”，*PWD*：120），而且表明了理性主义和自我主义这两种道德阐释并不充分。他反对理性主义的同时，坚决接受了洛克对先天观念的拒斥（75），并认为理性的运作在定位我们的行动上“太缓慢，有太多疑问和犹豫”（109）。“定位”是由道德感给定的，而它的运作要优于“或先于理性”（*SB*：I 116）。此处的论证同样被凯姆斯以及其他人使用，他们 159
坚称，社会性是本能的而不是理性的。哈奇森自己把仁慈、善意和社会性等联系在一起。［见 *On Human Nature* tr. p. 137 cf . Turnbull *Discourse upon Moral and Civil Laws*：275；特恩布尔称哈奇森为“可敬的道德家”（312）］而且，他经常将道德感与本能联系起来（例如参见 *SB*：I 87，94，116；*Passions*：24；*SIMP*：16 etc.）。相比之下，他把理性的角色看成是工具性的，发现了一种提升公众善和私人善的“适当方法”（*SB*：I 116 cf. 122，*PWD*：135）。

但哈奇森批评的主要目标是自我中心体系。他论证的整个切入点是，自利原则不足以解释道德现实。当然，他并不否认人类是由自爱激励的。事实上，正是这一观念阻碍了普遍的仁慈（*SB*：I 97），更一般地讲，错误的自爱是生活方式的腐化（I 143）和恶（*PWD*：84）的根源。[哈奇森认为：“恶意、冷淡、仇视”“似乎是人性中某些能力的缺乏”（84，并参照 *Passions*：108）] 不过这正是他的议题。自爱仅仅被理解为“阻碍”或者“干涉”了某些既定的事，即道德行为（*SB*：I 97）。他经常强调各种仁慈的事实；如果人们单单是被他们自己的利益感所推动，那么对公共善的欲望，对慷慨和其他美德的践行，就是无法解释的。如果从来没人做过“热爱公众或者关注他人利益”的事，那么“我们无法得出这些行为的观念”（I 133-134）。与仁慈范畴从自我利益中分离出来相一致的是，仁慈的行动事实上是我们自己的利益（cf. Campbell 1982：169）。因此在上面引用的那段中（见第 41 页），哈奇森宣称，增进他人的善，“无意之中也增进了自己最大的私人善”（*PWD*：75 cf. *Illustrations upon the Moral Sense*，1728：300）。

哈奇森肯定了道德判断和道德行为的现实，这种观点被所有苏格兰的后继者们所接受。我们将会看到，他们的不同在于是否需要援引独特的道德感来对那种现实进行正当化证明。在转入讨论他的后继者之前，值得强调哈奇森阐释中“人性”的用法。道德感作为人性的一种属性，只有承认人性本身是恒常的和一致的，才能发挥它的作用。正是凭借这种一致性，我们表现出对那些遥远国家和时代的关注（很明显我们在这上面没有“利益”）。这意味着，尽管道德观念的多样性可以很好地反驳任何先天观念的理论（*SB*：I 120），但当它面对道德感时就无话可说了。哈奇森对杀婴的阐释（比较前面第 76 页斯密的看法）是，要么是突然的激情压倒了仁慈，要么就是通常以“仁慈的外衣”（I 121）来做的。[5] 无论哈奇森相信仁慈事实上没有妥协，还是相信杀婴没有导
160 致斯巴达或雅典的毁灭这一可证实的事实，都意味着“自然感情”（I 122）仍然存在。哈奇森也使用这个论证来说明道德感优先于所有指令（*PWD*：99），但休谟和斯密并不赞同这个论证。

7.1.3 休谟，同情与正义

尽管与哈奇森意见不一，但休谟的道德理论填补了哈奇森所揭示的“空白”。休谟坚决拒斥理性主义，并认为曼德维尔的自我中心主义是不充分的。然而，曼德维尔并不是休谟的眼中钉，而是哈奇森的肉中刺。[6]他与哈奇森一起被确切地看做是“人的科学”的先锋（*THN*：xxi）。对我们的目的来说，休谟道德哲学的首要兴趣在于它是怎样支持他对正义的阐释的。由于这个主题是斯密最明显偏离休谟的地方，那么这也是他道德哲学的分叉口。

道德“更确切地说是感知，而不是判断”（*THN*：470），休谟的这个论证就概念而言是来自于他的基本公理。既然所有的感知不是印象就是观念，那么如果道德感知不是观念（理性的领域），它必然是情感的一种特征。于是他宣称，“每个人的经验必定使我们信服”，那些来自美德的印象是“令人愉悦”或者让人快乐的，相反来自恶的印象则是“不舒服”和痛苦的（470 cf. 439，276）。“来自”美德的令人愉悦的印象是一种既定的人性［它是人的科学中无法解释的最终事实（cf. xxii）］，没有其他类似既定的东西产生美德。只是简单地说所有美德都源自“本性”，这太不准确了。（474）但如果“自然的”被理解成生理学或生理上的原因（就像羊舌的温度一样），则更是个实际的错误。对休谟来说，关键的是，人类生活不是被膝跳反射控制的，而是受习俗、规则或人为策略的影响，它们是创造和习得的结果。（484，489）所有这些习俗中最重要的就是正义。对休谟来说，正义就是人为之德。（471）

由于没有正义，社会就会解体（见第130页），所以这种美德的重要性很难被低估。正义（我们回忆一下第5章）必然产生于这样的事实，即面对资源的匮乏，人们只拥有了有限的慷慨。休谟公开地承认，普遍的仁慈［对哈奇森来说这是所有道德善的顶点（*PWD*：88-89，100）］同上述事实是相悖的。不过，休谟并不接受霍布斯的人**仅仅**是自利的观点，在很多段落中，他强调了人的社会性及其重要性（例如 *THN*：352，363，421，424）。是“共同经验”支持了他这种观点，因为如果诉诸“共同经验”，那么可以发现“善意之情”要胜过自私（487）。这些诸如温顺、慈善、仁爱、慷慨、宽厚之类的善意之情，既是**自然的**美德，又是社会的美德（578 cf. *EPM*：214，*E-OC*：479）。它们的存在不可否认，这意味着休谟直截了当地摈除了霍布斯/曼德维尔式的论证，即**所有的**道德特征都是“政客的人为策略”（*EMP*：214 cf. *THN*：500，578）。即使承认这一点，这些社会的美德还是无法支撑社会。为了这个目的，才需要正义和其他的人为之物。因此正义是有用的，但是休谟不得不解释为什么正义也是“美德的”，之所以需要解释，是因为正如他所承认的，正
161 义的确立是不依靠自我利益的。（*THN*：499）

社会发展早期阶段的社会关系和特性的紧密性，使得与他人的直接认同成为可能。这种亲近的结果是，我可以看到我所受的约束（我观察到了正义规则）是以我们所有的得益作为回报的。这样的环境“令人高兴”，我们因此把这种约束／正义称作（休谟所钟爱使用的词是“命名”）是有美德的。但是社会一旦变得更为复杂，就丧失对他人的直接认同。这意味着，比方说，贼到陌生人空无一物的屋子行窃。尽管如此，事实上这个窃贼高兴不起来，而我们仍然因此说这是不正义的。但对于这些既定事实，很难明白其缘由。不愉快是一种感觉；但那陌生人作为陌生人，正是我会冷漠面对的那些人。必须有一种方法使陌生人的命运涉及我的情感。休谟提出的“方法”是通过“同情”原则。

休谟第一次引入“同情”是在《人性论》的第二卷中，那里有一个准确、“**严格**”的含义（cf. Mercer 1972：44）。同情是“观念”转化为“印象”的一个过程。[两者的区别是程度上的，而不是种类上的（*THN*：2）] 如休谟断言的，“最明显的一点”是，对别人感情所发生的“观念”被转化为那些感情“所表象的那些印象本身”（319）。我们感受到他们所做的。相应的是，我们在观念上知道陌生人被盗以后感到的“不快”，通过同情转换为我们对不快感受的“分担”。因为“在一般观察下，人类行为中令人不快的每样事情都被称为恶”，于是我们把盗窃称作不正义。（499）相应的，所有符合正义原则的行动都令人满意，被称作是有美德的。

同情使我们“脱离自己的圈子”（579），使我们感到他人的一切快乐或不快。以这种方式，同情在所有的人为之德中“**产生了**我们的道德感”（577；黑体是我加的）。它自身并不是一个道德原则。因此我们不会像哈奇森那样，就此要求一种直接的道德感去识别正义之德。因为同情具有相当大的功绩，它意味着“人性中一种强有力的原则”（618，577）。我们知道，作为人性的原则，同情的运作会是恒常和一致的。这就是为什么我们有正当理由 [就如同在“任何其他的事实中”（319）]

通过对他人行为的观察来推导出那些人正在经受某种情感（例如，陌生人被盗后的愤怒和悲伤）。[7]

休谟这种严格的阐释很容易受到攻击。例如，凯姆斯直接反驳道：单独的同情原则太薄弱，“无法控制我们非常规的欲望和情感”（*PMNR*：39-40 cf. *SB*：II 308 [8]），需要一种“更坚实的基础”。凯姆斯在道德感中发现了这种基础。在凯姆斯的叙述中，道德感是这样一种途径，我们通过它感知到某些行为是合适的、正确的以及合乎要求的，并且也感知到另一些行为是不合适的、不合乎要求的和错误的（40/II 308）。凯姆斯也指出哈奇森的错误，因为他把所有道德都简化为仁慈（44，147），所以也就无法解释我们为什么**必须**是正义的（41/II 309）。[9] 正如我在第 6 章（见第 130 页）指出的，凯姆斯跟休谟一样，认为正义是不可或缺的，但跟休谟不一样的是他相信正义感“属于人自身”（46/II 162
311）。对凯姆斯来说，正义感显然是属于神意体系的。当正义的不可或缺性与人类的社会欲望（见第 2 章）和聚居欲望（67/22，320）合在一起时，意味着它是上帝的整体设计的一部分。

虽然休谟拒绝了这种凯姆斯式的粉饰，但他的确在后来关于正义的讨论中撤除了对同情的参考。他这样评论，并不需要“深奥”的体系，就足以接受“人道或同伴之情”是人性的事实，所以没有人会对他人的幸福或悲伤无动于衷。（*EMP*：219-220n.）人道这个词是常见的。例如，弗格森在《文明社会史论》明显用了一章［“论道德感”（Of Moral Sentiment）］来讨论“道德问题”，他看出在“友善的秉性”中，其基础是“一种正当感”（the sense of a right）的道德本性，而后通过“人道的运动”扩展为对我们同类的感情（*ECS*：35，37）。在后来更系统的《道德和政治科学原则》一书中，他把“人道”命名为一种“对同类处境的同情和一视同仁的关注的原则”（*PMPS*：I 125）。实际上，米拉仅在他的出版著作中提到了道德问题，他评论道：正是“人道的感受”使人类摈弃不正义（*HV*：IV 236/*HV*L：384）。[10] 他这类解释的共同根据是西塞罗和自然法学。（cf. Haakonssen 1990：314）就像里德在他的法学演讲中阐明的，考察人们作为“社会动物”彼此之间拥有何种义务的实践伦理学，属于“正义和人道的主题”（*Practical Ethics*：112-113）。

尽管由哈奇森的道德认识论所引起的争论相对来说属于内部讨论，但从来没有离开过更广泛的话题。道德本性和社会本性之间的关系始终是紧密相连的。休谟对正义的论述表明了它们的密切关联，弗格森把友善和人性联系在一起也表明了这一点，不过没有什么论述比斯密在这一点上更明显了。

7.1.4　斯密，同情和不偏不倚的旁观者

斯密的同情的核心原则更接近于晚期的休谟而不是早期的休谟，因为他第一次谈到同情时，就把它的意思界定为“对任何一种激情的同类感受”（*TMS*：10）。斯密同早期休谟的这种分歧不出所料地伴随着对正义观的异议。我们在第6章看到（见第132页），斯密将正义追溯为（得到赞成的）对人们受到不义之事的愤恨的自然情感。因此，他不需要用休谟那种对同情的复杂探究来解释依附于人为正义的美德。

简单来说，斯密的论证如下。[11] 通过想象，我们能够设身处地地设想他人的感受。用这种方法，我们能把他人的感受“带到自己的身上”，尽管这必然是一种相对薄弱的形式。（9）但重要的是**我们**是如何感受的。斯密强调，同情来自我们对别人处境的认识，而不是来自他们实际的感觉（12）。他非常强调这一点，认为我们有可能同情死者！他不像哈奇森那样认为同情是“一种蔓延或感染”（*SIMP*：14），也不像休谟
163 那样认为同情是一种“传染”（*E-NC*：204），斯密的同情不是一种移情（cf. Campbell 1971：95）。[在这一点上，比蒂遵循了斯密（*Elements of Moral Science*：I 173）]

对斯密来说，“再也没有比满怀激情地看到别人的同感更使我们高兴”（*TMS*：12）。他写道，这种高兴无法被那些从自爱之心推断我们全部情感的人解释清楚。因为正是这种同感成为道德判断的根基，这一点更加意味深长。如果我们是旁观者，通过同情复制了他人在他们处境下产生的激情，那么我们就是赞同他。（16）举一个斯密自己的例子：如果我看见一个陌生人带着极为苦恼的表情，而且我们知道了他刚刚得知他父亲去世的消息。那么，因为同情，我们会理解他的悲痛。这之所以可能，就在于我从经验中知道，这种不幸必然会使他如此悲痛。（18）这种经验只能来自“共同的生活”，来自人类作为社会动物这个事实。这种社会性是决定性的。

斯密通过将社会比作一面镜子来阐明了这一点。（110 cf. Hume *THN*：365）在他的一段对卢梭《论人类不平等的根源》的强烈呼应中，

他评论道：

> 如果一个人有可能在同任何人都没有交往的情况下，在某个与世隔绝的地方长大成人，那么，正如他不可能想到自己面貌的美或丑一样，也不可能想到自己的品质，不可能想到自己情感和行为的合宜性或缺点，也不可能想到自己心灵的美或丑。所有这些都是他不能轻易弄清楚的，他自然也不会注意到它们，并且，他也不具有能使这些对象展现在自己眼前的镜子。一旦把这个人带入社会，他就立即得到了在此以前缺少的镜子。这面镜子存在于同他相处的那些人的表情和行为之中，当他们理解或不赞同他的情感时，总会有所表示；并且他正是在这里第一次看到自己感情的合宜和不合宜，看到自己心灵的美和丑。对一个刚来到人间就同社会隔绝的人来说，引起他的强烈感情的对象，使他欢乐或伤害他的外界事物，都会占据他的全部注意力。那些对象所激起的感情本身，愿望或嫌恶，快乐或悲伤，虽然都是直接呈现在他面前的东西，但是历来很少能够成为他思索的对象。对它们的看法决不会使他感到如此大的兴趣，以致引起他的专心思考。虽然对那些强烈感情的原因的思考时常会激起他的快乐和悲伤，但对自己快乐的思考决不会在他身上激起新的快乐，对自己悲伤的思考也决不会在他身上激起新的悲伤。把他带入社会，他的所有激情立即会引起新的激情。他将看到人们赞成什么，讨厌什么。在前一场合，他将受到鼓舞，在后一场合，他将感到沮丧。他的愿望和嫌恶，他的快乐和悲伤，现在常常会引起新的愿望和嫌恶，新的快乐和悲伤。因此，现在这些感情将使他深感兴趣，并且时常引起他最为专心的思考。（110–111）

正是这种对他人的回应——在赞成中获得的愉悦，不赞成时的痛苦——被斯密用来解释为什么富人炫耀他们的财富，而穷人遮掩贫穷。富人看重他们的财产，更多的是因为财富带来的尊重而不是带来了效用。（51）而且正如我们在第 5 章（见第 102 页）看到的，不仅是这种“附和有钱有势者的激情”的秉性成为等级区分的基础（52），而且想要赢得这种令人羡慕地位的欲望成为刺激我们改善生活状况的动力（50 cf. 183）。通过把道德与社会性和社会化紧密联系起来，斯密的理论同哈奇森和凯姆斯两人的理论产生了龃龉。正如我们将要看到的，当斯密开始讨论良心时，这一分歧更为显著。但首先我们需要更准确地解释斯密自身的理论是如何运作的。

164 旁观者的同情感没有被观察者（行动者）那么强烈，这是人性的既定事实。同样的事实是，行动者希望获得旁观者的同情。面对这样的事实，行动者为了在他的感情和旁观者的感情之间保持“和谐一致”，“他必须把激情降低到旁观者能够接受的程度”（22），这对斯密分析商业社会有着直接的影响。正如我们在第6章中看到的，社会的复杂性表明大多数人际往来都发生在陌生人之间。这种社会的明显特点是，每个人都是一个商人，他们相信和谐的根基是正义而不是仁慈。斯密对同情的阐释可以用来解释这是如何形成的。

在一个对休谟的回忆性论证中，斯密设想，在早期较为简单的年代，人际交往以家庭和朋友为主，这会涌现大量的同情。既然如此，这时候并不那么需要“降低”这种感情。而陌生人则没有这么亲切（23），就需要更多的努力。这种努力用来加强约束性，保证行动者更大程度的接受约束，甚至可能比亲密关系中的自我约束程度更强。个体（在普遍意义上）能够按照“按照谨慎、正义和合宜的慈善的要求”（241）行事。不仅使得“神圣的正义规则”——商业社会的基础——成为可能，而且各种“勤勉和节俭”（242）的商业社会的独特美德也得以茁壮成长。

在陌生人中，惯常的生存方式就是每个人都把自己（几乎）作为“不偏不倚的旁观者”（147）。“不偏不倚的旁观者”是大厦中的另一块基石。强调道德是习得的，似乎是把社会一致性和伦理标准合并在一起。我们在第4章（见第75页）讨论了这个观点。然而斯密否认，他的道德理论杜绝了批评。在前面的章节中，我们论述了他反对文化和伦理的相对主义，这里我们需要集中讨论社会内部的评价。

斯密赋予人性的另一个事实是，人类希望“不仅仅是被人热爱，而且希望成为可爱的人……不仅仅希望被人称赞，而且希望成为值得称赞的人”（113-114）。其结果就是，我们乐意按照一种值得称赞的方式行事，即使没有人称赞我们。因此，我们不依赖于实质的称赞或责备，但是却寻求以“不偏不倚的旁观者”（116）所赞成的方式来行动。一个旁观者就是一个内在的公正标准——他是“人们心中的那个人，人们行动的伟大审判员和仲裁人”（130），他的裁决权覆盖了对值得称赞的渴望以及对该受责备的厌恶（131）。只有“考虑过这一裁断”，我们才能获得评价我们行动的合适距离（134）。他后来指出，每个人都能够从他对“自己和他人的行为和个性的观察”以及“优越与完美的确切观念”那里逐渐形成了评价标准。（247）换句话说，尽管程度不同，但我们都能够确立一种理想或基准。通过暗地里的扩展，原则上这一基准能使我们获得对社会实践的距离。例如，我们可以评价个人或团体是否被过分赞扬或者他们本应值得赞扬的努力是否没有受到足够关注。因而对路易 165
十四才有了这样的评价，他靠着作为帝王的并非出类拔萃的才能和美德获得了尊重，使得“学问、勤勉、勇气和慈善”丧失了尊严。（54）

可以把这些批评说得更露骨一些。我们不仅能够在当代政治家身上发现这些缺陷，而且在这里能够发现斯密所说的扣针制造者的“美德”。我们在第 6 章（见第 144 页）提到，那些全部生活都用在从事“几种简单运作”的人们，是无法进行“任何的正义判断”的，甚至无法履行他们“私人生活”（*WN*：782）义务。他们社会化的“道德”是有缺陷的；他们从“镜子”反射中看到了自己“支离破碎”的境况。他们工作经验的完全封闭意味着缺乏距离，意味着不偏不倚的旁观者的裁决在弱化。他们的自制变得薄弱，并且成为狂热和迷信的俘获对象[12]（788）。无论如何，事情经过大致如此，除非“公众”采取补救措施。这里我们能看到斯密的社会和道德理论可以用来支持他的政策处方。

7.1.5 良心

那个“内心之中的”不偏不倚的旁观者，斯密将其清楚地界定为良心的原则。[13]（*TMS*：130，137）对斯密而言，良心具有的权威是“习惯和经验”（135）的产物。是习惯让“我们几乎不知不觉地”被它吸引而行动，这意味着它是一个习得的过程。虽然，正如我们刚刚看到的，这并不意味着它只是对现行社会规范的反应（cf. Raphael 1975：90，Hope 1989：105）。[14] 在这一点上，他的阐释明显不同于哈奇森和凯姆斯。

斯密把习得的行为与道德联系起来，而哈奇森强调，道德感的普遍性意味着它“先于所有的教导”（*PWD*：99）。这一差异标志了斯密与哈奇森更大的分歧。在他对各种道德理论或体系的评论中，他公开地评价了哈奇森。他把哈奇森界定为下面这种观点的拥护者，即存在着一种“独特的”情感或“特别的感知力”——道德感——构成道德许可的基础。（*TMS*：321）斯密提出了三点批评：哈奇森无法解释为什么我们既赞成温和又赞成勇气，而这两者中的情感是不同的；也无法解释为什么这一假定的普遍感觉一直没有被关注以至任何语言都没有它的命名（324–326）；最后，它是多余的。没有必要援引一种特殊的感觉——这是我们看到的斯密自己阐释中的要点——在旁观者和行动者之间的一致的情感就足以产生赞同的判断了。

凯姆斯也公开从他的立场批评斯密的理论。他集中论述了想象的作用。凯姆斯质疑想象可以“建立”旁观者的激情（*PMNR*：110）。他断言，只有一部分人能够作出道德判断，因为只有一部分人能够充分展开他们的想象力以达到同情。同哈奇森一样，凯姆斯引了孩童作为反例。
166 小孩缺乏想象（他认为）但却仍有同情。这个例子的说服力是它“清楚地表明同情必须是从人类与生俱来的某些自然原则中产生”（III cf. 47/*SB*：II 312）。正如凯姆斯对休谟的评价一样，他也相信斯密所信赖的同情无法给道德一个足够坚实的基础。（112）

对凯姆斯本人而言，这个基础位于我们的道德感中。这种感觉不是一种行动原则（这里他与哈奇森不同），而是行动的一个调节器。（53/II 313）这种“调节”就像其他的“能力和官能”一样是能够改善的。（97）有教养的民族比野蛮人更“优雅”，他们没有那么自私并且更加社会化。这是我们曾在第 5 章讨论过（我们接下来还会讨论）的凯姆斯的洛克式的心理学。野蛮人也有道德感，但是由于他们“被他们的欲望和激情而不是被普遍原则统治”，并且不具有“形成复杂观念和抽象命题的能力”，所以相对而言他们的道德感是有缺陷的。（94–95）

凯姆斯把作为调节器的道德感与良心的运作联系在一起（43/II 310 cf. *SHM*：II 269）。用一种与斯密相呼应的话来说，它是上帝在我们心中的声音。但对斯密而言，良心是内心化的不偏不倚的旁观者的讲坛，而对凯姆斯而言，“它产生自一种直接的感知”（43/II 310）。里德也有相似的观点，我们在诚实中感知到价值是通过良心（或者道德能力），而不是“教育或者后天习惯的产物”（*AP*：662 cf. *Elements*：II 57）。在里德那里（在凯姆斯那里更是如此）对道德的恰当理解与我们正确认识人在上帝造物中的地位是不可分离的。

7.2 宗教

至少在所有的基督教文化中，宗教和道德的联系是密切的，虽然是不明确的。而启蒙运动的一个标志就是挑战这种联系本身。苏格兰启蒙运动也不例外，尽管除了休谟之外，它并不像法国启蒙运动那样表现出公然的对抗。苏格兰启蒙运动更平静、更缓和、这种立场可以归因于苏格兰教会和很多文人在制度上的紧密联系。（见第 1.2.4 小节）不过，他们明确不同于温和派（“开明派”）的内部反对，所以仍被看做危险的异端。

他们对道德的理论化是这种所谓异端的一个要素，因为把道德感或情感定位为道德判断之基础的各种论证都在假设，道德可以在根基上独立于上帝启示的真理。哈奇森曾被格拉斯哥的长老会控为异端——因为他抵触威斯敏斯特信仰告白[15]——后来不得不被无罪释放。当然，哈奇森不是无神论者。他哲学中基础和实质的部分就是，他的自然主义（人类天然地拥有道德感）假设了一种上帝的架构；他相信，人类通过运用他们的自然能力必然地获得“上帝的知识和爱”（*Illastrations on the Moral Sense*：328 cf. *SIMP*：75）。

尽管存在很多细微的差别，但这是整个启蒙运动的标准观点。弗格森是典型，他论证道，正确和错误之差异的基础不是直接或者立刻依靠 167
上帝意志，而是人们通过“上帝造物中建立的秩序”认识到上帝意志的最初启示，因而取悦了上帝。（*PMPS*：I 166–167）尽管基督的启示在这种方式上失去了很多特权，但仍然保留了一个确证了的信念，宇宙是如此秩序井然，如此明显地“被设计”，以至于它必须是一个全知全能的上帝智慧的产物。这意味着，与 19 世纪“科学”与“宗教”的对峙不同，在启蒙运动中，科学知识和理性的增长被认为是对上帝完美设计的更为清晰和明确的演示。优秀的科学家是真正的笃信者，就像牛顿一样对上帝不容置疑（cf. *CV*：248）。否认上帝的设计在启蒙运动中非常少见。而几乎所有“少见的”颠覆性观点都出自休谟。我将对一颠覆的内容稍有涉及（见第 7.2.4 小节），但为了继续本文的重点，我仍将主要考察苏格兰人把宗教作为社会制度的理解。

7.2.1 宗教的自然史

1757年，休谟以此为标题发表了一篇长论文。由于杜格尔德·斯图尔特使用“自然历史”作为“猜测的历史”的同义词，并把休谟作为典型代表（见第3章），那么我们可以合理地期望这篇论文展示了这一派别的典型特征。休谟论文的目的是清晰的——他说：就是探究人性中的宗教起源问题。

尽管一个“无形的知识力量”的信仰“在所有地方所有年代”都“非常普遍地盛行”，但并非没有例外。（*NHR*：31）而且，在不同的地方和年代，这类信仰很少相同。它既缺乏普遍性，也缺乏趋同性，这引发了休谟的第一个结论。宗教不像“自爱，两性之间的喜爱”之类，它不是“本性的原始本能或初级印象”的产物。这意味着，“首要的宗教原则必须是从属性的”（31）。凯姆斯不同意这一点，他自己的自然历史是对休谟的有力反击。在凯姆斯对情况的解读中，“人类之上有一种强大的存在”（*SHM*：II 377 cf. Ferguson，*IMP*：120，Gregory *CV*：243）这种信仰是普遍的。凯姆斯承认，旅行者有着相反的故事，但他不像休谟一样接受了这些故事，而是认为这些故事并不成立。凯姆斯的推理是，这些旅行者是没有文化的人（见第62页），并且这些野蛮人缺乏语言资源来指称这些（抽象的）存在物（见第96页）。

既然这种信仰事实上是普遍的，那么凯姆斯继续去寻找这种信仰的原因。这种信仰的普遍性和首要性意味着它不能归因于“机遇”（II 378）。弗格森也赞同道，它不可能属于“特定的情形”（*IMP*：120）。确切地说这也是休谟的立场：要解释宗教信仰和实践的多样化，就是要确定那些原因并将它们区别于机遇。（*NHR*：54 cf. *E-RA*：III；见第56页）凯姆斯拒绝把恐惧当成是原因，因为它并不充分，他也拒绝把推理
168 作为原因，因为野蛮人不具有这种发达的能力。他推断，对普遍信仰的唯一解释在神这里，“对神的想象必须在每一个人类心灵中打下烙印”（*SHM*：II 383）。弗格森没有这么肯定。普遍性可能是“人性的结果”，但也可能是对“每个地方和年代都有的环境的暗示”（*IMP*：120）。但对凯姆斯（cf. *CV*：241）来说，人类心中的“内在感觉中可以被称为对上帝的感知”（以一种直接类似于道德感的形式）[16]。（*SHM*：II 383）

因为休谟认为宗教的来源是居于从属性的，所以他必须驳斥这个论证。他赞同凯姆斯的以下观点，即信仰不是反思的产物，它超越了野

蛮人的“狭隘观念”（*NHR*：42 cf. 39，40）。相反，信仰起源于激情或者“人类生活的日常感情”。“起初对神迹的艰难追寻”来自于希望，最特别的是来自于“原始人”（39）的恐惧。相比之下，凯姆斯拒绝恐惧的普遍性，理由是它们往往同月食和地震这样间断性的地方性事件相关（*SHM*：II 380），而休谟能够通过抓住那些与人类生活密不可分的日常恐惧和焦虑来论证普遍性。尽管两人意见不一，但凯姆斯和休谟都同意从人性中追溯宗教起源。无论“差异”还是“同意”，都是重要的。凯姆斯的起源中隐含了神性，于是以正统的面貌保留下来，而休谟的起源看上去是人性的且太人性了（human-all-too-human）。不过，因为人性的恒常和一致，那么这不仅为“科学的”因果论提供了“素材”，而且构成了书写自然历史的前提。

尽管不能等同，但休谟和凯姆斯讲述了一个大体类似的故事。洛克式的心理学提供了这一共同的发展框架。宗教信仰从特殊和具体转变为普遍和抽象的。因此当我们看到凯姆斯指出人们对于上帝的感觉是“逐渐成熟”（*SHM*：II 404 cf. *PMNR*：340）时，就不足为奇了。休谟也指出“思想的自然进程”就像“心灵逐渐从低级提升至高级；通过提炼不完美的事物从而形成完美的观念”（*NHR*：34 cf. *HAm*：840）。这个共享框架产生了共同的立场，“多神论是而且**必然**是人类的最初且最古老的宗教形式”（*NHR*：33，黑体是我加的；cf. *SHM*：II 390）。这一立场得到了广泛接受。这能在（例如）斯密（*EPS*：49）、斯图亚特（*VSE*：6）以及弗格森（*PMPS*：I 168）的著作中看到。

休谟和凯姆斯将宗教信仰的发展分为不同阶段。凯姆斯界定了六个阶段。在多神论之后是——像古希腊一样——众神混杂的阶段，一些神是高级的，另一些神是低级的，接下来是同等级别的混杂阶段，但众神被描述为一种不可见的力量。第四阶段开始信仰一个至高无上的仁慈的神，伴随着一些低级的神；第五阶段与前者的区别是只存在一个低级的神。最终“通过长期错误的迷失，人们抵达真正的宗教，认识到只有一个具有至高无上的力量、理智和仁慈的存在”（*SHM*：II 404）。在休谟
那里，多神论要给一神论让路，虽然他强调一种反复是可能的；但事实 169
上确实有一种偶像崇拜的“自然倾向”（*NHR*：62）使这一过程倒退回去。休谟总结道，目标或设计会显而易见地呈现出来，我们“如果不是必然，那么就是自然地”（96）去设想一个作为设计者的单一的完整的

理智。这个自然神论的观念是启蒙运动中最为广泛接受的，苏格兰人也不例外。然而休谟没有加入到这个共识中去。甚至在《宗教自然史》中，他评价道，宗教原则正像崇高境界一样荒谬，在他最终段落里，他声称宗教是“古怪的、不可思议的、无法解释的一个迷”（98）。

7.2.2 愚昧与信仰

休谟将多神论定义为“未受教化的人类的原始宗教”（37）。野蛮人是愚昧的，这一观点被休谟反复强调（参见例如 35，43，44；*E-PG*：61；*E-RA*：274；*EHU*：119）。因为他们对因果关系的无知（cf. *SHM*：II 389），从而求助于神的直接行动来解释现象（尤其是那些他们惊恐的现象）。这种愚昧是因为他们的处境。原始人是一种窘迫的、受制于“大量欲望和激情”的生物。（*NHR*：35）这些迫切的要求意味着他们缺乏闲暇，这些缺乏也意味着没有时间获得教化。人类要能够开始寻求因果链就必须有“闲暇”的时间。（cf. *EPS*：50）此时，这就在文明发展的更广阔进程里满足了宗教思索的需要。随着人类的文明化，作为“闲暇、安宁和富裕的自然成果”的“科学和文学”才得以发展。（*HV*：III 144 / *HV*L：375；*OR*：176）

按照文明史来设定宗教信仰的历史，也能够从洛克式的方法里找到这种做法。但是不应该误解这些历史和这种方法的关系。正如一些评论者可能暗示的，我们尤其不应该被诱导地赋予苏格兰人一种历史学家的视角。[17] 按照这一视角，人性本身会经历一种转变——它在不同时间（及地点）会有所不同。所以，一个多神论者与在凯姆斯宗教意义上的真实信仰者之间存在着差异，相比诸如缺乏闲暇之类的外部环境上的差异，这种差异更加深刻。第 4 章讨论过在这种历史主义的论证和文化相对主义之间有一种密切的联系，而苏格兰人拒斥文化相对主义因此也切合这里的讨论。

最后一点值得探求，原因在于它将把我们引入到一个关于“庸俗之人”的重要讨论中。休谟明确地把“文明时代区别于野蛮和愚昧时代”的“首要特征”界定为文明时代的人道（*E-RA*：274）。这种人道是“性情”得以驯化的产物，它同知识与勤劳不可分离（271；参照第 138 页）。这些都是“社会学的”差异，并且仅仅同“性情”相关，正如休谟在《人性论》中阐明的，人们在“性情和脾气”上的差异是“非常不值得考虑的”（*THN*：281）。也许苏格兰人思想中非历史主义的最清楚的表达是他们对“庸俗之人”的态度。

庸俗之人和愚昧的人是同一种人（*E-AS*：III）。因此对休谟来说，170
多神论者不仅是未经教化的人，而且是“庸俗之人”（*NHR*：51 cf. 60，63）。庸俗之人就是那些按照最初的表象行事，并且与“明智之人”或“哲学家”来对比的人（*EHU*：86，*THN*：150）。凯姆斯在他的《历史上的法》的序言中说，庸俗之人不像那些“严肃判断的读者”，他们喜欢“单个事件”的历史，战争、征服和类似事物的历史（*HLT*：iv）。关键的一点是，庸俗之人并不是某个在历史上被剔除的群体；他们就在我们身边。凯姆斯说得很清楚。他运用洛克式的语言宣称，不包含占有的财产权对野蛮人来说是一个太抽象的概念（参见第 95 页），他马上接着说道，“直到今天，庸俗之人并不能形成清晰的财产概念”（*HLT*：91）。在人性中并没有发生什么变化。在两种人相对来说都没有受过教化的角度来看，今天的庸俗之人类似于过去的野蛮人。基于这一点，休谟评论道，“在**信奉一神论教义的国家**中，庸俗之人仍然会把他们的信仰建立在非理性和迷信的原则之上”（*NHR*：57；黑体是我加的），这一说法言之有理。[18] 在其他地方，他贴切地说“人类对于奇妙世界的倾向”，尽管它可能“从感觉和学习中获得检验”，但“永远不可能从人性中彻底根除”（*EHU*：119）。这一点与我们对奇迹的讨论语境非常贴切。在我们对这个问题进行简单考察之前，需要阐明迷信，这个与愚昧相生相伴的事物。

7.2.3　迷信和神职者的权术

尽管存在差异，但苏格兰人是属于启蒙家族的，这一点最清楚地表现在对迷信的谴责上。伏尔泰的战斗口号“砸烂可耻的东西”在此得到了呼应，即使声音没那么响亮。对休谟来说，迷信的真正来源是“同虚弱、胆怯、忧郁相伴的愚昧”（*E-SE*：74）。尽管他把迷信（伴随着狂热）形容为“真实宗教”的腐化，但仍然认为它是“几乎所有宗教中的一个相当重要的因素”（75）。这意味着，尽管迷信只在早期盛行，但它从来没有被完全根除过。他指出从历史和“日常经验”两方面的证据来看——即使是“在各种事务上都具有最强大能力的人”仍然需要过一种“蹲伏在最显而易见的迷信之下的生活”（*E-Sui*：578）。凯姆斯清楚表明，并在这里强化了较早提出了的论证（在第 7. 2. 2 小节），即在“一个迷信的年代”，那些“最具判断力的人们也受到了感染”，而在“启蒙时代，迷信则限制在庸俗之人当中”（*SHM*：II 417）。这是启蒙运动进一步的成果。在真正的宗教与科学之间并没有对立；毋宁说对立是在迷信与科学之间的。因而罗伯森能够宣称，真正的宗教“是理性的产物，在光明和改善的年代中，它受到科学的呵护，并达到最高的完满”（*India*：1147）。

对休谟来说迷信就是一种“有害的精神紊乱”和“错误的看法”，治愈的方法就是“真正的哲学”（*E-Sui*：579 cf. *E-SE*：75；*THN*：271；*EHU*：12，16 etc.）。真正的哲学出自人的科学。哲学家或者道
171 德科学家能够看透那些欺骗庸俗之人的“托词和外表”，并揭示“人性的恒常和一致的原则”（*EHU*：85）。这是休谟反相对主义的核心思想。“描述主义者”（见第 4 章）所主张的不同文化都有自己内在的本真和有效的“生活形式”，在这里没有容身之地。《可兰经》是“一场野蛮和荒谬的表演”，它赞美非人道的、残酷的、偏执的行动；一言以蔽之，它“与文明社会完全不相容”（*E-ST*：229）。[19] 而且，就像我们刚刚看到的，对休谟来说，大多数宗教都包含了大量的迷信——那些孱弱的、未经教化的心灵的信仰。这里休谟沿袭了长久以来的传统，这一传统最近在图兰德（Toland）、特伦查德（Trenchard）的著作里以及“理性宗教”的其他拥护者那里得到显著发扬。[20]

休谟这里并非只是在对哲学与愚昧 / 迷信进行比较。这（例如）得到斯密的强有力呼应。在《国富论》第五卷中有斯密最为明确的论述，他指出“科学”是“对狂热和迷信的伟大纠正”（*WN*：796）。[21] 这里的上下文是在阐释国家与臣民的宗教信仰和实践之间关系。斯密提倡，国家让接受“科学和哲学学习”的“所有中等或中等以上的人”，在开始其某种自由职业之前，都必须经过这种检定或考核。这类学习使得这些等级的人免受迷信之害，如果这些阶层能够免疫，那么一般下级人民也不太可能会再受其害。（796）

斯密还有第二种纠正方法。国家允许“公共娱乐”，诸如戏剧、诗歌、音乐、舞蹈以及类似事物。它们的作用是驱散“忧郁而悲观的情绪”。这种精神的提升会消除从忧郁滋生出来的迷信、狂热和偏执。斯密把忧郁与那些严苛的教派联系起来，他们的狂热态度使其“道德”常

常带着“令人厌恶的严酷和孤僻”（796）。凯姆斯也同样将“公共演出”与社会情感的支持联系在一起。他相信，这些对所有阶层都有效的演出和消遣活动，有助于缓解“按照出生、官职或职业区分的不同阶层”间的差异。（*EC*：II 443）

斯密还把这些忧郁的具有潜在破坏性的“狂热”党派与劳动分工联系起来。这种联系暗含在他国家职能的阐释中，国家是调解广泛的劳动分工产生的问题。（参见第145页）斯密描述了这样一种情况：一个“地位低下的人”来到“大城市”，他就“沉于自卑和黑暗之中”。斯密用直观的语言来讲述这个经过，那个人缺乏一面社会的镜子，因为这种缺乏，他易于“委身于一切卑劣的游荡和罪恶”（*WN*：795）。想获得别人对他行为的关注，唯一的方法就是做一个小宗教派别的信徒。这里他找到了他的镜子。但虽然他的言行变得“特别有规则有秩序”，正如我们看到的，这些非常严苛的小教派会使他们作为滋生狂热的基础。

这里斯密的总体论述是由历史的感觉所推动的。欧洲历史（不只是苏格兰的历史）以雄辩的事实证明了宗教冲突的浩劫。一个国家中保留很多教派是最好的情况。当它们为数不多的时候，这种恼人的狂热才是 172
严重的，教派多样化事实上会引起“纯粹的和理性的宗教，摆脱各种荒谬、欺骗及迷妄”（793）。由此会确立一种宗教阻拦那些牧师们图谋抵抗君主的权威，因此为了“公众安宁”，国家应该对“绝大部分宗教教师”实施“相当程度”的影响（797）。这一“影响”是间接的（其关键体现在职业结构上）；它不会直接涉及实际的“宗教信条”（798）。如果没有对宗教教师施加影响，那就是危险的，这一点已经被罗马教会的历史所证实（cf. 802）。正是在对教会—国家关系的长时间争论中，天主教才得到了最大重视。这一点不仅为历史证明，而且也促成了迷信与神职者权术[22]的最大关联。

正是在这种精神下，我们发现罗伯森在他的《苏格兰史》中评论道：“罗马天主教是一种虚假的宗教，特别是它对人心的强大占有……才使它最终赢得了完美的地位，这是之前的任何迷信体系都不曾企及的。”（*HSc*：93）[23]米拉同样直接或武断（我可能会这样说）地宣称：“罗马天主教也许被当作一种根基深厚的迷信体系，它对人们心灵的控制超过了这世界上出现过的任何其他迷信。”（*HV*：III 134/*HVL*：341 cf. I 149）凯姆斯简单地把《亚大纳西信经》鄙斥为“一堆莫名其妙的胡言乱语”（*SHM*：II 432）。而斯密本人也同样坚定地认为——罗马教会是反对“人类自由、理性和幸福”的“最可怕的组织”（*WN*：802-803）。“极其愚蠢的迷信幻想”（803）得到支持的最终结果就是对理性的憎恶。“技艺、制造业、商业”的逐渐改善（并不是“人类理性的虚弱努力”），瓦解了教会的权力（803 cf. *HV*：III 144 / *HV*L：375，II 474）。也就是，那些瓦解了封建领主权力的力量也摧毁了牧师们的权力，前者曾经理所当然是大领主。凯姆斯以同样的方式，把宗教宽容看做是商业的产物，而不是理性的产物。（*SHM*：II 514n.）

天主教展现了神职者与持续迷信之间更一般的自我服务的联系。存在着一种正面相关性：迷信越盛，神职者能行使的权力就越大。（cf. *E-SE*：75，*NHR*：75）由于在“轻信和愚昧的年代里，宗教的牧师们就成为迷信和崇拜的对象”（*VPE*：327），于是牧师就希望始终保持这样的情形。相应的，他们反复灌输那些“最有效地维系他们自身权威”的教条，可以说他们“促进并管理了”迷信的实施，而他们的权威正是基于此。（*HV*：I 136/*HV*L：372）凯姆斯在鄙斥了亚大纳西信经之后，马上评论道，信经“似乎处心积虑地算计”要谋取人们“对一个骄傲狂妄的牧师权威的盲目服从”（*SHM*：II 432）。休谟对牧师的意图持有类似
173 的观点。他比凯姆斯或米拉（他们的语境仍然是天主教的）更普遍地批评道：牧师们不但没有纠正“人类谬误的观念”，还“时刻准备助长和鼓励它们”[24]。（*HNR*：95）

7.2.4 奇迹、神意和上帝的设计

“奇迹”是一个微妙的话题。一方面相信奇迹，表明心灵的愚昧和迷信。正像杜格尔德·斯图尔特所说，只要解释不了就求助于奇迹，是一种“懒惰的哲学”（*Life of Smith* in *EPS*：293；参照第 66 页）。反过来说，解释所揭示的因果关系就是科学的标志。我们已经考察过，科学能够证明自然是系统的运行的，这一事实支持着上帝设计的论证。弗格森表达了这种常见的观点，“它是上帝设计的证据，我们从中推导出上帝的存在”（*ECS*：6）。通常与之相伴出现的是神意的慈祥监管观念。对里德来说，蜂巢的几何比例是“伟大几何学家”的杰作，这位设计蜜蜂的造物者要比蜜蜂本身更伟大。（*AP*：546-547；弗格森也引用蜜蜂来说明同样的观点，*ECS*：182；正如里德承认的，事实上这是麦克劳

林一篇论文的主题）而且凯姆斯的著述也大量提到了“终极原因”。另一方面，这些信仰基于宇宙的有规律的设计，它们似乎没有奇迹出现的余地，与此鲜明对照的是，对基督徒来说，相信与基督有关的奇迹是显然易见的义务。而跟它相关的事情就是识别普遍的和具体的神意或启示。上帝既在普遍意义上，通过他造物的性质上的美和秩序，向人类启示他自己，也在具体事物中，通过救赎者基督来向世人启示他自身。

虽然在普遍的启示与具体的启示哪一个相对更重要的问题上产生了内部争论[25]，但休谟通过对“奇迹”的怀疑态度把自己置于问题“之外”。这确定了休谟的地位，但正如其他“宗教”问题一样，他的贡献却成为长期争论的一部分。（cf. Wootton 1993）对我们有限的任务来说，休谟对“奇迹”的论述（包含在《人类理解研究》中），对于揭示他对人性与历史关系的相关看法是非常重要的。

休谟说，一个聪明人要使他的信念与证据成比例（*EHU*：110）。正如偏见骰子的论证一样（*E-RA*：112），“大量实验”的结果就构成了一种可能性。这种一般命题应用的一个具体例子是关于证言的力量：我们相信目击者的报告，我们的依据是什么？休谟把这个用在奇迹上，他把关注点从奇迹是否能够发生，转到了相信奇迹发生，这是否是理性的（或明智的）。我们回忆一下，休谟自信地排除了旅行者的故事，即据说发现了一个在人们之间没有野心的人类社会。（*EHU*：84；参照第69页）这种排除跟接受龙和半人马的故事一样。同样的原则完全可以用在奇迹上。经验，只有经验，能为人类的证言提供权威，正如它为自然法则提供权威一样。（127）按照休谟的定义，既然奇迹是违背了自然法则（114），那么它们的出现就无法被人类的证言所证实（116，127）。休谟提出一种检验方法：如果证言的虚妄比它所描述的那件事更为神 174
奇，那么只有这个时候，证言是可信赖的。（116）结果就是没有奇迹出现的基督教，不能得到“任何理性的人”的相信；信仰“推翻了他理解中的一切原则”，并且事实上构成“他亲身体验到的继续不断的神迹”（131）。[26]

毫不奇怪，休谟的论文激怒了正统观念。然而唯一对这个问题直接进行详细论证的学者是乔治·坎贝尔，阿伯丁马歇尔学院的校长。（当然少量的回应只能说明苏格兰教会领袖更传统、更与福音派一致，面对向那些新式的理性宗教，他们已经“下架了”）坎贝尔发表《论神迹》

（*Dissertation on Miracles*，1762）来直接反驳。针对证言的问题，他认为按照“人类的常识”就足以确立证据来支持神迹了（*Dissertation*：288 cf. 14）。[27] 休谟在给休斯·布莱尔的信中认为，坎贝尔的整个论证充分有效地对自己进行了辩护。（*Letts*：348-351）

如果休谟对具体福音的批评与正统教义相悖，那么他对上帝设计或者普遍神意的整体批评则更令人震惊。休谟深知这一点，所以才将他的《自然宗教对话录》安排在自己死后出版。这本书极具煽动性以至于斯密拒绝对其负责（参见 *Corr*：211）。[28] 在休谟的所有著作中，《自然宗教对话录》是最深思熟虑且行文考究的，它在风格上的特点就像它的论证一样激发了丰富的讨论。也许他最关键的观察是，我们无法知道这架假定被设计的机器（宇宙）是完美的；（我们知道的是）也许它是“非常糟糕且不完满的”，是由一个低级的神或者是一个老迈的神祇创造出来的。（*DNR*：142）我们无法知道这个设计有多好，因为我们不知道设计糟糕的宇宙会是什么样。这是我们拥有的唯一的宇宙，它是独一无二的，因此诉诸上帝的设计是回避问题的（152）。[29]

7.3 审美

文艺批评是休谟认可的主题之一，在他《人性论》引论中说，把“关于人的科学”（*THN*：xx cf. *EHU*：99）置于一个新的立足点上。确立文艺批评的原则，或者审美的标准，是启蒙运动中讨论最广泛的话题之一。许多大作家——包括孟德斯鸠、伏尔泰和康德——都在其列。苏格兰人显然也是其中之一。休谟写过最著名的论文，凯姆斯的著作位于最具影响力之列，但也有其他人参与。

这种讨论的广泛性可能要归因于18世纪对“公共世界”的讨论，但是对存在争论的解释首先出现在保留“标准”的重要性中。正如人们不认为迷信能代表一种真实有效的“生活形式”，愚昧和庸俗也不可能成为决定美学鉴赏的权威。“艺术”不是一种自由选择，这一观点是长期以来形成的重要立场，从亚里士多德开始，经历罗马时代直到17世
175 纪古典主义的代言人，如波瓦洛［《诗艺》（*L' Art poétique*，1674）的作者］。然而，尽管也同样长期承认了艺术判断具有多样性（de gustibus non disputandum est），但典型启蒙运动思潮是把洛克式的认识论以及对

社会经验的多样性的感受两者混合起来，以此产生了“审美”的语境。

（新）古典主义的目标是把美学变成了一种精确的科学。它的核心假设是，美是客观的——它独立于观察者而存在。相应的，也就存在着精确的规则来设置什么是美的标准。但洛克主义把美学引向了主观主义。美在这里被视为一种经验——它是观察者体会到的“某种感受”——而不是被观察之物的内在性质。这种经验主义的逻辑上的结果就是，既然每个人都是独一无二的（具有不同的非再生的经验），所以每个人都会对什么是美的有着不同的观念。比如，伏尔泰在他的《哲学辞典》（1764，1971，tr. p. 63）解释“美”这个词条时这样评论：

> 如果问公蛤蟆何为绝对的美。他会回答说，是他那只小脑袋上有两只突出大眼睛、扁平的大嘴巴、黄肚皮、褐色脊背的母蛤蟆。如果问一个几内亚的黑人同样问题，他的美则是黝黑皮肤、凹陷的眼睛、扁平鼻子。

尽管伏尔泰看起来是在论断说，哲学家（那些大言不惭的废话者）宣称美是相对的，但这却不是伏尔泰本人的观点。例如，在他后来在“品味”（Goût）（在 *Oeuvres Completes*，vol. XIX，1877：270）的词条下，区分了感官审美（对这一点确实不存在异议）和理智审美（它包含了洞察力，是教导和纠正的能力）。

7.3.1 审美的标准

伏尔泰对感官和理智审美的区分在启蒙运动讨论中以各种面貌重新出现。休谟的文章“论审美”侧重他所谓的“理解的”和“情感的”两者的关系；他表明他的目标是“试图混合”前者的“光明”和后者的“感受”（*E-ST*：234；布莱尔几乎逐字地重复这一点，*LRB*：20）。休谟（226）、凯姆斯（*EC*：II 434）以及杰拉德（*Essay on Taste* 3rd edn：199）都通过承认审美的多样性来展开他们的讨论，接下来也很快表明，对多样性的全盘接受是不自然的。它违背了这一事实，即“对我们来说寻求一种审美的标准是自然的；各种人类情感通过这个原则也许能得到调和”（*E-ST*：229）。这是“自然的”，因为根据标准来评价是普遍的做法。（*EC*：II 437−438 cf. 1965；Horn 称之为“人类学上的评价”）

休谟讲得很清楚，“审美的一般原则在人性中是一致的”（*E-ST*：243）。因此，审美标准集中在人性当中（*Essay*：220；*LRB*：19；*CV*：207；
176 *Dissertations Moral*，*Critical and Literary*：191 etc.）。

一旦有了坚实的基础，建构就可以展开了。理智与情感之间的区别，或者用杰拉德的话说是“分辨力”与“感受力”之间的区别（*Essay*：214），是确立体系的关键部分。经验的事实说明一种情感是自我指认的——咖啡对我来说是甜的而对你则是苦的。就像——洛克所说——甜和苦并不是咖啡的特点，而是我们的感觉，所以对美和艺术作品来说也是如此[30]。（*E-ST*：230，*PWD*：14）然而，多亏了人的自然本性并不全都如此。当杰拉德说，人“会被不同的**情感**打动，然而却在做同样的**判断**”（*Essay*：219；黑体是杰拉德加的），那时他简明地表达了这个关键之处。判断是理智或分辨力的问题。它跟情感不一样，存在着超越了个人经验指向“事实的真相”的指认（*E-ST*：230）。

哪里才能发现相关的“事实”？简短的回答是：在关键的洞察力之中——面向公众的审视（cf. 1976：57）。休谟描述了洞察力的五个特点（凯姆斯所列举的同休谟大致相似；*EC*：II 447-448；*Dissertations*：166；*CV*：132，206）。这五个特点（休谟自己的总结）是“强烈的感知，汇聚而成的微妙情感，通过实践而改善的，通过比较而完善的以及剔除了各种偏见的”（241）。他论述道：当这些特点共同作用在个体（评论者）的判断中时，这些特点的汇集“就是审美和美的标准”（241）。这就好比，想要使奥吉尔比（Ogilby）与米尔顿地位相当，就等于说一个小丘和一座大山一样高，只有“虚伪的评价”［或者“吹毛求疵者”（*Elements*：I 192）］才能做到这一点（结论是把他们两者都忽略掉）[31]。（*E-ST*：231）毫不意外，布莱尔紧紧追随着休谟（*LRB*：21），评论者或判断者的关键作用也同样得到了凯姆斯（*EC*：II 227）和杰拉德（*Essay*：227）的支持。

如果大致概述一下，我们能得到下面的总体印象。不像古典派的客观主义所认为的，美的事物之所以美是因为确实遵循了和谐、比例和规律性的原则，也不像浪漫派的主观主义所主张的，美是艺术家自身视角的本真呈现，对启蒙运动来说，美就是那些评论家一致同意的东西。启蒙运动的立场看起来像是一个恶性循环：好的艺术是由好的评论家界定的，而好的评论家又是界定好艺术品的人。（cf. Kivy 1976：143）但我们并不认为评论家之间的意见一致是任意的。启蒙运动中的这种品质基于这样一种信念 / 论证，即人性在自身的运作中绝不是任意的，因为人性是恒常和一致的。评论家他们自己之所以意见一致，因为审美的原则，正如休谟所说的，事实上是“在人性中一致的”。“评价的法则”是被“发现的”（*E-ST*：231），“艺术的一般原则”是建立在“人性的共同情感”的经验上（232）。以这种方式运用这种“经验”，可以说好的艺术品就通过了时间的检验；“朴素和纯真的审美迟早会收获卓越的艺术，并通过它们的永恒性来证明这些标准的正确”（*Dissertations*：192 177
cf. *Elements*：I 192）。如果荷马和维吉尔仍然是值得钦佩的，那么就说明他们的性质植根于“人性的真实审美”中，而不是某种当下的时尚。（*LRB*：23 cf. *E-ST*：233）

7.3.2 评论者与权威

因为人性所发挥的重要作用，审美和道德的关系非常密切。哈奇森再次施加了强有力影响（cf. Kivy 1976）。例如，杰拉德在他得奖论文《论审美》（*Essay on Taste*，1759 1st edn）的开篇之处[32]，用很长的注脚讨论了哈奇森，而且比蒂显然也是这样做的（*Dissertations*：172）。正如道德判断谴责那种对人性共同标准的背离，在相同的原则上，审美判断（审美的标准）也是如此（*EC*：II 443–444）。这种相似性能够赋予“道德能力以新的情感力量”（*Essay* 1st edn：206 cf. *Dissertations*：189）。对特恩布尔来说，既然所有真理都“严格地”关联在一起，那么所有的艺术都有共同的原则和标准，并且在“自然、行动和艺术”中的“好的审美”都必须是相同的。（*A Treatise on Ancient Painting*：143 cf. xxiii）

审美是一个“文明化”的能动者（cf. Flynn 1980：7）。凯姆斯评论道，要在优雅的艺术中培养一种品味，不能不“修饰……生活方式并且使社会交往融洽”（*EC*：II 448n.）。沙夫茨伯里将这一观点提升到了所有关于文明和礼貌的文献（cf. Klein 1994），不仅是通过哈奇森的著作，而且也通过《观察者》和其他期刊在苏格兰社会传播（见第 1 章）。礼貌的理想与道德理论间的紧密联系为挑选“好评论家”提供了关键线索。道德感在野蛮人那里是迟钝的。（*Essay* 1st edn：206，*EC*：II 445，*LRB*：21）因而我们不能诉诸野蛮人的实践去确定“道德的尺度”。这个尺度必须从“处于更完善状态的人”那里获得。（*EC*：II 445）美学同样如此。按照布莱尔所说，审美在“粗鲁和不文明的民族”中“无用武之地”；所以在那些“有教养且文化繁荣的民族的人类情感”中才应该拥有审美的指导（*LRB*：21）。

这有两个维度。首先，是上述所说的民族中表达的标准。其次，在这些民族中并不是所有的判断都被会注意。既然有这两个真实的维度，那么我们就能期待在野蛮与庸俗之间重现一种相似性，我们在上一部分中遇见过这种相似性。我们没有失望。杰拉德清晰地阐述了这种联系：正如野蛮人区别于文明人一样，在每个民族中的“庸俗之人也会以同样的情境区别于那些优雅之人”（*Essay* 1st. Ed 200）。

审美从属于教育，并因此有一种认知成分，正如休谟所说的“理解”。在今天同样的概念可以表达为鉴赏力（从语源上说它指向关键点）。庸俗之人和愚昧之人因此被认定没有资格成为评论者。休谟在总结五个特点之后，立刻指出，仅仅是某些人能够（“作为事实”）拥有
178 这些特点；实际上“作为人的普遍性”是有缺陷的（*E-ST*：241）。杰拉德把这种缺陷归因于缺少机会（*Essay* 1st edn：208），坎贝尔则归因于“对教育的整体需求”（*Philosophy of Rhetoric*：11）。凯姆斯从社会学意义上的论述更准确和坦白。他认为，我们不应该同等地关注每个人的看法；事实上“人们中的大部分”，那些“仅靠体力劳动只求果腹的人”都应该被排除在外。这些人全无审美，更谈不上“在优秀的艺术中进行判断”（*EC*：II 446）。只有那些有闲暇去研究这些艺术品的人，才具有必备的知识；这是在同一民族中那些“粗鲁和无教养的庸俗之人”缺乏的东西（*LRB*：12）。格里高利同样在研究中指出，运用审美的手段就意味着“更好地运用想象力”，由此他得出结论，“大部分人的卑微境况……剥夺了他们改善能力的途径，无论是想象的能力还是推理能力”[33]（除了那些具体职业与此相关的人）。（*CV*：132–133）这一点强化了早先的论点，即决定性的变量是社会学上的。闲暇和教育的出现（或阙失）才是决定性的，而不是历史主义论证所认为的，野蛮人在某种意义上是另一种人类，他们生活在一种与文明社会不同的“文化”当中。

看起来，评论者在确立标准中的作用与教育精英的社会地位之间有着清晰可见的关联。启蒙运动的意识形态之幕看起来是透明的了。

这一点已被评论者恰当地指出（如 Pittock 1973，Barrell 1986，Copley 1987）。它是如此的透明，以至于揭示出来的东西全都平平无奇。苏格兰人不会接纳庸俗之人的美学观点，正如不让他们投票一样（cf. *SHM*：II 55）。同样的推理可以用在所有例子上。把庸俗之人从审美领域中排除出去，正如深刻地揭示了苏格兰人不稳固的民主观念一样，这一开始就来源于他们的目光短浅。

7.3.3 生活方式与文学

将庸俗之人和野蛮人进行类比，将会贬斥他们“艺术”尝试的价值。我们从“启蒙的”和文明的视角来看，不会在道德指导上求助于他们［毕竟，野蛮人把人当作祭品（*EC*：I 445）］，也不会把他们的迷信看成是真正的宗教，我们可以随意地判断说他们缺乏“审美的优雅”。尽管这是事实，但事情仍然有些复杂。例如，人们从来不否认荷马史诗是高“品质的”。这个事实将审美价值区别于道德和宗教的判断。这种认为某种早期的原始艺术表达形式独具价值的观念被称为“原始主义”。一部分苏格兰人极其看重“奥西恩”的地位和作用，他们是“原始主义”的最坚定拥笃者（cf. Whitney 1924，Pearce 1945，Foerster 1950）。这里涉及了一些线索，但我们只需要解开其中一二。我们思考的是这些与生活方式的联系。

早期最重要的著作是托马斯·布莱克威尔的《荷马的生平与时代研究》（*An Enquiry into the Life and Times of Homer*，1735）。为了阐释荷马
著作的特点，布莱克威尔（马歇尔学院的院长）寻找其形成的原则，就 179
是那种使我们构成我们所是的原则。他总结道：最重要的“原则”或力量就是生活方式，它包含着“制度（世俗的与宗教的）”、“日常生活方式”，以及“盛行的情绪和流行的言论”。（*Enquiry*：12）他的代表性观点是，“任何写作，尤其是诗歌，都依赖着时代的生活方式”（68-69）。既然（按照人现有的智慧）“最好的诗歌是对自然的模拟”（69），那么我们能够在一种互相强化的方式中，从诗歌中推导出其生活方式，以及从生活方式中推导出诗歌。总之，史诗般的作品只能出自史诗般的年代。布莱克威尔相信，比较式的研究将会确证一点；例如俄而浦斯的寓言和神话就同荷马与赫西俄德的史诗颇为相似。（72）

正如上述所表明的，布莱克威尔将这一原则用来证明奥西恩的真

实性，后者被称为苏格兰的游吟诗人。1760年詹姆斯·麦克弗森（布莱克威尔早年的学生）发表了《苏格兰高地的古代诗歌残篇选集》（*Fragments of Ancient Poetry collected in the Highlands of Scotland*）。他声称这些残篇是从盖尔语翻译过来的，并且是一个名叫奥西恩的游吟诗人的传说。[34] 布莱克威尔的原则被奥西恩的拥护者们所采用，尤其是休斯·布莱尔。布莱尔认为既然"诗歌作品"是"时代"的特性，而不是"国家"的特性，那么奥西恩的描写就不可能"符合"其他的时代。根据布莱克威尔的"比较式的方法"，荷马和奥西恩的相似性证实了后面这种说法。而且进一步证明了，他们的作品中都缺乏一般术语和宗教观念。［*A Critical Dissertation on the Poems of Ossian*（1763）1819：76，78］威廉·达夫在他的《论原创天赋》（*Essay on Original Genius*，1767）中采取了类似的做法。他论证道，荷马和奥西恩都展示了"他们诗歌中的原始的天赋"[35]，尽管他们的写作是发生在那个最少教化的年代（261）。

最后，我们可以看到与苏格兰社会理论更宽阔领域的联系。对布莱克威尔的讨论可以被移植到"推测的历史"原则上。因此，布莱尔可以声称，这种诗歌是"四个伟大阶段"（*Diss on Ossian*：73）中的第一个阶段的产物。斯密在《国富论》的"初稿"中也发现了这个联系，不过他是通过比较荷马的社会与那些更先进的社会（*LJ*：573）。对凯姆斯来说，相信奥西恩存在的理由是真实的，主要基于每一个"与狩猎、战争或爱这些人类社会原初状态中的仅有活动相关的"场景（*SHM*：I 244）。凯姆斯引导读者们不要质疑奥西恩存在的证据，虽然米拉没有参与对其真实性的争论，但既然他引用了诗歌作为证据（尽管是第二个游牧阶段的，如 *OR*：206），那么他也接受了它们的有效性。[36]

并不是所有人都对麦克弗森简单整理和翻译的故事"买账"。诸如邓巴一些人，就对其不置可否（*EHM*：198-199），而另一些人则并不相信。休谟指责它是一种"讨厌而无趣的表演"。事实上，一旦发现"它的真正形式"其实是"一部当代苏格兰高地人的晦涩作品"，没有人会对它持任何关注。（《道德、政治和文学论文集》中未收此文；见 *Essays* in *Works* eds. Green & Grose：IV 415）不过，这种指责伴随着与
180 之相关的一些反对，包括了对布莱尔真实性论述的驳斥，但基于同布莱尔的友情，休谟没有公开发表这篇论文。（Mossner 1980：420）

对邓巴来说，生活方式与语言之间的联系是“显而易见的”（*EHM*：115），奥西恩争论的一个重要方面是对语言的关注。邓巴认为，这种争论本身就属于对人类历史中语言地位的更广泛讨论。（参见第 26 页）作为比较式的方法的一部分，布莱尔提到了想象和隐喻的相似性。（*Diss on Ossian*：133）根据达夫的论述，在未开化时代，诗歌是最有活力的，因为它生动且伴随着惊奇感受。（*Original Genius*：286，265）它“在大胆的和热情的隐喻中，在至高无上的活力和独特的描述中”，自然而然地产生“生动的”观念（267）。比喻在早期语言中居于主导地位，这说明早期的语言是热情激烈的，或者说也是极其贫乏的。（cf. Berry 1973）布莱尔（*Diss on Ossian*：58-59）和弗格森都提出了这种双重解释。弗格森解释道，人类是“天生的诗人”，因为野蛮人“缺乏适当的表达”，所以他们“赋予每一个观念以想象和比喻的外衣”（*ECS*：172）。“热情”论的典型代表，包括布莱克威尔（*Enquiry*：37）、达夫（*Original Genius*：267）、比蒂（*Elements*：II 483）和杜格尔德·斯图尔特（*Collected Works*：IV 50），而“贫乏”论的拥护者有蒙博杜（*OPL*：III 40）、里德（*IP*：493）、邓巴（*EHM*：III）。从任何一个起始点来看，人类心灵 / 文明的进步都会追溯为语言的演变。语言由晦涩走向明晰（*EHM*：129），修辞丰富适用于诗歌和雄辩，而精密则更适用于哲学和理解。[37]（Stewart *Collected Works*：IV 50；Blair *LRB*：79；Campbell *Rhetoric*：Bk 3，Ch. 1）

7.4 结论

尽管这一章关注的是正当、善和美这些更显而易见的价值话题，但它仍然着眼于整体的社会思想。因此，这个结论的最大用处就是勾勒出一种广泛的方法，并打造了具体和普遍之间的联系。

苏格兰人是道德家。判断和价值的问题并不限于某一个领域，而是嵌入了整体理论构架之中。一群思想家（就像社会理论家）要严肃地对待“社会化的”议题，就只能这样做。人类经验就是社会生活的经验。由于苏格兰人一致接受了经验是出发点，那么关于道德经验的恰当阐释就必须是与事实相一致的。对于他人福利的真正的、无私的考虑恰恰就是以下这一事实，即我们看到人类始终要生活在“军队和公司”之中。

这两个事实也不是分离的。相反，社会的（the social）和社会化的（the societal）其实是一回事。这一点直接体现在友谊或仁慈的价值上，且
181 很少跟运气有关。人们以各种方式还可以意识到，社会对“公正”的独立要求在判断上就是与价值相关的。道德和社会的契合意味着，在解释社会中那些被认为是好的东西，在解释道德中也一样适用。

社会经验的多样性以及由此导致的道德信念的多样性，是可以根据一致和普遍的人性来清晰解释的。在人类初期，社会是野蛮的；生活是艰难的，并且没有容纳感情的余地（我们可以这样说）。这种野蛮的特点可能在杀婴和食人的行为中表现出来。也同样表现在对那些要求人们祭祀或自残的残暴神祇的崇拜中。（*EHM*：389，*SHM*：II 437）而在苏格兰人的宗教著作中，最为显著的一点是它们没有对此过分曲解，这使得它们更像是宗教社会学而非神学著作。苏格兰人没有采取任何方式向一神论和基督教信仰妥协，他们对待宗教的态度就像他们对待其他社会制度，如所有权或政府的态度一样。在每一个例子中，对社会制度的描述都是基于一个时间的维度，所以“纵观”这些时代可以辨别出不同制度前后一致的地方。

在这里我们再次看到苏格兰人社会理论是如何产生一种社会观念的，后者是作为一系列环环相扣的制度和行为。狩猎—采集的社会很少有个人拥有的方式，更不要说政府的运转了，这个社会很少有地位的差别（除了妇女地位低下），并且世界中普遍存在着各种能让他们情感平静的神祇。野蛮人也会运用语言并配上生动而活泼的图像来回应这些事件。他们喜欢把自己涂满纹饰，并通过偶像来表达对这些神祇的崇拜（*SHM*：II 453）。他们所持的标准——只有最好的装饰才与偶像匹配。甚至野蛮人以这种方式所表达的审美态度，也是人性真正普遍的一面。当然，他们的做法是粗俗的，按照定义来说是缺乏精致的审美，但精致是随教化而来的。无论是道德的、宗教的或是美学的教化，都是伴随着人类成功地获取了各种需要而来的。教化在比喻的意义上更多的是字面意思。当人类赢得了沉思的时间，他们才离开必然王国进入了自由王国。自由和文明的社会中的生活比从前的各种生活更好。启蒙社会的思想家不仅在论证中证明了这一点，而且证明了它是不可避免的——它是人性。

[1] 这个源自（常常被称为“休谟法则”）休谟的一段论述，“看起来不可思议”的是，“应当”可以从“是”中推理出来，虽然它们“完全不同”（*THN*：469）。这一段话产生了大量作品，但大部分作品对休谟只是一笔带过。Chappell（ed 1966）文中记载了一个讨论的实例，很多研究休谟道德思想的著述也关注过这一点，例如 Harrison（1976），Mackie（1980），Flew（1986）。

[2] 说到哈奇森以及其他人，Elizabeth Mure 大约在 1730 年回忆道，曾经有这
样的改变，牧师们“教导说无论何人想要取悦上帝，就必须在善与仁慈上 182
模仿上帝，而没能这样做的人必须用教养和好的生活方式来打动他” [引
自 Hont & Ignatieff.（eds）1983：103]。

[3] 斯密在《道德情操论》开篇的一句话有同样主张：“无论人们会认为某人怎样自私，这个人的天赋中总是明显地存在这样一些本性，这些本性使他关心别人的命运，把别人的幸福看成自己的事情，虽然他除了看到别人幸福而感到高兴以外，一无所得。”（*TMS*：9）

[4] 彻底分析哈奇森复杂的感知理论，见诺顿（1982：78-86）。对哈奇森理论的恰当描述就是争论的主题。诺顿（1982：Ch. 2）论证道，哈奇森是一个道德实在论者，而不是主观主义者，即他把道德感理解为世界上独立存在的特质（美德是真实的）。诺顿把 Kemp Smith（1964），Raphael（1947），Frankena（1955）以及 Jensen（1972）定义为主观主义者的典型代表。后来的主观主义者的论述由 Mackie（1980）提出的，诺顿的解释遭到 Winkler（1985）的详尽批评——诺顿也回应了他的批评（1985）。Haakonssen （1990）也支持哈奇森是一个实在论者的主张，尽管他的方法跟诺顿不同。根据坎贝尔的观点，哈奇森希望在“朴素实在论”和“非认识论”之间有一个**沟通媒介**（1982：171 cf. Blackstone 1965：67-69），对麦金泰尔来说，哈奇森试图将两者统一起来——感性确定性的特殊性与一般道德真理的普遍性两者的统一（1988：277）。Buckle（1991：207）和 Stewart（1992：90）认为，哈奇森希望避免纯粹的主观主义的论断。从背景性的理据来看，“实在论”的例证似乎占强。

[5] 哈奇森考虑到“功利主义”论证的恰当性，如果强迫上了年纪的人死去确实符合公共善的话，那么这一点就是有正当理由的（*PWD*：97）。（cf.

Mackie 1980：30）哈奇森是功利主义理论形式的创始者：“这一行动是最好的，理由是它促进了最大多数人的最大幸福。”（*PWD*：90）然而，他否认人类会被某种“全人类的抽象概念”而激发，因为“任何一个具体个人的幸福都是一个终极目的”，我们“对特定个体服务绝不仅是出自对种族的爱”（*SB*：I 406–407）。特恩布尔也持此观点（*Discourse*：254）。

[6] 哈奇森批评过休谟，而且在一个众所周知回应中，休谟认为自己更是“解剖学家”而不是“画家”，因为他考察的是“最秘密的起源和原则”而不是“行动的雅致和优美”（*Letts*：I 32–33）。这一差别在他的《人性论》的最后一段中有所涉及（*THN*：621）。对哈奇森和休谟的讨论，见 Moore（1994），他（极富争议地）强调了他们的差异。

[7] 尽管休谟承认同情产生了“同一民族思想和情感”的一致性（316），并且这种相似性比“土壤和气候”（317 cf. *E-NC*）在形成民族性格上更加重要，但它并不是被限制的，自从人之科学的原则被普遍应用，它不是一个可能性的问题，而是运用的便利程度的问题。

[8] 我对 *PMNR* 的引用出自第三次修改版；对 *SB* 的摘录来自第二版。因为文本大体都相同，我标出在 *SB* 中相应的段落，因为空白处更容易查找。

[9] 斯密暗示里认可了，凯姆斯用这种方式将仁慈同正义区分开来，他称凯姆斯是“伟大而原始的天赋的缔造者”（*TMS*：80）。

[10] 米拉在他的格拉斯哥演讲中，作为他职责的一部分，论述了伦理学和法学的关系——参见“Notes on Lectures on *Institutes of Justinian according to Heineccius*”（1789），在格拉斯哥大学图书馆（MS Gen 812）。其中明显可见斯密的影响。

[11] 对斯密理论的讨论，特别参见 Campbell（1971），MacFie（1967），Hope（1989），Phillipson（1983b）以及 Raphael（e. g. 1975，1979）的一些论文。

[12] 参照斯密对有碍人们判断的困境的论述，当一个民族“陷入派别的纷争中”，那些无党派者会同时被对立双方党派的愤怒的狂热者，视作嘲笑和侮辱的对象或令人厌恶的人。“派别纷争”和“狂信”一直都是最严重的
183 “道德情操的败坏者”（*TMS*：155–156）。我将在后面说道，斯密把迷信和狂热与宗教党派联系在一起，而且把宗教纷争与派别和狂信联系在一起。（*WN*：793–794）

[13] 拉斐尔认为，斯密把公正的旁观者理论扩展到行为者自身的行动，可以说是“原创的”（1975：87）。他后来补充道，斯密的理论绝不亚于最著

名的现代心理学对良心的阐释，弗洛伊德的超我理论（97）。

[14] 斯密本人一直遭到这样的反对，在出版了《道德情操论》之后，吉尔伯特·艾略特（Gilbert Elliot）就一直用这个反对来针对斯密。在他对艾略特（他的信件未能保留下来）的回应中，斯密在第二版的附加评论中说到，这是特意为了说明“真正的宽宏大量和头脑清醒的美德能够在所有人的诋毁下证实自己”（*Corr*. 49 cf. *TMS*：III）。

[15] 这个指控是，哈奇森讲授了对他人幸福的促进是道德善的标准，并且善和恶的知识就算没有上帝的知识在先，也是有效的。（cf. Scott 1966：84）威斯敏斯特信仰告白（1647）赞成基本的加尔文主义神学，例如神恩的预定论和救赎论。它于1690年在爱丁堡被定为官方教义，大学教授必须按照其信条讲授（这项规定在1853年才因无神论教授而被废除）。

[16] 事实上这是正统的加尔文主义的立场（*Institutes*：Bk 1，Ch. 3，Sect. 3）。

[17] 例如波考克（参考“四阶段”）把它断定为“人类人格历史化的重要阶段”（1985：116 cf. 1983），但是洛克式的模式认为人性是恒常且一致的，苏格兰人把“改善原则”置于人性之中的做法本身是非历史原则的。

[18] 就在这一论述前，休谟注意到：“即使在今天，在欧洲，如果问任何一个平民为什么他相信一个无所不能的造物主，他绝对不会提到最终原因的美，他对此是完全愚昧的。”为什么他是愚昧的？因为“一个不可见的精神上的智识，对普通百姓的理解能力来说是过于高雅的事物，人们自然而然会依附于某些感性的代表物”（*NHR*：55，54）。

[19] 参见邓巴，他谴责《可兰经》（包括神愿和沙斯塔）作为他论证“盲从和执迷的”有力证据，他说从另一种观点来看，它们被看做是“人类睿智的纪念碑”。邓巴甚至宣称“即使是迷信，在有些时候也证明了它对公共生活方式的保护以及对法定权力的辅助”（*EHM*：372，271）。

[20] 特伦查德著述《迷信的自然历史》（*The Natural History of Superstition*，1709）；作品的标题和内容都向曼纽尔建议，休谟“可能精读过”它（1959：72）。托兰在写给普鲁塔克《论迷信》的评论中认为，这是一篇“值得钦佩之作”（cf . Redwood 1976：142）。休谟也许知道普鲁塔克的作品，他自己在讨论迷信的人时引用了西塞罗（*E-Sui*：579，引用是在 *On Divination*：2. 72）。

[21] Cf. *EPF*：114，（物理学）“因为愚昧导致迷信，科学产生了第一个一神论，它出现于那些还没有被神圣救赎启蒙的民族”。

[22] Cf. Goldie（1993），对“神职人员的权术”这个词起源的讨论以及它的发展演变，都在辉格党反教权主义的背景下产生（托兰和廷代尔都是参与者）。

[23] 罗伯森同样严斥了教规为“建立教皇的统治”而服务，而且成为“破坏公民社会幸福的最强大机器之一”（*VPE*：327）。

[24] Cf. Tindal，“大多数人类在所有地方都类似地把相信他们的牧师作为自己的责任，而且相信那些刻意欺瞒他们的人”［*Christianity as Old as Creation* 1730，摘录于 Waring（1967：153）］。

[25] 例如，Ebenezer Erskine 通过苏格兰教会领袖不断增强的理性主义引发了一场“分裂”，他在 1736 年题为“一种自然的宗教”的宣讲中说道：“福音的超自然奥秘”，“总的来说在我们许多年轻的牧师那里已经被视为一种不流行的东西”（引自 Henderson 1920：215）。

184 [26] 休谟用一种典型的策略，推翻了所谓的（理性的）基督教的“外在证据”，也抛开作为职责的（内心忠诚的情感）“内在证据”，而后者是那些狂热的“野心家”以及厄斯金之类的退教者所强调。但当然了，那些委身于狂热的庸俗之人，他们的观念不会得到“任何有理性的人”的严肃对待。

[27] 坎贝尔认为休谟的结论（*EHU*：131，上文引用的）让人难以理解，是“词语的奇怪聚合”（*Dissertation*：285）。坎贝尔可能是受到邓肯（马歇尔学院的一名教授）的影响，后者详细地研究了历史知识的基础以及它与证言的关系和它的价值（*The Elements of Logick* 1748：Bk 4，Ch. 3）。坎贝尔和“常识”哲学的联系，见 Voges（1986：148）。

[28] 然而，斯密是许多反对意见的主倡者，在休谟逝世后，他把休谟描述为“在人性弱点可以允许的情况下，最接近完美智慧和有美德的人”（*Corr*：221）。斯密自己的信念是晦涩难解。他最近的传记作者也只能够说，“并没有特别的证据显示斯密相信往生”（Ross 1995a：401）。

[29] Livingston（1984：172）认为休谟是接受神意设计论的。Gaskin 认为，休谟最可能赞同的是与“任何真正的宗教”几乎没有关系的，“弱化的自然神论（某种非天意的神存在的可能性减小）”（1993：322）。对 Flew 来说，休谟是一位“激进的不可知论者”（1986：61），而在 Mossner 看来，休谟在他那怀疑式的不信仰上是真诚的。

[30] 毫不奇怪，按照里德对洛克式的“观念方式”的一般拒斥，他在自己的

论“审美”文章中也对此提出质疑。

[31] 休谟的第二个例子班扬（Bunyan）和艾迪生（Addison），就不那么幸运了。今天我们要问“谁是奥吉尔比”，此时休谟第一个例子才能有效地说明他的观点，但我们认为艾迪生是一个好作家，而班扬不是好作家；如果有什么区别的话，正是后者流传得更久。我们会看到，流传久远也是一种价值的标志。

[32] 这一荣誉（一枚金质奖章）是由“鼓励技艺、科学、制造业和农业的爱丁堡协会”（即“择优协会”）提供的，并在1756年奖励给杰拉德。对《论审美》的讨论，参见Grene（1943），MacKenzie（1949）。

[33] 尽管，格里高利提醒批评者不要陷入下面的误区，“仅仅拥有一些知识和抽象的哲学，就把他们的注意力放在了审美的和具有想象力的作品上”（212）。他的主要批评对象是下面这些人（新古典主义者），“梦想一直把尺度和罗盘用在那些富有想象力的稀少和精致的情感上”（209）。比蒂指责法国评论家没有进一步询问“同已建立规则相反的是什么”就加以谴责，对他们来说，只有法国作家的“写作才有品位”（*Dissertations*：183）。

[34] 简短的总结，见Colgan，他表明，整个事件“必须被看做是文学史上最成功的伪造物”（1987：346）。更充分的讨论和对更广泛背景的理解，见MacQueen（1982：Ch. 4）。不过，当时奥西恩有相当强的影响，尤其是在德国。

[35] “天赋”是个争论很多的话题。除达夫之外，杰拉德撰写了一篇重要的文章《论天赋》（*Essay on Genius*，1774）。杰拉德把天赋同“想象力”联系起来，与通过“相似的观念”“发明创造”的能力联系起来（27）。

[36] 麦克弗森本人发展了一种社会的阶段分期理论。首先，社会以血缘和家庭为基础；其次，当财产权出现时，它以互相捍卫为基础；再次，以服从法律和政府为基础。他将奥西恩放在第一阶段向第二阶段转型过程中，但他让那些不充分的记载发挥了很大作用。（见*Dissertation prefaced to Temora*，1763）

[37] 正是在这种对语言更一般的关注上，斯密、布莱尔、坎贝尔以及其他一些学者才对修辞学进行长期讨论。充分的讨论见Howell（1971）。

8

解读苏格兰启蒙运动

我们已经知道，文本天生就是“开放的”，文本藐视“封闭”。当然，对文本、思想家、思想运动等的解释也是各种各样的，随着时间而变化的，苏格兰启蒙运动有多种解读也就不引人注目了。这最后一章——就像第 1 章——是概述，它简述多种解读中的一些观点。我并不是说它是包罗性的，但这些解读从阐述理由上看，能够分成是解释性的与意义性的。前者又再分成意识形态的、文化的与思想的，后者再分成社会学与自由主义的。这些划分与再分是粗略的，正如我们所看到的，是棱角模糊的。我的分类表就像是地图的格子方位一样，有助于旅行者的参考。还是用地图来比喻，我的分类表肯定是有一些歪曲之处的，就像地图呈现的地球是个平面一样。

8.1 解释性的

8.1.1 意识形态的

“意识形态”这个词对不同的人来说意味着不同的事情。我是在如下的意义上使用这个词的：一个论证是意识形态的，当它表现的像是一种不偏不倚的（真理）陈述而事实上却表达了一种局部利益时。因此，意识形态是批判的对象，批判的方式是揭秘或揭露或揭示不偏不倚表面“背后的”局部性。虽然马克思的各种意识形态观点不是一致的，但这种批判符合他的基本用法。他的意识形态观点的基础是历史唯物主义观。局部利益是阶级利益，是围绕着占统治地位的生产力的所有权形成的。统治阶级在保持现状上有着物质利益，其意识形态的功能是通过主张这是共同（不偏不倚的）利益，来把事态合法化。

这种主张在资产阶级那里有两种表现方式。第一个表现是，它反对（封建）地主贵族。这些贵族的利益在于让社会流动性维持在最低程度，目的是保持他们自己在稳定等级制中的上层有利地位。这种推定的贵族利益的例子包括长子继承权、限定继承权和限奢令。其正当性证明是把这些理念看成是“伟大的存在之链”（等级制是造物秩序的必然特征）和**贵族的责任**（社会等级不仅有特权，同样有义务），其功能是把这些做法合法化成“自然的”。但这些做法与资产阶级的利益相悖，资产阶级的理论家揭露了它们及其正当性证明，指出它们是（如果用这个词）“意识形态的”。然而，资产阶级意识形态的第二个表现是反对穷人 186
（“工人阶级”）的经济或政治权力的要求。因此，资产阶级的利益在于授予私人财产权以排他性的权利，支持圈地这类做法。其正当性证明在于把这些理念看成是所有职位对所有人开放的机会平等，或为了鼓励勤劳而引入必需的激励机制和事实上的不平等，为的是每个人享有更高的生活标准。

对马克思自己来说，第一个表现方式主要是在从封建主义转变到资本主义的过程中，那时候资产阶级在兴起，而一旦资本主义建立了，资产阶级占据了支配地位，第二个表现方式就成为主要的方式（大约是在1830年，见 the Preface of *Capital* 1967：I 15）。他对斯密的看法支持了这一点。在谈到斯密在生产性劳动与非生产性劳动之间所做的区分时，马克思指出，斯密用的“仍然是革命时期资产阶级的语言，那时候资产阶级还没有让整个社会、国家等向它自己臣服”［*Theories of Surplus Value*（*Works* 1989：31，197）］。斯密表现了资产阶级“仍然在同封建社会的残余作斗争”（*Poverty of Philosophy* n. d.：105）。斯密可能是特殊的，但（对马克思主义者来说）他只是最清楚的阐述者，而不是唯一的阐述者。按照这种观点，一般可以把启蒙运动看成是新兴资产阶级的思想副本。[1] 不过，在如何把马克思衍生出来的框架应用在苏格兰人身上这一点上，有着很多种阐释。

对水田洋（Hiroshi Mizuta）来说，启蒙运动观念的功能是“在资产阶级成长的早期对其进行合法化”（1976：1459）。这种功能在执行上因国家的不同而有所差异，每个“都反映了资本主义在那个国家经济中的具体方式”（1976：1459）。在水田洋看来，在苏格兰是产生了（主要是在斯密的著作中）道德哲学与政治经济学的联合，以此来为“萌芽期的工业家”作正当性证明（1975：115），其特色的“历史意识”是“苏格兰社会从部落自己迅速发展带资本主义阶段的产物”（1976：1461）。后面这一点经常被人提到。吉亚里佐（Giarrizzo）用此来解释休谟（1962：55），帕斯卡和米克在把苏格兰人归为历史唯物论者（见第 5 章）时也谈到了这一点。帕斯卡指出，斯密和米拉由于身处格拉斯哥，所以“经济快速发展的效果就在他们眼前”（1938：169）。米克论证说，是经济的快速提升使得经济发展不同的各个地方形成了明显的对比，而这种对比是苏格兰历史学派的根源（1954：98）。霍布斯鲍姆的评论内部也有一种“观念”与经济环境（物质基础）之间的类似关系，“这种转变的快速和剧烈在苏格兰人的理论中得到了**反映**”（1980：5；黑体是我加的）。

在意识形态揭秘过程中，苏格兰人自身的社会角色和地位并不是偶然的。他们是文化精英，用“唯物主义”的词来说，这意味着他们是“出身中产阶级”（Meek 1954：99 cf. Pascal 1938：169）。米迪克（Hans Medick）更准确地分析了他们的“阶级出身”——至少对斯密和米拉这
187 样做了。[2] 他把斯密的著作看成是在对为富裕和富庶而奋斗进行合法化，虽然他也强调了，在斯密看来，最后的社会经济不平等不是这种奋斗本身的目的，但（与斯密的“启蒙人文主义”是一致的）这种不平等本身属于社会需求不断精致化和人们幸福不断增长的这一过程。（1973：222 cf. 224，227）由此理解，“自然自由”学说的功能是和谐社会冲突，米迪克认为，这种观点使得斯密成为小资产阶级意识形态家。（288-289 cf. 1988：85）米拉也得到了类似的定位。他假设了懒惰（因此需要刺激）是人类学的定律，这揭示了他的小资产阶级基础。（1974：35 cf. 47）就像斯密一样，米拉把这种假设放在独立个体的和谐“不分阶级”的社会中，并暗地里进行了普遍化。（39）

虽然有相同的分析切入点，但意识形态的解释并不是同质的。相较于米克，劳伦斯（Lawrence）把进步哲学看成是一种意识形态斗争，其目的是对地主阶级的利益进行合法化（也就进一步加深了他们的利益）。（1979：21）文人们得到了进步绅士的资助（22），在斯密身上存在着“暗地里对地主家长制的捍卫，对商业利益的反对”（32）。麦克纳利（McNally）也有类似的看法，斯密的模式是土地资本主义（1983：233），而吉亚里佐指出休谟面对农业阶级与商业阶级的分野时，是“怀

旧的”（1962：47）。这种异质性是否深处整个解释思路的根基尚有争议，但如果在苏格兰人是要维护哪种阶级的利益这一点上没有一致看法，那也不是小事。

那些把苏格兰人解读为意识形态家的学者确实承认苏格兰人是在批评商业社会。不过，这种承认是勉强的，因为他们认为这些批评被苏格兰人的阶级立场破坏了。所以，米迪克认为斯密的批评只是让他在为中间等级和小地主辩护（1973：288）。对麦克纳利来说，尽管斯密没有为产业资本主义找借口，但他的批评由于他接受了“资本主义基本社会关系是必然的”而遭到了“严重的妥协”。斯密教导人们要补救这些关系的不良后果，也被相应地判定为“仅仅是在试图抵制资本主义发展的现象”（1984：264-265）。更一般地讲，帕斯卡认为苏格兰人“最严重的弊端”是“他们忽视了社会进步的辩证法”，这种忽视是源自他们的“中产阶级”地位（1938：179）。

苏格兰人状况的另一个方面——他们与英格兰的关系——也是意识形态解读的焦点。我们将看到，这种关系是“文化”解读的关键，也就表现的不是那么棱角清楚。劳伦斯从文人和进步绅士的联合中发展出自己的论点，把后者解释成援助者，把前者解释成“具体**苏格兰**文化认同的阐释者”（1979：22；黑体是作者加的）。这在对高地人的看法上最为明显。高地人作为野蛮人的典型，需要“文明化”。这种需要的满足是通过“改善”（23，31）。这种观点最激进的版本是杨（J. D. Young）提出的。按照杨的说法，18 世纪的苏格兰成了“英国文化的殖民地”，其 188
“经济是英国核心资本主义的外围”（1979：11）。启蒙运动的知识分子屈服于这种文化，他们对高地人的看法证明了这一点。（16）他们夸大了高地人的野蛮，“目的是把他们所参与和支持的文化灭绝进行合理化”（26）。[3] 凯斯·伯吉斯（Keith Burgess）提出了一个更细致入微的阐释。他强调苏格兰人不想表现出地方性，即使他们的实际地位是英国的附属。（1980：125）知识分子“自觉或不自觉地”成为“占支配地位的英国霸权利益……合法化的代言人”（128）。对高地人的看法再一次提供了证据。伯吉斯特别指出，这种表现的其中之一是发展出了“适合资本主义经济发展需要的”法律体系，他列举了斯密[4] 和弗格森[5] 作为例证。（113 cf. 110，126）在这些需要中，伯吉斯把“社会控制”列入其中（110，120）。[6]

意识形态解读的力量在于它确实提出了一种前后一致的解释。反对限定继承权是苏格兰人社会理论的特色，无可争议的是，他们的确认为自己比其他欠发达社会的人更文明更优越。而且，财产兼并委员会的实际任务确实包括了“教化”高地人（见第1章），委员会的“哲学”和构成可以合理地与“启蒙运动”联系起来。所有这些都表明，这种解读的弱点是难以克服的。最根本的是，这些做法和观念自身并不能证实它们是“意识形态的”以及它们是通过诉诸阶级分析来得到**解释**的。例如，界定作为一种“结果”的“文明”观念要依赖已经界定出的先前的原因。然而，先前的界定本身是理论假设的产物，这种假设是观念“反映”了更加基础的物质环境。这种解读的一个后果是很难说明存在于意识形态**之中**的争论。按照假设，斯密和凯姆斯享有同样的物质环境，可是虽然前者的确在事实上反对限奢法令（见 *WN*：346）——正如这种解读“预测”的那样——但后者却提出了限奢令（*SHM*：I 486）。当然，存在着相当程度上的精巧解读，而不是一种粗糙的还原论，但解释越精巧就越像是哥白尼之前的天文学那种越来越复杂的周期和本轮。正如哥白尼说的，这种精巧思想的非常复杂可能说明其最初的前提是错的。其他两种解读在不同程度上也适合这种模式。

8.1.2 文化的

这些解释的共同关注点是苏格兰启蒙运动的苏格兰性。这种共有的视角分成两个基本阵营：一些人强调与英格兰的联合是决定性的形成力量，另一些人强调的是17世纪与18世纪之间的延续性。

189 休·特维罗伯（Hugh Trevor-Roper）是第一种说法的主要人物。在两篇文章（1967,1977）中，他非常简单地提出了他的观点。对他来说，“苏格兰启蒙运动”的要点在于对人类进步的历史分析。这形成了“所有思想成就中最本真苏格兰的”（1977：374）。为了解释这种成就，关注点必须放在“苏格兰社会的具体特性”上（375）。对特维罗伯来说，苏格兰社会被它的阐释者看成是落后的，所以与英国的联合是“经济上的必然”（376）。这种联合带来了“社会革命”（383）。产生了一批新的精英，他们在法律、教会和大学中占据核心地位，而且——不像19世纪——介入到了国家官方的制度生活中。（378）由于意识到了自己国家的野蛮，这群精英寻求去探究他们要如何“赶上”。换言之，他们探究是否存在着“进步的法则”（386）。按照特维罗伯的观点，由于这种探究，政治经济学和社会历史学才得以发展。（1967：1658）

因此，特维罗伯与“意识形态家”同样强调苏格兰人的理论反映了社会经济环境。他们的差异在于解释的模式上。对于“意识形态家”来说，这种反映之所以是这样的形式，原因在于“观念”是阶级利益的载体，而特维罗伯（我们可以这样归咎，cf. 1958）对此则犹豫不决，认为这种基本历史体系的设想过于简单教条化，把马克思看成是历史的“经济解释”的先驱是过于自大了。

特维罗伯的解读的一般影响可以在霍恩（Horne）的评论中看出，后者认为“苏格兰启蒙运动的主要企图是去理解和促进社会的进步，特别是经济增长以及经济和道德改善后所发生的文化变化……[以及]被苏格兰经济发展的落后状态所驱动的”（1990：73）。霍恩自己在这里引用了尼古拉斯·菲利普森（Nicholas Phillipson）的著作，而他自己的著作为苏格兰启蒙运动与联合后的效果之间的联系做了最充分的最细致入微的阐释。

在一系列文章（特别是1973a，1973b，1976，1978，1981，1983a）中，霍恩制定了一个从1707年开始的进程表。联合是有创伤的。苏格兰失去了议会，国家的经济仍然处在危险中，只有那些来自随后的伦敦议会的富人除外。贵族精英仍然要为自己需要建立一种新的认同。这最初是从大量的俱乐部和协会开始的。除了滋生出一种公民道德（见第1章）外，它们也起到了一种准议会的功能，让这些精英成为积极的行动者，让他们成为社区的领导者。这种行动主义最初的形式是农业改善运动，但很快扩展到了经济和商业提升的整个领域。精英们由此获得了新的现代主义的公民认同，这与反联合主义者弗莱彻提出的简朴苦行主义完全不同。

按照菲利普森的解读，中世纪是一个巨大的转变。苏格兰那时是繁 190
荣的，这种新的繁荣可以让新一代的精英过一种大都市的生活。这成了新的认同危机。[菲利普森利用了埃里克森的心理学[7]（1973a：127n.，1973b：411n.）]新的精英仍然想把自己看成（以及被看成）是领导者，不想把自己与苏格兰的生活紧紧连在一起。这种危机的解决是加入并投身于思想俱乐部，这种俱乐部以及“改善”俱乐部从18世纪20年代开始就存在了。这些俱乐部的主要哲学是休谟和斯密的哲学，这种哲学教导的是决定论。它教导人们，人是由自身所处的经济和社会环境塑造的。这种教导与生活方式和社会交往具有持续不断的重要性是一致的，但对菲利普森来说，关键在于这意味着改善不一定是精心意图的产物。由此，菲利普森认为斯密“看不见的手”的学说（第一次出现在 1759 年《道德情操论》中）是适合这些精英的需要的。

菲利普森界定的第三个阶段是从 1780 年开始。由于发达的都市主义，地主精英已经变得不那么重要了，领导权已经转到了与众不同的苏格兰职业人士的手中。对这些律师、牧师和教授来说，更切合他们领导者角色的是行动主义的美德论而非休谟和斯密的消极决定论。菲利普森用此来解释反休谟的常识学派的成长和流行，这个学派由里德领导，由比蒂来推行，在杜格尔德·斯图尔特那里达到了顶峰。

所以，虽然没有用唯物主义、阶级用语来解释苏格兰启蒙运动，但菲利普森（在这些文章中）是根据精英对环境的反应来集中讨论精英和界定精英的问题的。社会理论的作用是解决精英的认同危机。解决之道的获得是通过一种“新的公民美德的理解”，以及发展出（苏格兰启蒙运动的独特贡献）“人的科学的‘社会学的’理解”（1981：22）。[8] 菲利普森这里谈到了“美德”，这表明了另一个棱角模糊之处。他的“文化”解释与“思想”解读有关，集中讨论的是苏格兰启蒙运动对公民人文主义传统的转换。然而，突出了 1707 年，意味着他的阐释像特维罗伯一样，激怒了那些强调文化延续性的人。

后一种阵营争论的关键是与英国的联合。他们既不像特维罗伯那样强调苏格兰经济上的落后，也不像菲利普森那样强调联合是有创伤的。相反，启蒙运动弥漫和渗透着苏格兰自己本土的思想传统。坎贝尔（R. H. Campbell）论证道，看起来启蒙运动精髓的焦点是改善，但事实上这是 17 世纪建立的（1982：23）。[9] 奇特尼斯（Chitnis）在清楚地驳斥菲利普森（1987：79）时也提出同样的观点。奇特尼斯在其早期著作（1976，1986）之后的文章中强调了启蒙运动一般的制度基础。对他来说，由于法律，教会和大学每个都有很长的历史，那么启蒙运动自身也
191 不是一个决裂，联合只是一个催化剂（1976：4，249）。为了支持这种对联合的解读，奇特尼斯引用了戴维（G. E. Davie）的观点。戴维从他自己的角度提出了一种启蒙运动的观点，将它看成是一种“民族生存危机”，“同化到英格兰的威胁或现实让苏格兰人认清了他们本土制度传承

的价值”（1967：25）。以此观之，启蒙运动是对弗莱彻的民族主义的复杂反应（1981：22）。[10]

奇特尼斯也看出思想与制度一样是基础，有着延续性。他特别强调了宗教 / 神学背景，认为它“开辟了道路”，因为神学鼓励社会行动（1976：252，254）。然而，最常引用的思想延续性的例子是斯泰尔勋爵的法律理论。他在米克尔的小册子中享有突出的地位，（例如）麦考米克（MacCormick）认为他预示了四阶段的理论（1982：160）。[11] 这些引用不仅是增长阅历的学术研究，而且还有论战，高登·唐纳森（Gordon Donaldson）演证了这一点。唐纳森用斯泰尔的著作坚定地主张，太多“对‘启蒙运动’喋喋不休的人”暗示 1707 年之前是没有文化的一潭死水，他们不耐烦去研究 17 世纪（1981：144–145）。斯塔尔不是唯一的，罗杰·爱默生把启蒙运动的思想基础可以追溯到席博德（Sibbald）那里（1988b）。

爱默生的作品体现了另一个棱角模糊之处，我将在第 8. 1. 3 小节中考察他的解读。类似的著作是阿伦的（Allan 1993）。在他看来，启蒙运动的“产生和大范围传播”是来自“苏格兰特殊的社会和思想传承下来的资源”（235 cf. 128）。启蒙运动在生活方式与财产权关系上的强烈兴趣是“牢固地建立”在早先苏格兰的政治传统上的。（166）对阿伦来说，事实上存在着“明显的实质性联系”，因为历史写作的目的仍然是对社会领导者进行启迪和道德教育（169 cf. 65）。所以，按照阿伦的解读，启蒙运动的基础是“学习的巨大社会效用”（232）。学者们自己把这种主张付诸实践，宣称他们是“他们社区的道德和社会领袖”（191 cf. 207）。

最后这一点证明了阿伦与菲利普森的文化解读是如何既有交集又有分歧的。[12] 这也简洁地例证了文化解读的关键之处。这种解释是语境化的。它的指导性假设是，启蒙运动要由它的环境来解释。不过，却很少讲清楚到底应该如何才算是一种**解释**。它似乎只是依靠这样一种老生常谈，即社会理论不可能发生在真空中。作为其语境主义的结果，这种解读内部的争论在很大程度上是关乎历史的，例如 17 世纪 90 年代经济萧条的程度，联合后地主精英影响力的范围等。在这些争论之上，它很容易因为那些极端的观点而遭到拒绝——联合当然是有影响的，制度和价值当然是持续的。最后一种分析实质上是一种判定。虽然不应根据外表来判断所有的声明，但苏格兰的确认为他们自己在他们的“启蒙运动”中与众不同的，认为（我的判断）他们的重要性不同于他们的先辈。

192 8.1.3 思想的

这里的焦点是观念史或思想史，而不是文化史或社会经济史。这类解读专注于这样一个命题，即启蒙运动从整体来看是一个思想运动并且提出——或多或少自觉地——思想运动只能用思想关系来正确理解，不能（也不应该）还原为某种外在于思想的背景。

波考克最自觉地提出了这样一种解读。他在研究（政治）思想上有独特的路径。他强调“一种话语”或“多种话语”的作用。其结构是流动的；话语论述是“多种的”（1987：9 cf. 1987，1962，1973）。波考克在他的《马基雅维利的时刻》（*The Machiavellian Moment*，1975）长篇探讨了这种话语，并在后面的一些文章中继续把他的论述用在18世纪苏格兰那里（esp. 1982）。他的论述是从亚里士多德开始的公民人文主义。指导思路是叙述公民实践以及参与这种实践需要拥有的美德。威胁这种实践的是腐化，而18世纪的腐化集中在信用和股票买卖上。苏格兰人可以解读成这种话语的参与者。正如我们指出的，菲利普森要感谢这种解读，而且他的作品也是参考这些思路的。[13] 体现波考克方法论自觉的一个例子是他公开与马克思主义的解读争论，认为后者没有准确地研究历史。商业社会的辩护者是辉格党的寡头政治（贵族制的利益），而不是新兴的资产阶级。波考克也与另一种思想解读保持距离。那种解读根据法理学的理论化来看待苏格兰启蒙运动。

这里最重要的作者是邓肯·福布斯。他论述的中心是休谟，他对休谟的解释绝不是将休谟“去语境化”。由于这种解释的主旨是，休谟寻求的是为新的汉诺威政权提供一个“合适的思想基础”（1975a：x cf. 1977），他的切入点是他思想框架对自然法理论的现代化（1982：191）。福布斯不仅研究休谟［他最早的对象是斯密和米拉（1954）］。除了研究斯密（1975b）和弗格森（1966，1967）外，他还把自己的论点一般化了，主张格劳秀斯和普芬多夫的自然法理论是“苏格兰启蒙运动的母体”（1979：97）。这种自然法烙印不是要做先验基础的演绎，而是出自“社会中人性的基本事实”（1982：189）。从这种视角来理解，苏格兰人的思想可以被解释为这种法理学沿着“相同的经验和社会甚至社会进化的轴心的推进上”的一种“更透彻更复杂的延续”（1982：201）。

另一位深入论述自然法背景的作者是努德·哈孔森。例如，他公开
地把米拉定位为身处“自然法传统中”（1985：60）。然而，他（后来）
也关注探讨到底是如何界定自然法传统（1990：85），并寻求把休谟和
斯密与其他同时代的人区别开来。他相信这种区别是“苏格兰启蒙运动
道德思想的基本方面”（1990：62；黑体是我加的）。更一般地讲，哈孔 193
森试图沟通公民人文主义与法理学传统之间明显的隔阂。在对思想路径
的清楚表达中，他宣称通过“描述纯理论层次上的基本联系”，他能看
出道德与法学是如何吻合的。这种吻合之处（从对坎伯兰和哈奇森的解
释中得出的）就是一种新西塞罗主义（neo-Ciceronianism）。哈孔森设
想，这为（一方面）对恰当履行日常义务的公共关注与（另一方面）对
恰当履行宪法职责的法学关注提供了共同依据（1988：110）。

还有两种解读值得提及。在大量的文章中，罗杰·爱默生批评了各种对苏格兰启蒙运动的解释，因为它们没有足够地突出“科学”的地位（cf. Wood 1989）。对他来说，“启蒙运动”要正确理解为，是寻求去发现和应用“理性基础的自然知识以改善人类在世界中的境况”（1988a：338）。虽然爱默生在文化史上作出了重要的研究（特别是对大学的研究——见第1章），但他也属于思想史的阵营。他的一般视角可以从下面的评论中看出，他认为猜测历史学家是“扎根于那些经常是非常久远的美学、学术、文学和哲学语境中的”（1985：82）。他强调自然哲学塑造了道德哲学，使它更经验化，也由此开辟了通向历史学和（除此之外）社会理论的道路（1988a：356 cf. 1990：34–35）。他用这种解释来提出一种“延续性”的论证（他影响了阿伦），同时他坚定地强调与欧洲大陆类似运动的联系。所以（他主张）“苏格兰启蒙思想在整个18世纪从没有忽视其自然哲学的根基”（1986：285）。他进一步提出（这是他的解读的另一个特征），这些“根基”在17世纪后期那些大师（virtuosi）的作品和态度中。席巴德和皮特卡林（Pitcairne）等人“塑造了苏格兰的思想生活至少直到18世纪20年代”（1988：356 cf. 1986：288），事实上启蒙运动（不仅仅在苏格兰）“明显出自于全世界的大师那里”（1995：19）。

第二个值得注意的是阿拉斯达尔·麦金泰尔的解读。对麦金泰尔来说，苏格兰人是更一般论证的一个例子。麦金泰尔论证，对正义和理性

的思考注定不可能摆脱传统观点。这些传统在其表达方式上永远是文化特色的。一个这样的表达是 17 世纪苏格兰人对加尔文主义和亚里士多德主义的综合（1988：9-10）。麦金泰尔详述了这种综合在启蒙运动中的命运。如他所说，18 世纪苏格兰思想中这种与众不同的苏格兰传统是延续了［这里他似乎归功于戴维（cf. 240）］在弗莱彻与休谟那种颠覆性的英语化主义者之间的“第三条道路”（258）。在这种延续性中起关键作用的是道德哲学的教授，他们的任务是详细阐述苏格兰与众不同
194 的法律、教育和神学下面的各种原则（258 cf. 239）。关键人物是哈奇森，但启蒙运动自身分成了两支，一边是休谟和斯密，另一边是里德和杜格尔德·斯图尔特。前者保留了哈奇森的道德认识论，但拒绝了他的道德观点；后者则相反，赞成他的道德和神学立场，但拒绝他的认识论（280）。

在思想解读中，“苏格兰启蒙运动”的认同是建立在文本中的，文本体现了思想。所以，首要的焦点是理解思想。虽然波考克和福布斯可能在什么是最好的理解上意见不一，但他们共同信奉的是，要通过研究“思想”所涉及的议题或主题来达到那种理解。要解释思想，要通过这种方式使得思想可以被理解。正如文化解读一样，哪种思想语境或（哪些语境）提供了最好的理解最终是一个判断的问题。从这种解读的视角出发，文化或社会经济背景不是无关的，但它聚焦于文本，这使得它处理的对象比其他解读要更有限一些。这既是优点又是缺点。优点在于主要的力量放在了启蒙运动的成员实际涉及的**论证**中。是否存在或曾经存在一种社会契约，这的确涉及了解释和评价洛克或普芬多夫所说过的话。弱点在于这种观点容易被设想成局限于某种不现实的自说自话的领域。休谟可能论证过洛克，但关键之处是后革命时期政治稳定性的基础。

当然，这些苏格兰启蒙运动的解读不必是相互排斥的——我在考虑棱角模糊的时候已经承认了这一点。本书提出了自己的解读，根据我自己的归类，因为强调的是苏格兰人的作品，所以它明显属于思想的阵营。但“阵营”的军事化比喻不应该被看成是我在反对其他的解读。不如说是“各有所长”，正如我在前言中说的，我不是在与奇特尼斯竞争，同样可以说我也不是在与菲利普森或伯吉斯竞争。

8.2 意义性的

对苏格兰启蒙运动的兴趣不是只局限在解释其来源或描述其基本观念上。也有不少学者轻视这种做法，他们对苏格兰人的兴趣在于它意味着什么。[14] 这就是说，苏格兰人有意义的方面在于他们为随后发展所作的贡献。有两个特殊的贡献比较突出。苏格兰人在社会学的出现和自由主义其中一脉的形成上有重要的作用。

8.2.1 社会学 *195*

“社会学”这个词是奥古斯特·孔德在18世纪发明的，这就足以影响这一学科的历史。这种影响在于掩盖了其他的传承，唐纳德·麦克雷（Donald MacRae）的评论简练地表达了这一点，“孔德为这一学科命名，但歪曲了它的成长”（1966：25）。在同一篇文章中，麦克雷宣称，弗格森是“第一个社会学家”（25）。麦克雷的学生，阿伦·斯温伍德（Alan Swingwood）写了讨论苏格兰启蒙运动与社会学兴起的论文，他在一篇文章中总结了其中的主要线索。在那篇文章中，斯温伍德明确地关注什么是苏格兰人分析中的“社会学意义”。他所说的“意义”不是他们谈论的准确内容，而是他们在何种程度上预示了以后的关注（1970：169）。这种对意义的理解重复了路易斯·斯奈德（Louis Schneider）的观点，后者在苏格兰人的一系列节选本的长篇导论中，宣称他们著作中有意思的是“社会学的分析、观念和描述，而这些对社会学家现在的工作仍然有意义”（1967：xv）。其中一个例子是他们的思考如何包含了对结构功能主义分析的“预示”（xlvii）。就斯温伍德来说，他主张苏格兰人发展出了一种“对社会世界极度世俗化和明显科学化的解释”，他们关注的议题是社会阶级和权力，冲突以及“劳动分工的社会含意和人类含意”（1970：165）。

斯温伍德和麦克雷意识到早期另一些作者也在苏格兰人的作品中看到了类似的意义［斯奈德紧紧追随布莱森（Bryson）的观点，把苏格兰人看成道德哲学家之类的人，他在概述中把米拉排除在外］。孔德自己在他的《实证主义日历》（*Positive calendar*）中，在第十一个月（笛卡儿）中有一周是以休谟为题的，并有几天是分给了罗伯森和斯密，而弗格森则是作为孔多塞的“反面”（1966：270）。莱曼（W. C. Lehmann）

在 1930 年写了一本书来讨论弗格森和现代社会学的开端，他把弗格森解释为苏格兰人对社会学和自然主义方法的发展的最典型的代表人物（1930：233）。莱曼特别关注弗格森对社会冲突作用的领悟（98-106），他引用了早些路德维希·古姆普洛维茨（Ludwig Gumplowicz）的结论，即这种领悟使弗格森有资格被称为社会学之父中的一员。莱曼也是最早把米拉作为社会学家的学者之一。在他 1960 年对《等级区分的来源》的编辑之前，他写了一篇文章，把米拉看成是“历史社会学家”，并判断米拉“最杰出的贡献”是他的论“技术—经济因素”支配性的理论（1952：41）。莱曼还感谢了另一位重要的前辈维尔纳·桑巴特（Werner Sombart），后者认为《等级区分的起源》是“叹为观止之作”，因为它表述了“一种技术—经济社会理论”（cf. Forbes 1954：664n.，Pascal 1938）。

弗格森和苏格兰人现在已经被公认为是社会学历史上的重要人物。巴特摩尔（Bottomore）这样写，“亚当·弗格森是社会学真正之父，这种说法现在提的太多了……都索然无味了”（1978：27）。埃文斯—普理查德（Evans-Pritchard）在他的人类学史中对凯姆斯、弗格森和米拉各用了一章来论述，并且把《等级区分的起源》评价为“在所有 18 世纪
196 的著作中最接近现代社会学的论著”（1981：33）。然而，即使这样，苏格兰人的社会学意义仍然受到置疑。弗莱彻在他的长篇大作“社会学的构成”中把苏格兰人降格在附录中，理由是他们没有提出社会学分析或理论的系统概念框架（1972：646）。甚至斯温伍德在他自己的社会学史中也认为“社会学的真正历史是从圣西门和孔德的著作开始的”（1984：28）。避开这些大的方面，苏格兰人的意义建立在更具体的方面。我们已经提到了弗格森与冲突的联系，巴罗（Burrow）认为他们的猜测历史“预示”了 19 世纪的比较式的方法（1970：11）。斯特拉瑟（Strasser）明确地认为他们的社会学意义在于他们试图克服国家与个人之间的对抗（1976：45），哈姆威（Hamowy）认为他们“唯一最重要的社会学贡献”是“自发产生的社会秩序”这个观念（1987：3）。

也许他们思想中最常被引用的方面是他们意识到了“异化”。马克思在这里是关键人物。由于（几乎是以一种点石成金的方式）马克思谈到的任何事情都被赋予了“有意义的”，那么他在《资本论》谈到劳动分工的效果时引用了弗格森（见第 6 章），也就在这方面引起了广泛的

注意。[同样也启迪了帕斯卡和米克把苏格兰人看成是唯物主义历史论的先兆——也见 Skinner（1965，1975，1982）] 更宽泛地看，布鲁尔（Brewer）把弗格森对“异化”（及其他主题）的论述看成是在公民人文道德主义与“社会结构”的社会学处理这两者夹缝间的产物（1987：24 cf. 1986，1989）。而斯特威瑟用哈贝马斯的术语，把弗格森与马克思联系起来，认为他们两者都有“社会解放的兴趣”，这让弗格森与孔德的“社会技术兴趣”（1976：9）区分开来。

所有这些阐释都认可苏格兰人的意义，因为他们为社会学思想的形成作出了贡献。由于社会学自身是相对年轻的学科，那么建立其自身的可信度就显得有些重要了。其中一个方式是在（相对）老的思想中寻找它的根源。这种路径也许在阿尔文·古德纳（Alvin Gouldner，1967）那里达到了顶峰，他写了一整本书来论述柏拉图是第一个社会学家。苏格兰人被用在这种寻求可靠性的工作中了，但他们身上的可靠性要更多一些。虽然柏拉图明显是现成的明星，不过如果把他与社会学联系起来，那么他的光芒可能就不那么耀眼了，但弗格森和米拉就不是这样了。他们在很大程度上是在挖掘社会学根基时被发现的。不过，社会学不是唯一要求可靠性的。还有另一条看待苏格兰人意义的途径。

8.2.2 自由主义

在他汇编的苏格兰人社会学著作的前言中，斯奈德感谢了弗里德里希·哈耶克的指引。在导论中，他提出了这样一个观点，哈耶克“无疑直接受到了苏格兰人的影响”（1967：xlvi）。哈耶克自己也认可这个观点。其他评论者注意到了这种认可，认为它是哈耶克思想的一个重要
因素（e. g. Gray 1984，Kukathas 1989）。无论哈耶克对苏格兰人的解读 197
是否正确 [Winch（1988）批评了他的解释]，无论他能否把苏格兰人的其他成分充分吸收到他的整个理论中 [他不能充分吸收是库卡塔斯（Kukathas）论证的主旨]，这些严格来讲都是无关紧要的。相反，关键是哈耶克是自由主义思想中特殊一脉的非常重要和有影响的代表人物。

我说“特殊一脉”是因为自由主义是由很多脉络组成的。哈耶克的脉络有时候被称为“古典自由主义”，在这个路线上斯密是站得最高的人。斯密确实站得高，因为他投下了长长的阴影。这种阴影的后果之一是，虽然斯密在自由主义历史中占据了重要位置，但却很少提及他是

苏格兰启蒙运动的成员。类似的，虽然斯密的意义确实密不可分地与自由市场经济联系在一起，但这种联系却导致了对他整个思想的特殊解读。对他著作进行历史学的重新评价［特别可见 Donald Winch（1978，1983，1988）和 Teichgraeber（1986）］质疑了那些把斯密简单化为“鲜活且鲜明的芝加哥学派”的观点。正如斯密的自由主义不只是捍卫“自然自由”一样，苏格兰启蒙运动的社会理论也不只是斯密的理论；不能完全归到他的阴影下。哈耶克清楚地意识到了这些观点，因此（也因为他的影响和重要性）苏格兰启蒙运动一般被看成是对“自由主义”思想有意义的。[15]

哈耶克区分了自由主义思想的两个脉络或传统—— 一个基于欧洲大陆的理性主义（但包括边沁），另一个基于英国的经验主义（但包括托克维尔）。他认为前者是畸变的，而后者是正确的。在那些身处正确路线的人之中，赋予苏格兰人光荣地位的不只是斯密，还有休谟、米拉和弗格森。他们讨论文明成长的著作“仍然是自由主义论证中必不可少的基础”（1972：57）。对哈耶克来说，斯密从来不是自由放任（一个“理性主义的”观念）的完全信徒；相反，与休谟一样[16]，他的论证是在讨论国家的限度和恰当功能。（60 cf. 1978：134，1982：I 4）

哈耶克接着回到了苏格兰人的反理性主义（或反建构主义）。在阐明他们的论证过程中，他几乎总是在引用了弗格森的评论：“国家偶然发现制度实际上是人类行动的结果，而不是任何人类设计的结果。”（*ECS*：122）［他甚至写了一篇以这个引用为标题的文章（1967：96-105）］在一个地方，他把这个引用夸奖为提供了“对所有社会理论之任务的最好定义”（1978：264）。这种夸奖解释了斯奈德为什么感谢哈耶克对他在苏格兰人研究上的指导。同样，哈姆威公开感谢了哈耶克的影响，帮助了他界定苏格兰人的“自发秩序”观念的社会学意义。（见上文）

苏格兰人在哈耶克式自由主义上的意义是建立了一个传承。按照他的观点，苏格兰人体现了对自由主义真正的理解，而不是错误的理解。后者，由于它信奉用理性主义来解决问题，与他最大的敌人即社会集体
198 主义是相通的，社会集体主义的所有形式是从苏联的计划经济到所谓的“社会正义”的“福利自由主义”。他在苏格兰人那里看到了对制度延续性和复杂性的敏感。他们是“真”自由主义理论的奠基者，因为他们没

有错误地设想各种利益存在着一种自然和谐；相反，他们认识到了多样性，意识到了自由社会唯一容纳的方式是人与人之间在一般法治下的正义行为。（cf. 1978：135，1982：II 162）

就像他们的“社会学”意义一样，他们在自由主义中的意义也是取决于某种后续境况的。所以，正如哈耶克在20世纪70年代的光芒是随着新右翼的出现而产生的，以前之所以没有赋予苏格兰人这样的意义也是基于此。既然这是一种偶然的关系，那么随着新右翼的黯淡，苏格兰人在这个领域的意义随之消退了，也就不会是不大可能了（实际上是可能了）。

本书不是反对这种消退。不过，我试图讲述一个相当合理的故事，希望其中的要点会一直有用，而不要依赖于那些回顾式的一时兴致所赋予的意义。

注释

[1] 例如，戈德曼界定了启蒙运动思想所有“基本范畴”都有的一个“基本结构”。这个结构类似于市场经济的结构，“反过来构成了发展中的资产阶级的社会基础”（1973：20）。结果是，在这个结构内部有一个“基本矛盾”，私人财产权原则与平等原则之间的矛盾（36）。虽然讨论的是这些一般词语，但戈德曼事实上专注的是法国启蒙运动。阿多诺和霍克海默提出了一个彻底得多的阐释。对他们来说，“启蒙运动”是对自然世界的一般定位，即“人从自然中学习怎么运用自然，以便完全支配自然和他人”（1973：4）。它缺乏恰当的批判态度，因为它接受了直接给予经验的东西——工厂的“事实”和数目。（26-27）麦克弗森提出了另一个有影响的资产阶级意识形态的阐释。他发展出“占有性个人主义”（1962）的观念，设想了个人是“其自我能力的绝对所有者”（1973：199）。资产阶级意识形态家从他们自己的环境中得出了这个设想，并将此假设为人性本身的特点。因此它合法化了无限占用的权利，将其作为财富增长的激励，“新的创业阶级”看到了未来的前景（1973：19）。麦克弗森（1978）对斯密和休谟一笔带过［对他的批评见Miller（1980）］。

[2] 在为他的弗格森《文明社会史论》的译本（合写的）导论中，米迪克不那么公然地留意阶级分析。但他基本的参考架构是相同的，即早期社会科学

出现在从封建主义到资本主义的转变中（1988：8），不过他强调弗格森的“公民人文主义”视角（见下文）。他认为，这种视角是回溯性的（90），并引用了马克思的结论，这是一种“老式立场”（88）。

[3] 霍布斯鲍姆谈到了传统农民经济的“毁灭”和“消灭”。（1980：18-19）他也谈到了苏格兰改革主义者对部落社会的人和道德价值充满了激进的敌意。

199 [4] 由于斯密把法律从道德中分离出来，伯吉斯评论道［引了 Stein（1970）citing *FMS*］，这种“对法律竞争性的意识非常适合于不断增长的商业时代的图景”（110）。

[5] 他引用了 *ECS*（155-156），并评论道，弗格森的法律观念“非常适合于那种与资本主义发展相比相对落后的社会的需要”（126）。

[6] 科普利（Copley）把休谟的《道德、政治和文学论文集》解释成揭示了“对资产阶级社会政治性文化性质和地位的偏袒性讨论”，在这种文化中，“激情”是“作为社会控制的机制来操控的”（1987：182，190）。这种不同的社会控制模式要归功于福柯，马库斯（T. A. Markus）用此来讨论建设项目的设计旨在体现秩序和理性，压制非理性的表现。（1982：105-106 cf. Markus 1988）

[7] 戴西斯援引了这种相当不同的心理学。在谈到律师时——但也普遍适用于他对“联合的文化后果”的解释——他说，要成功的话，他们必须形成“文化上的精神分裂”（1964：66）。

[8] 谢尔也类似地集中讨论了精英。他把苏格兰启蒙运动界定为“18 世纪苏格兰的文人文化”，即“中上层职业人士”的价值和观点。（1985：8，11）

[9] 为了支持根基是在联合之前的，坎贝尔引用并赞成了米克尔（Meikle 1947）的一篇讲演，而菲利普森认为把 17 世纪各式各样的学者作为启蒙运动的先驱是在把那些人神化（1973：431n.）。奇特尼斯（Chitnis 1987：79）对米克尔的论点做了肯定的评价。

[10] 正如我们看到的，菲利普森（1987）也提到了对弗莱彻的反应，但奇特尼斯（他为此感谢戴维）认为，给予弗莱彻如此重要的地位是一种歪曲（1987：88 cf. Withrington 1987：14）。

[11] 但伯吉斯在他的“意识形态”解读中提出了一个观点，斯泰尔对财产权和契约的道德化观念“在 18 世纪被发展中的资本主义社会释放出的世俗主义牢牢地压垮了”（1980：110）。

[12] 阿伦的著作可以与基德的著作（1993）一起读，后者也关注启蒙运动对过去的看法。虽然阿伦强调的是延续性，而基德集中论述了苏格兰辉格党传统在联合之后的转变，那些人承认与更文明的邻居联合是有好处的。（7，181）也见基德（1996）。

[13] 在最著名的文稿中，特别是他们也涉及了波考克，除了菲利普森［也见他早期对斯密（1983b）和休谟（1979，1989）的研究］以外，还有温奇（1978，1983）和罗伯森（1982，1983，1985）。

[14] 斯金纳攻击了那些研究的非历史性。（cf. Q. Skinner 1969）斯金纳的著作已经继续发展了，并激发了大量讨论，可以见塔利（Tully 1988）的综述。斯金纳对他路径的一个相关的应用，见他在《时代文学副刊》（*Times Literary Supplement*，1976 年 2 月 13 日）上对米克（Meek）的《社会科学与卑微的野蛮人》（*Social Science and the Ignoble Savage*）的评论。

[15] 唯一不依赖哈耶克，也不依赖标准斯密式论述，而寻求苏格兰人与一般自由主义［反对只局限在 J. S. 密尔身上——见 Cumming（1969）］的联系的著作是约翰·霍尔写的。霍尔强调斯密和休谟拒绝了公民美德并认可了商业与自由的联系，并认为他们有助于一种意识形态的自由主义，这种自由主义的核心是一种“开放性，偶然性和选择”的感觉［1986：181，cf. Ch. 2 etc. 也见 Hall（1986）。在那里他认为“苏格兰启蒙运动的杰出思想家”影响了自己的著作（3）］。

[16] 哈耶克把休谟描述为给了我们“很可能是对后来被称为自由主义的法律哲学和政治哲学唯一全面的陈述”（1966：340）。

参考文献

Primary: Scottish

Alexander, W. *The History of Women from the Earliest Antiquity to the Present Time*, 3rd edn, 2 vols., London, 1782.

Arbuthnot, J. *An Essay concerning the Effects of Air on Human Bodies*, London, 1733.

Beattie, J. *Dissertations Moral, Critical and Literary* (1783), Hildesheim: Olms reprint, 1975.

Elements of Moral Science (1790–3), 2 vols., Hildesheim: Olms reprint, 1975.

Essay on the Nature and Immutability of Truth (revised edn 1776), Hildesheim: Olms reprint, 1975.

Scotticisms arranged in Alphabetical Order, designed to correct Improprieties of Speech and Writing, Edinburgh, 1787.

Blackwell, T. *An Enquiry into the Life and Writings of Homer* (1735), Menston: Scolar Press reprint, 1972.

Blair, H. *A Critical Dissertation on the Poems of Ossian* (1763), appended to *Poems of Ossian*, ed. A. Stewart, Edinburgh, 1819.

Lectures on Rhetoric and Belles Lettres (1783), in one volume, London, 1838.

Sermons, 5 vols., London, 1777–1801.

Campbell, G. *Dissertation on Miracles*, Edinburgh, 1762.

Philosophy of Rhetoric, 2 vols., Edinburgh, 1776.

The Nature, Extent and Importance of the Duty of Allegiance, Aberdeen, 1776.

Carlyle, A. *The Autobiography of Dr. Alexander Carlyle of Inveresk 1722–1805*, ed. J. Burton, Edinburgh: Foulis, 1910.

Craig, J. *Account of the Life and Writings of John Millar* (1806), prefixed to Millar's *Origin of Ranks*, Bristol: Thoemmes Press Reprint, 1990.

Dalrymple, J. *Essay toward a General History of Feudal Property in Great Britain*, London, 1757.

Duff, W. *Essay on Original Genius*, London, 1767.

Dunbar, J. *De Primordiis Civitatum oratio. In qua agitur de Bello Civili inter M. Britanniam et Colonias nunc flagranti*, London, 1779.

Essays on the History of Mankind in Rude and Cultivated Ages (1781), 2nd edn, Bristol: Thoemmes Press reprint, 1995.

Duncan, W. *The Elements of Logick*, London, 1748.

Ferguson, A. *Correspondence*, 2 vols., ed. V. Merolle, London: William Pickering, 1995.

An Essay on the History of Civil Society (1767), ed. D. Forbes, Edinburgh: Edinburgh University Press, 1966.

The History of the Progress and Termination of the Roman Republic (1783), new edition, 5 vols., Edinburgh, 1813.

Institutes of Moral Philosophy (1769), 3rd edn, London, 1785.

Principles of Moral and Political Science (1792), 2 vols. repr. New York: AMS Press, 1973.

Reflections previous to the Establishment of a Militia, London, 1756.

Remarks on a Pamphlet lately published by Dr Price, London, 1776.

Fletcher, A. *Selected Writings*, ed. D. Daiches, Edinburgh: Scottish Academic Press, 1979.

Fordyce, D. *Dialogues concerning Education*, 2 vols., Belfast, 1753.

Gerard, A. *Essay on Genius*, London, 1774.

Essay on Taste (1759), 1st edn, Menston: Scolar Press reprint, 1971.

Essay on Taste, 3rd edn, Edinburgh, 1780.

Liberty the Cloke of Maliciousness both in the American Rebellion and the Manners of the Times, Aberdeen, 1778.

Gregory, J. *A Comparative View of the State and Faculties of Man with those of the Animal World* (1765), in *Works*, vol. 2, Edinburgh, 1788.

Hume, D. *An Abstract of a Treatise of Human Nature* (1740), ed. C. Hendel, Indianapolis: Bobbs Merrill, 1955.

Dialogues concerning Natural Religion (1779), in *Hume on Religion*, ed. R. Wollheim, London: Fontana books, 1963.

Essays: Moral, Political and Literary (1779), ed. E. Miller, Indianapolis: Liberty Press, 1987.

Enquiries concerning Human Understanding and concerning the Principles of Morals (1777), eds. L. Selby-Bigge & P. Nidditch, Oxford: Clarendon Press, 1975.

The History of England (1786), 3 vols. London: Routledge, 1894.

The Letters of David Hume, ed. J. Greig, 2 vols., Oxford: Clarendon Press, 1932.

The Natural History of Religion (1757), in *Hume on Religion* ed. R. Wollheim, London: Fontana books, 1963.

A Treatise of Human Nature (1739/40), ed. L. Selby-Bigge, Oxford: Clarendon Press, 1888.

Philosophical Works, eds. T. Green & T. Grose, London: Longmans, 1889.

Hutcheson, F. *An Essay on the Nature and conduct of the Passions and Affections, with Illustrations on the Moral Sense* (1728), Menston: Scolar Press reprint, 1972.

An Inquiry in to the Original of our Ideas of Beauty and Virtue (1725), Hildesheim: Olms reprint, 1971.

Observations on the Fable of the Bees (1726), Bristol: Thoemmes Press reprint, 1989.

On Human Nature (1730), tr. inaugural lecture *De naturali hominum socialitate*, ed. T. Mautner, Cambridge: Cambridge University Press, 1993.

Philosophical Writings, ed. R. Downie, London: Everyman Library, 1994.

A Short Introduction to Moral Philosophy (1747), Hildesheim: Olms reprint, 1969.

System of Moral Philosophy (1755), 2vols., Hildesheim: Olms reprint, 1990.

Innes, T. *A Critical History of the Ancient Inhabitants of the Northern part of Britain or Scotland* (1729), Edinburgh: W. Paterson, 1879.

Kames, Lord *The Elements of Criticism* (1762), 9th edn, 2 vols., Edinburgh, 1817.

Elucidations respecting the Common and Statute Law of Scotland, Edinburgh, 1778.

Essays on the Principles of Morality and Natural Religion (1751), 3rd edn (corrected and improved), 1779.

Essays upon several subjects concerning British Antiquities, Edinburgh, 1747.

The Gentleman Farmer: Being an attempt to improve Agriculture by subjecting it to the Test of Rational Principles, Edinburgh, 1776.

Historical Law Tracts (1758), 3rd edn, Edinburgh, 1776.

Loose Hints upon Education, Edinburgh, 1781.

Principles of Equity (1760), 3rd edn, 2 vols., Edinburgh, 1778.

Sketches of the History of Man (1774), 3rd edn, 2 vols., Dublin, 1779.

Macpherson, J. *Fragments of Ancient Poetry collected in the Highlands of Scotland* (1760), 2nd edn, reprinted in *The Poems of Ossian*, ed. F. Stafford, Edinburgh: Edinburgh University Press, 1996.

A Dissertation in *The Poems of Ossian*, ed. F. Stafford, Edinburgh: Edinburgh University Press, 1996.

Millar, J. *An Historical View of the English Government* (1803), 4 vols., London, 1812.

Observations concerning the Distinction of Ranks in Society, London, 1771.
The Origin of the Distinction of Ranks (1779), 3rd edn, repr. in *John Millar of Glasgow*, W. Lehmann, Cambridge: Cambridge University Press, 1960.
Monboddo, Lord *Of the Origin and Progress of Language*, 6 vols., London, 1773–92.
Antient Metaphysics, 6 vols., London, 1779–99.
Ogilvie, W. *Essay on the Right of Property in Land*, London, 1781.
Pennant, T. *A Tour in Scotland*, 3rd edn, Warrington, 1774.
Ramsay, J. (of Ochtertyre) *Scotland and Scotsmen in the Eighteenth Century*, 2 vols., ed. A. Allardyce, Edinburgh, 1888.
Reid, T. *Essays on the Active Powers of the Human Mind* (1788), in *Works*, ed. W. Hamilton, in one volume, Edinburgh, 1846.
Essays on the Intellectual Powers of Man (1785), in *Works*, ed. W. Hamilton, in one volume, Edinburgh, 1846.
Practical Ethics, ed. K. Haakonssen, Princeton: Princeton University Press, 1990.
Robertson, W *An Historical Disquisition concerning Ancient India* (1791), in *Works*, ed. D. Stewart, in one volume, Edinburgh, 1840.
The History of America (1777), in *Works*, ed. D. Stewart, in one volume, Edinburgh, 1840.
The History of Scotland (1759), in *Works*, ed. D. Stewart, in one volume, Edinburgh, 1840.
A View of the Progress of Society in Europe (1769), in *Works*, ed. D. Stewart, in one volume, Edinburgh, 1840.
Semple, W. Preface to *The History of the Shire of Renfrew* by G. Crawfurd, Paisley, 1782.
Smith, A. *Correspondence of Adam Smith*, eds. E. Mossner and I. Ross, Indianapolis: Liberty Press, 1987.
Essays on Philosophical Subjects (1795), ed. W. Wightman, Indianapolis: Liberty Press, 1982.
Lectures on Rhetoric and Belles Lettres, ed. J. Bryce, Indianapolis: Liberty Press, 1985.
Lectures on Jurisprudence, eds. R. Meek, D. Raphael and P. Stein, Indianapolis: Liberty Press, 1982.
The Theory of Moral Sentiments (1759, 1st edn), eds. A. Macfie and D. Raphael, Indianapolis: Liberty Press, 1982.
An Inquiry into the Nature and Causes of the Wealth of Nations (1776), ed. R. Campbell and A. Skinner, Indianapolis: Liberty Press, 1981.
Somerville, T. *My Own Life and Times 1741–1814*, Edinburgh, 1861.
Stair, Lord *The Institutes of the Laws of Scotland* (1693), 2nd edn, ed. D. Walker, Glasgow & Edinburgh: The University Presses, 1981.
Steuart, J. *An Inquiry into the Principles of Political Oeconomy* (1767), 2 vols., ed. A. Skinner, Chicago: University of Chicago Press, 1966.
Stewart, D. *Collected Works*, 10 vols., ed. W. Hamilton, Edinburgh, 1854.
Stuart, G. *Historical Dissertation concerning the Antiquity of the English Constitution* Edinburgh, 1768.
Observations concerning the Public Law and the Constitutional History of Scotland, Edinburgh, 1779.
A View of Society in Europe in its Progress from Rudeness to Refinement (1792), 2nd edn, Bristol: Thoemmes Reprint, 1995.
Turnbull, G. *A Discourse upon Nature and Origine of Moral and Civil Laws*, London, 1740.
Heineccius' Methodological System of Universal Law (editor), 2 vols., London, 1740.
Observations upon Liberal Education, London, 1742.
The Principles of Moral Philosophy, 2vols., London, 1740.
A Treatise on Ancient Painting, London, 1740.
Tytler, A. *Life of Henry Home of Kames*, 2 vols., Edinburgh, 1807.
Wallace, R. *Dissertation on the Numbers of Mankind in Antient and Modern Times*, Edinburgh,

1753.

Various Prospects of Mankind, Nature and Providence, London, 1761.

Primary: Non-Scottish

Adair, J. *History of the American Indians* (1775), New York: Argonaut Press, 1966.

Aristotle *The Politics*, tr. E. Barker, Oxford: Clarendon Press, 1946.

Bacon, F. *Physical and Metaphysical Works*, ed. J. Devey, London: Bohn Library, 1853.

Balguy, J. *The Foundation of Moral Goodness*, in ed. L. Selby-Bigge *The British Moralists*, Indianapolis: Bobbs Merrill, 1964.

Bayle, P. *Historical and Critical Dictionary* (1697), tr. R. Popkin, Indianapolis: Bobbs Merrill, 1965.

Beccaria, C. *On Crimes and Punishments* (1764), tr. H. Paolucci, Indianapolis: Bobbs Merrill, 1963.

Boileau, N. *L'Art poétique* (1674), ed. R. D. Hermies, Paris: Larousse, 1949.

Bolingbroke, Lord *Letters on the Use and Study of History* (1735), London, 1870.

Buffon, Comte de *Natural History: General and Particular* (1749–89), 20 vols., tr. W. Smellie, London, 1812.

Burke, E. *Works*, 6 vols., London: Bohn Library, 1889.

Calvin, J. *Institutes of the Christian Religion*, 2 vols., tr. H. Betteridge, London: J. Clarke, 1953.

Charlevoix, P. *Journal of a voyage to North America* (1744), 2 vols., tr. London, 1761.

Colden, C. *A History of the Five Indian Nations of Canada*, 2nd edn, London, 1750.

Comte, A. *Catéchisme positiviste*, ed. P. Arnaud, Paris: Garnier-Flammarion, 1966.

Condillac, E. *Oeuvres* 3vols., ed. G. LeRoy, Paris: Presses Universitaire de France, 1947–51.

Condorcet, N. *Sketch for a Historical View of the Progress of the Human Mind* (1795), tr. J. Barraclough, London: Library of Ideas, 1955.

D'Alembert, J. *Preliminary Discourse to the Encyclopedia* (1751), tr. R. Schwab, Indianapolis: Bobbs Merrill, 1963.

Diderot, D. *Political Writings*, ed. R. Wokler & J. H. Mason, Cambridge: Cambridge University Press, 1992.

Dubos, J-B *Réflexions critiques sur la poésie, la peinture et la musique* (1719), 2 vols., Paris, 1760.

Grotius, H. *On the Law of War and Peace* (1625), tr. F. Kelsey, Oxford: Classics of International Law, 1925.

Harrington, J. *Political Works*, ed. J. Pocock, Cambridge: Cambridge University Press, 1977.

Helvetius, C. *A Treatise on Man* (1773) tr. W. Hooper, London, 1810.

Hobbes, T. *Leviathan* (1651), ed. R. Tuck, Cambridge: Cambridge University Press, 1991.

Johnson, S. *Dictionary of the English Language*, 10th edn, London, 1792.

Justinian *The Institutes*, tr. J. Moyle, 5th edn, Oxford: Clarendon Press, 1913.

Kant, I. *Kant on History*, ed. L. Beck, Indianapolis: Bobbs Merrill, 1963.

The Philosophy of Kant, ed. C. Friedrich, New York: Modern Library, 1949.

Lafitau, P. *Moeurs des savages ameriquains, comparées aux moeurs des premiers temps*, 2 vols., Paris, 1724.

La Mettrie, J. *Man a Machine* (1748), ed. G. Bussey, LaSalle, Ill.: Open Court, 1912.

Locke, J. *Philosophical Writings*, 2vols., London: Bohn Library, 1854.

Two Treatises of Government (1689), ed. P. Laslett, New York: Mentor Library, 1963.

Some Thoughts concerning Education (1693), Menston: Scolar Press reprint, 1970.

Machiavelli, N. *The Prince* (1513), tr. R. Price, Cambridge: Cambridge University Press, 1988.

Mandeville, B. *The Fable of the Bees* (1732), 2 vols., ed. F. Kaye, Indianapolis: Liberty Press, 1988.

Marx, K. *Capital* (1857 vol. 1), tr. S. Moore & S. Aveling, New York: International Publishers, 1967.

Poverty of Philosophy (1847), London: M. Lawrence, n.d.

Theories of Surplus Value, London: Lawrence & Wishart, 1989.

Montesquieu, C. *The Spirit of the Laws* (1748), tr. A. Cohler et al., Cambridge; Cambridge University Press, 1989.

Oeuvres complètes, Paris: Nagel, 1955.

Newton, I. *Newton's Philosophy of Nature: Selections from his Writings*, ed. H. Thayer, New York: Hafner, 1953.

Price, R. *Political Writings*, ed. D. Thomas, Cambridge: Cambridge University Press, 1991.

Priestley, J. *Writings on Philosophy, Science and Politics*, ed. J. Passmore, New York: Collier Books, 1965.

Pufendorf, S. *On the Law of Nature and Nations* (1672), tr. C. & W. Oldfather, Oxford: Classics of International Law, 1934.

Rousseau, J-J. *The Social Contract and the Discourses*, tr. G. Cole. London: Everyman Library, 1968.

Sallust *The Conspiracy of Catiline*, tr. S. Handford, Harmondsworth: Penguin Books, 1963.

Shaftesbury, 3rd Earl of *Characteristics of Men, Manners, Opinions, Times etc.* (1711), ed. J. Robertson, London: Grant Richards, 1900.

Temple, W. *Works*, 4 vols., Edinburgh, 1754.

Voltaire, A. *Philosophical Dictionary* (1764), ed. & tr. H. Bestermann, Harmondsworth: Penguin Books, 1971.

Oeuvres complètes Paris: Garnier, 1877.

Secondary Sources

Aarsleff, H. (1974) 'The Tradition of Condillac', in D. Hymes (ed.), *Studies in the History of Linguistics*, Bloomington: Indiana University Press, pp. 93–156.

Adorno, T. & Horkheimer, M. (1973) *The Dialectic of the Enlightenment*, tr. J. Cumming, London: Allen Lane.

Aldridge, A. (1975) *Voltaire and the Century of Light*, Princeton: Princeton University Press.

Alexander, H. (ed.) (1956) *The Leibniz–Clarke Correspondence*, Manchester: Manchester University Press.

Allan, D. (1993) *Virtue, Learning and the Scottish Enlightenment*, Edinburgh: Edinburgh University Press.

Amoh, Y. (1989) 'Ferguson's "Of the separation of departments, professions and tasks resulting from the progress of arts in society"', *Eighteenth Century Scotland*, 3.

Ashcraft, R. (1968) 'Locke's state of nature: historical fact or moral fiction?', *American Political Science Review*, 62, 898–915.

(1987) *Locke's Two Treatises of Government*, London: Unwin Hyman.

Baier, A. (1979) 'Good men's women: Hume on chastity and trust', *Hume Studies*, 5, 1–19.

(1988) 'Hume's account of social artifice', *Ethics*, 98, 757–78.

(1989) 'Hume on a woman's complexion' in P. Jones (ed.), *The Science of Man in the Scottish Enlightenment*, pp. 33–53.

(1991) *A Progress of Sentiments: Reflections on Hume's Treatise*, Cambridge, Mass.: Harvard University Press.

Baker, K. (1975) *Condorcet: From Natural Philosophy to Social Mathematics*, Chicago: University of Chicago Press.

Barfoot, M. (1990) 'Hume and the culture of science in the early eighteenth century' in M. A. Stewart (ed.), *Studies in the Philosophy of the Scottish Enlightenment*, pp. 151–90.

Barraclough, G. (1962) 'Universal history' in H. Finberg (ed.), *Approaches to History*, London: Routledge, pp. 83–109.

Barrell, J. (1986) *The Political Theory of Painting from Reynolds to Hazlitt*, New Haven:

Yale University Press.

Basker, J. (1991) 'Scotticisms and the problem of cultural identity in eighteenth century Britain', *Eighteenth Century Life*, 15, 81–95.

Battersby, C. (1981) 'An enquiry concerning the Humean woman', *Philosophy*, 56, 303–12.

Beloff, M. (ed.) (1960 2nd edn) *The Debate on the American Revolution 1761–83*, London: A. & C. Black.

Benton, T. (1990) 'Adam Ferguson and the enterprise culture' in P. Hulme & L. Jordanova (eds.), *The Enlightenment and its Shadows*, London: Routledge, pp. 63–120.

Berry C. J. (1973) 'Approaches to the origin of metaphor in the eighteenth century', *Neuphilologische Mitteilungen*, 74, 690–713.

(1974a) 'Adam Smith's "considerations" on language', *Journal of the History of Ideas*, 35, 130–38.

(1974b) 'James Dunbar and the American War of Independence', *Aberdeen University Review*, 45, 255–66.

(1982) *Hume, Hegel and Human Nature*, The Hague: M. Nijhoff.

(1986) *Human Nature*, London: Macmillan.

(1987) 'James Dunbar and the Enlightenment debate on language' in J. Carter & J. Pittock (eds.), *Aberdeen and the Enlightenment* pp. 241–50.

(1989) 'Adam Smith: commerce, liberty and modernity' in P. Gilmour (ed.), *Philosophers of the Enlightenment*, Edinburgh: Edinburgh University Press, pp. 113–32.

(1992) 'Adam Smith and the virtues of commerce' in J. Chapman & W. Galston (eds.), *Virtue* New York: New York University Press, pp. 69–88.

(1994) *The Idea of Luxury: A Conceptual and Historical Investigation*, Cambridge: Cambridge University Press.

Black, J. B. (1926) *The Art of History*, London: Methuen.

Blackstone, W. (1965) *Francis Hutcheson and Contemporary Ethical Theory*, Athens, Ga.: University of Georgia Press.

Bottomore, T. & Nisbet, R. (1978) *A History of Sociological Analysis*, London: Heinemann.

Bowles, P. (1985) 'The origin of property and the development of Scottish historical science', *Journal of the History of Ideas*, 46, 197–209.

Brewer, J. D. (1986) 'Adam Ferguson and the theme of exploitation', *British Journal of Sociology*, 37, 461–78.

(1987) 'The Scottish Enlightenment' in A. Reeve (ed.), *Modern Theories of Exploitation*, London: Sage, pp. 6–29.

(1989) 'Conjectural history, sociology and social change in eighteenth century Scotland: Adam Ferguson and the division of labour' in D. McCrone et al. (eds.), *The Making of Scotland*, Edinburgh: Edinburgh University Press, pp. 13–30.

Brown, S. (ed.) (1979) *Philosophers of the Enlightenment*, Brighton: Harvester Press.

Brown, V. (1994) *Adam Smith's Discourse: Canonicity, Commerce and Conscience*, London: Routledge.

Brownsey, P. (1978) 'Hume and the social contract', *Philosophical Quarterly*, 28, 132–48.

Brumfitt, J. (1958) *Voltaire – Historian*, Oxford: Oxford University Press.

(1972) *The French Enlightenment*, London: Macmillan.

Bryson, G. (1945) *Man and Society: the Scottish Inquiry of the Eighteenth Century*, Princeton: Princeton University Press.

Buckle, S. & Castiglione, D. (1991) 'Hume's critique of Contract Theory', *History of Political Thought*, 12, 457- 80.

Buckle, S. (1991) *Natural Law and the Theory of Property: Grotius to Hume*, Oxford: Clarendon Press.

Burgess, K. (1980) 'Scotland and the first British Empire, 1707–1770s: the confirmation of client status' in J. Dickson (ed.), *Scottish Capitalism: Class, State and Nation from before the Union to the present*, London: L. Wishart, pp. 89–135.

Burns, S. (1976) 'The Humean female', *Dialogue*, 15, 415–24.

Burrow, J. (1970) *Evolution and Society: A Study in Victorian Social Theory*, Cambridge: Cambridge University Press.

Cairns, J. (1995) 'Famous as a school for law, as Edinburgh ... for medicine: legal education in Glasgow 1761–1801' in A. Hook & R. Sher (eds.), *The Glasgow Enlightenment*, pp. 133–59.

Cameron, J. (1967) 'Church of Scotland in the Age of Reason', *Studies in Voltaire*, 58, 1939–52.

(1982) 'Theological controversy: a factor in the origins of the Scottish Enlightenment' in R. Campbell & A. Skinner (eds.), *Origins and Nature of the Scottish Enlightenment* pp. 116–30.

Camic, C. (1983) *Experience and Enlightenment: Socialization for Cultural Change in Eighteenth Century Scotland*, Edinburgh: Edinburgh University Press.

Campbell, R. (1982) 'The Enlightenment and the economy' in R. Campbell & A. Skinner (eds.), *Origins and Nature of the Scottish Enlightenment*, pp. 8–25.

Campbell, R. & Skinner, A. (eds.) (1982) *Origins and Nature of the Scottish Enlightenment*, Edinburgh: John Donald.

(1985) *Adam Smith*, London: Croom Helm.

Campbell, T. (1971) *Adam Smith's Science of Morals*, London: G. Allen & Unwin.

(1982) 'Francis Hutcheson: "Father" of the Scottish Enlightenment' in R. Campbell & A. Skinner (eds.), *Origins and Nature of the Scottish Enlightenment*, pp. 167–85.

Cant, R. (1982) 'Origins of the Enlightenment in Scotland: the universities' in R. Campbell & A. Skinner (eds.), *Origins and Nature of the Scottish Enlightenment*, pp. 42–64.

Capaldi, N. (1975) *David Hume the Newtonian Philosopher*, Boston: Twayne.

(1978) 'Hume as a social scientist', *Review of Metaphysics*, 38, 99–123.

Capaldi, N. & Livingston, D. (eds.) (1990) *Liberty in Hume's 'History of England'*, Dordrecht: Kluwer Academic.

Carter, J. & Pittock, J. (eds.) (1987) *Aberdeen and the Enlightenment*, Aberdeen: Aberdeen University Press.

Cassirer, E. (1955) *The Philosophy of the Enlightenment*, tr. F. Koelln & J. Pettegrove, Boston: Beacon Press.

Chamley, P. (1975) 'The conflict between Montesquieu and Hume' in A. Skinner & T. Wilson (eds.), *Essays on Adam Smith*, pp. 274–305.

Chappell, V. (ed.) (1966) *Hume*, London: Macmillan.

Charron, W. (1980) 'Convention, games of strategy and Hume's philosophy of law and government', *American Philosophical Quarterly*, 17, 327–34.

Chisick, H. (1989) 'David Hume and the common people' in P. Jones (ed.), *The Science of Man in the Scottish Enlightenment*, pp. 5–32.

Chitnis, A. (1976) *The Scottish Enlightenment: A Social History*, London: Croom Helm.

(1986) *The Scottish Enlightenment and Early Victorian English Society*, London: Croom Helm.

(1987) 'The eighteenth century Scottish intellectual inquiry: context and continuities versus civic virtue' in J. Carter & J. Pittock (eds.), *Aberdeen and the Enlightenment*, pp. 77–92.

Christie, J. (1987) 'The culture of science in eighteenth century Scotland' in A. Hook (ed.), *The History of Scottish Literature*, Aberdeen: Aberdeen University Press, vol. 2, pp. 291–305.

Clark, I. (1970) 'From protest to reaction: the moderate regime in the Church of Scotland 1752–1805' in N. Phillipson & R. Mitchison (eds.), *Scotland in the Age of Improvement*, pp. 200–24.

Clive, J. & Bailyn, B. (1954) 'England's cultural provinces: Scotland and America', *William and Mary Quarterly*, 11, 200–13.

Cloyd, E. (1972) *James Burnett: Lord Monboddo*, Oxford: Clarendon Press.

Colgan, M. (1987) 'Ossian: success or failure for the Scottish Enlightenment', in J. Carter

& J. Pittock (eds.), *Aberdeen and the Enlightenment*, pp. 344–9.

Colley, L. (1992) *Britons: Forging the Nation 1707–1837*, London: Pimlico Books.

Collingwood, R. (1961) *The Idea of History* (1946), Oxford: Clarendon Press.

Copley, S. (1987) 'Polite culture in commercial society' in A. Benjamin et al. (eds.), *The Figural and the Literal*, Manchester: Manchester University Press, pp. 176–201.

Corfield, P. (1987) 'Class by name and number in eighteenth century Britain', *History*, 72, 38–61.

Cranston, M. (1991) *The Noble Savage: J-J Rousseau 1754–62*, Harmondsworth: Penguin Books.

Crocker, L. (1963) *Nature and Culture: Ethical Thought in the French Enlightenment*, Baltimore: Johns Hopkins University Press.

Cropsey, J. (1957) *Polity and Economy: An Interpretation of Adam Smith*, The Hague: M. Nijhoff.

Cumming, R. (1969) *Human Nature and History: A Study of the Development of Liberal Political Thought*, Chicago: University of Chicago Press.

Daiches, D. (1964) *The Paradox of Scottish Culture – The Eighteenth Century Experience*, London: Oxford University Press.

Danford, J. (1990) *David Hume and the Problem of Reason*, New Haven: Yale University Press.

Darnton, R. (1971) 'In search of the Enlightenment', *Journal of Modern History*, 43, 113–32.

Davidson, D. (1984) 'On the very idea of a Conceptual Scheme' in his *Inquiries into Truth and Interpretation*, Oxford: Clarendon Press, pp. 183–98.

Davie, G. (1967) 'Hume, Reid and the passion for ideas' in D. Young (ed.), *Edinburgh in the Age of Reason*, Edinburgh: Edinburgh University Press, pp. 23–39.

(1981) *The Scottish Enlightenment*, London: Historical Association, pamphlet no. 99.

Davis, D. (1966) *The Problem of Slavery in Western Culture*, Ithaca: Cornell University Press.

Dedieu, J. (1909) *Montesquieu et la tradition politique anglaise*, Paris: Lecoffre.

Devine, T. (1985) 'The Union of 1707 and Scottish development', *Scottish Economic and Social History*, 5, 23–40.

Dickey, L. (1986) 'Historicizing the "Adam Smith Problem"', *Journal of Modern History*, 58, 579–609.

Dickinson, H. (1977) *Liberty and Property: Political Ideology in Eighteenth Century Britain*, London: Weidenfeld & Nicolson.

Dilthey, W. (1927) *Das Achtzehnte Jahrhundert und die Geschichtliche Welt* in his *Gesammelte Schriften*, Stuttgart: Teubner, vol. 3, pp. 209–68.

Donaldson, G. (1981) 'Stair's Scotland: the intellectual inheritance', *Juridical Review*, 26, 128–45.

Donovan, A (1982) 'William Cullen and the research tradition of eighteenth century Scottish chemistry' in R. Campbell & A. Skinner (eds.), *Origins and Nature of the Scottish Enlightenment*, pp. 98–114.

Durie, A. (1979) *The Scottish Linen Industry in the Eighteenth Century*, Edinburgh: John Donald.

Dwyer, J. (1987) *Virtuous Discourse: Sensibility and Community in Late Eighteenth Century Scotland*, Edinburgh: John Donald.

Dwyer, J. & Murdoch, A. (1983) 'Paradigms and politics: manners, morals and the rise of Henry Dundas, 1770–1784' in J. Dwyer, R. Mason & A. Murdoch (eds.), *New Perspectives on the Politics*, Edinburgh: John Donald, pp. 210–48.

Emerson, R. (1973) 'The social composition of Enlightened Scotland: the Select Society of Edinburgh 1754–64', *Studies in Voltaire*, 114, 291–329.

(1984) 'Conjectural history and the Scottish philosophers', *Historical Papers of the Canadian Historical Association*, 63–90.

(1986) 'Natural philosophy and the problem of the Scottish Enlightenment', *Studies in Voltaire*, 242, 243–88.

(1988a) 'Science and the origins and concerns of the Scottish Enlightenment', *History of Science*, 26, 333–66.

(1988b) 'Sir Robert Sibbald, The Royal Society of Scotland and the origins of the Scottish Enlightenment', *Annals of Science*, 45, 41–72.

(1988c) 'Lord Bute and the Scottish universities, 1760–92' in K. Schweizer (ed.), *Lord Bute: Essays in Re-interpretation*, Leicester: Leicester University Press, pp. 147–79.

(1989) 'The religious, the secular and the worldly: Scotland 1680–1800' in J. Crimmins (ed.), *Religion, Secularization and Political Thought*, London: Routledge, pp. 68–89.

(1990) 'Science and moral philosophy in the Scottish Enlightenment' in M. Stewart (ed.), *Studies in the Philosophy of the Scottish Enlightenment*, pp. 11–36.

(1992) *Professors, Patronage and Politics: The Aberdeen Universities in the Eighteenth Century*, Aberdeen: Aberdeen University Press.

(1993) 'Medical men, politicians and the medical schools at Glasgow and Edinburgh, 1685–1803' in R. Passmore (ed.), *William Cullen and the Medical World of the Eighteenth Century*, Edinburgh: Edinburgh University Press, pp. 186–215.

(1995) 'Did the Scottish Enlightenment emerge in an English cultural province?', *Lumen*, 15, 1–22.

Evans-Pritchard, E. (1981) *A History of Anthropological Thought*, London: Faber & Faber.

Fagerstrom, D. (1954) 'Scottish opinion and the American Revolution', *William and Mary Quarterly*, 11, 252–75.

Fagg, J. (1995) 'Biographical introduction' in V. Merolle (ed.), Ferguson's *Correspondence*, pp. xix–cxvii.

Farr, J. (1978) 'Hume, Hermeneutics and history: a "sympathetic" account', *History and Theory*, 17, 285–320.

Fletcher, F. (1980) *Montesquieu and English Politics 1750–1800* (1939), Philadelphia: Porcupine Press.

Fletcher, R. (1972) *The Making of Sociology: vol. 1*, London: Nelson.

Flew, A. (1986) *David Hume: Philosopher of Moral Science*, Oxford: Blackwell.

Flynn, J. (1980) 'Scottish aesthetics and the search for a standard of taste', *Dalhousie Review*, 60, 5–19.

Foerster, D. (1950) 'Scottish primitivism and the historical approach', *Philological Quarterly*, 29, 307–23.

Forbes, D. (1954) 'Scientific Whiggism: Adam Smith and John Millar', *Cambridge Journal*, 7, 643–70.

(1967) 'Adam Ferguson and the idea of Community' in D. Young (ed.), *Edinburgh in the Age of Reason*, Edinburgh: Edinburgh University Press, pp. 40–47.

(1975a) *Hume's Philosophical Politics*, Cambridge: Cambridge University Press.

(1975b) 'Sceptical Whiggism, commerce and liberty' in A. Skinner & T. Wilson (eds.), *Essays on Adam Smith*, pp. 179–201.

(1977) 'Hume's science of politics' in G. Morice (ed.), *David Hume: Bicentenary Papers*, Edinburgh: Edinburgh University Press, pp. 39–50.

(1979) 'Hume and the Scottish Enlightenment' in S. Brown (ed.), *Philosophers of the Enlightenment*, pp. 94–109.

(1982) 'Natural Law and the Scottish Enlightenment' in R. Campbell & A. Skinner (eds.), *Origins and Nature of the Scottish Enlightenment*, pp. 186–204.

Ford, F. (1965) *Robe and Sword: The Regrouping of the French Aristocracy after Louis XIV*, New York: Harper.

(1968) 'The Enlightenment: towards a useful definition' in R. Brissenden (ed.), *Studies in the Eighteenth Century*, Canberra: Australian National University Press, pp. 17–29.

Frankel, C. (1948) *The Faith of Reason*, New York: Octagon Books.

Frankena, W. (1955) 'Hutcheson's moral sense theory', *Journal of the History of Ideas*, 16, 356–75.

Gaskin, J. (1993) 'Hume on religion' in D. Norton (ed.), *Cambridge Companion to Hume*,

pp. 313–44.
Gates, W. (1967) 'The spread of Ibn Khaldun's ideas on climate', *Journal of the History of Ideas*, 28, 415–22.
Gauthier, D. (1979) 'David Hume: Contractarian', *Philosophical Review*, 88, 3–38.
Gay, P. (1967) *The Enlightenment: The Rise of Modern Paganism*, London: Weidenfeld & Nicolson.
(1970) *The Enlightenment: The Science of Freedom*, London: Weidenfeld & Nicolson.
Geertz, C. (1972) *The Interpretation of Cultures*, New York: Basic Books.
Giarrizzo, G. (1962) *David Hume: Politico e Storico*, Turin: Einaudi.
Gierke, O. (1934) *Natural Law and the Theory of Society*, 2 vols, tr. E. Barker, Cambridge: Cambridge University Press.
Glacken, C. (1967) *Traces on the Rhodian Shore: Nature and Culture in Western Thought*, Berkeley: University of California Press.
Goldie, M. (1993) 'Priestcraft and the birth of Whiggism' in N. Phillipson & Q. Skinner (eds.), *Political Discourse in Early Modern Britain*, pp. 209–31.
Goldmann, L. (1973) *The Philosophy of the Enlightenment: The Christian Burgess and the Enlightenment*, tr. H. Maus, London: Routledge & Kegan Paul.
Goldsmith, M. (1994) 'Liberty, virtue and the rule of law, 1689–1770' in D. Wootton (ed.), *Republicanism, Liberty and Commercial Society 1649–1776*, pp. 197–232.
Gouldner, A. (1967) *Enter Plato*, London: Routledge & Kegan Paul.
Graham, H. (1901) *Scottish Men of Letters in the Eighteenth Century*, London: A. & C. Black.
Grave, S. (1960) *Scottish Philosophy of Common Sense*, Oxford: Clarendon Press.
Gray, J. (1984) *Hayek on Liberty*, Oxford: Blackwell.
Greene, J. (1961) *The Death of Adam: Evolution and its Impact on Western Thought*, New York: Mentor Books.
Grene, M. (1943) 'Gerard's "Essay on Taste"', *Modern Philology*, 41 , 45–58.
Gusdorf, G. (1971) *Les Principes de la pensée au siècle des lumières*, Paris: Payot.
Guthrie, D. (1950) 'William Cullen and his times' in A. Kent (ed.), *An Eighteenth Century Lectureship in Chemistry*, Glasgow: Jackson pp. 49–65.
Haakonssen, K. (1981) *The Science of a Legislator*, Cambridge: Cambridge University Press.
(1985) 'John Millar and the science of a legislator', *The Juridical Review*, 30, 41–68.
(1988) 'Moral philosophy and natural law: from the Cambridge Platonists to the Scottish Enlightenment', *Political Science*, 40, 97–110.
(1990) 'Natural law and moral realism: the Scottish synthesis' in M. A. Stewart (ed.), *Studies in the Philosophy of the Scottish Enlightenment*, pp. 61–85.
Hall, A. R. (1970) *From Galileo to Newton 1630–1720*, London: Fontana Books.
Hall, J. A. (1986) *Powers and Liberties: The Causes and Consequences of the Rise of the West*, Harmondsworth: Penguin Books.
(1988) *Liberalism: Politics, Ideology and the Market*, London: Paladin Books.
Hamilton, H. (1963) *An Economic History of Scotland in the Eighteenth Century*, Oxford: Clarendon Press.
Hamowy, R. (1987) *The Scottish Enlightenment and the Theory of Spontaneous Order*, Carbondale: Southern Illinois University Press.
Hankins, T. (1985) *Science and the Enlightenment*, Cambridge: Cambridge University Press.
Harpham, E. (1984) 'Liberalism, civic humanism and the case of Adam Smith', *American Political Science Review*, 78, 764–74.
Harrison, J. (1976) *Hume's Moral Epistemology*, Oxford: Clarendon Press.
(1981) *Hume's Theory of Justice*, Oxford: Clarendon Press.
Hastings, H. (1936) *Man and Beast in French Thought in the Eighteenth Century*, Baltimore: Johns Hopkins University Press.
Hayek, F. (1966) 'The legal and political philosophy of David Hume' in V. Chappell (ed.), *Hume*, pp. 335–60.
(1967) *Studies in Philosophy, Politics and Economics*, London: Routledge & Kegan Paul.

(1972) *The Constitution of Liberty* (1960), Chicago: Gateway.

(1978) *New Studies in Philosophy, Politics, Economics and the History of Ideas*, London: Routledge & Kegan Paul.

(1982) *Law, Legislation and Liberty* (3 vols. in 1), London: Routledge & Kegan Paul.

Henderson, H. (1920) *Religion in Scotland*, Paisley: A. Gardner.

Hirschman, A. (1977) *The Passions and the Interests: Political Arguments for Capitalism before its Triumph*, Princeton: Princeton University Press.

Hobsbawm, E. (1980) 'Scottish Reformers of the eighteenth century and capitalist agriculture' in his *Peasants in History*, Calcutta: Oxford University Press, pp. 3–29.

Hont, I. (1987) 'The language of sociability and commerce: S. Pufendorf and the theoretical foundations of the "four stages" theory' in A. Pagden (ed.), *The Languages of Political Theory in Early Modern Europe*, pp. 253–76.

(1993) 'The rhapsody of public debt: Hume and voluntary state bankruptcy' in N. Phillipson & Q. Skinner (eds.), *Political Discourse in Early Modern Britain*, pp. 321–48.

Hont, I. & Ignatieff, M. (eds.) (1983) *Wealth and Virtue: The Shaping of Political Economy in the Scottish Enlightenment*, Cambridge: Cambridge University Press.

Hook, A. & Sher, R. (eds.) (1995) *The Glasgow Enlightenment*, East Linton: Tuckwell Press.

Hope, V. (1989) *Virtue by Consensus*, Oxford: Clarendon Press.

Höpfl, H. (1978) 'From savage to Scotsman: conjectural history in the Scottish Enlightenment', *Journal of British Studies*, 7, 20–40.

Horn, A. (1965) 'Kames and the anthropological approach to criticism', *Philological Quarterly*, 44, 211–33.

Horn, D. (1956) 'Robertson as historian', *University of Edinburgh Journal*, 18, 155–68.

Horne, T. (1990) *Property Rights and Society: Political Argument in Britain 1605–1834*, Chapel Hill: University of North Carolina Press.

Howell, W. (1971) *Eighteenth Century British Logic and Rhetoric*, Princeton: Princeton University Press.

Hunter, M. (1992) 'Aikenhead the atheist: the context and consequences of Articulate Irreligion in the late seventeenth century' in M. Hunter & D. Wootton (eds.), *Atheism from the Reformation to the Enlightenment*, Oxford: Clarendon Press, pp. 221–54.

Ignatieff, M. (1983) 'John Millar and individualism' in I. Hont & M. Ignatieff (eds.), *Wealth and Virtue*, pp. 317–43.

(1984) *The Needs of Strangers*, London: Chatto & Windus.

Immerwahr, J. (1992) 'Hume's revised racism', *Journal of the History of Ideas*, 53, 481–86.

Jack, M. (1989) *Corruption and Progress: The Eighteenth Century Debate*, New York: AMS Press.

Jenkins, J. (1992) *Understanding Hume*, Edinburgh: Edinburgh University Press.

Jensen, H. (1972) *Motivation and Moral Sense in Francis Hutcheson's Moral Theory*, The Hague: M. Nijhoff.

Jones, P. (1976) 'Hume's aesthetics re-assessed', *Philosophical Quarterly*, 26, 48–62.

(1983) *Hume's Sentiments*, Edinburgh: Edinburgh University Press.

Jones, P. (ed.) (1988) *Philosophy and Science in the Scottish Enlightenment*, Edinburgh: John Donald.

(ed.) (1989) *The Science of Man in the Scottish Enlightenment*, Edinburgh: Edinburgh University Press.

Kemp Smith, N. (1964) *The Philosophy of David Hume* (1941), London: Macmillan.

Keohane, N. (1980) *Philosophy and the State in France*, Princeton: Princeton University Press.

Kenyon, J. (1977) *Revolution Principles: The Politics of Party 1689–1720*, Cambridge: Cambridge University Press.

Kettler, D. (1965) *Social and Political Thought of Adam Ferguson*, Columbus: Ohio State University Press.

(1977) 'History and theory in Ferguson's *Essay on the History of Civil Society*: a reconsideration', *Political Theory*, 5, 437–60.

Kidd, C. (1993) *Subverting Scotland's Past: Scottish Whig Historians and the creation of an Anglo-British Identity 1689–c1800*, Cambridge: Cambridge University Press.

(1995) 'Antiquarianism, religion and the Scottish Enlightenment', *The Innes Review*, 46, 139–54.

(1996) 'North Britishness and the nature of eighteenth century British patriotisms', *The Historical Journal*, 39, 361–82.

Kivy, P. (1976) *The Seventh Sense: A Study of Francis Hutcheson's Aesthetics*, New York: Burt Franklin.

Klein, L. (1994) *Shaftesbury and the Culture of Politeness*, Cambridge: Cambridge University Press.

Knight, I. (1968) *The Geometric Spirit: The Abbé de Condillac and the French Enlightenment*, New Haven: Yale University Press.

Knight, W. (1900) *Lord Monboddo and some of his Contemporaries*, London: John Murray.

Kukathas, C. (1989) *Hayek and Modern Liberalism*, Oxford: Clarendon Press.

Labouchiex, H. (1970) *Richard Price: théoricien de la révolution américaine*, Paris: Didier.

Labrousse, E. (1983) *Bayle*, tr. D. Potts, Oxford: Oxford University Press.

Lacoste, L. (1976) 'The consistency of Hume's position concerning women', *Dialogue*, 15, 425–40.

Lamb, R. (1973) 'Adam Smith's concept of alienation', *Oxford Economic Papers*, 25, 275–85.

Land, S. (1977) 'Adam Smith's "considerations concerning the first formation of languages"', *Journal of the History of Ideas*, 38, 677–90.

Landsman, N. (1991) 'Presbyterians and provincial society: the Evangelical Enlightenment in the west of Scotland, 1740–55, *Eighteenth Century Life*, 15, 194–209.

Lawrence, C. (1979) 'The nervous system and society in the Scottish Enlightenment' in B. Barnes & S. Shapin (eds.), *Natural Order*, London: Sage, pp. 19–40.

Lehmann, W. (1930) *Adam Ferguson and the Beginnings of Modern Sociology*, New York: Columbia University Press.

(1952) 'John Millar – historical sociologist', *British Journal of Sociology*, 2, 30–46.

(1960) *John Millar of Glasgow*, Cambridge: Cambridge University Press.

(1971) *Henry Home, Lord Kames and the Scottish Enlightenment*, The Hague: M. Nifhoff.

Lenman, B. (1981) *Integration, Enlightenment and Industrialization: Scotland 1746–1832*, London: E. Arnold.

Leith, J. (1971) 'Peter Gay's Enlightenment', *Eighteenth Century Studies*, 5, 157–71.

Lenz, J. (1966) 'Hume's defense of causal inference' in V. Chappell (ed.), *Hume*, pp. 169–86.

Lessnoff, M. (1986) *Social Contract*, London: Macmillan.

Lieberman, D. (1989) *The Province of Legislation Determined: Legal Theory in Eighteenth Century Britain*, Cambridge: Cambridge University Press.

Lindgren, J. (1969) 'Adam Smith's theory of inquiry', *Journal of Political Economy*, 77, 897–915.

Livingston, D. (1984) *Hume's Philosophy of Common Life*, Chicago: University of Chicago Press.

(1990) 'Hume's historical conception of liberty' in N. Capaldi & D. Livingston (eds.), *Liberty in Hume's 'History of England'*, pp. 105–53.

Longuet-Higgins, C. (1992) '"The History of Astronomy": a twentieth century view' in P. Jones & A. Skinner (eds.), *Adam Smith Reviewed*, Edinburgh: Edinburgh University Press, pp. 79–92.

Lough, J. (1971) *The Encyclopédie*, London: Longman.

MacCormick. N. (1982) 'Law and Enlightenment' in R. Campbell & A. Skinner (eds.), *Origin and Nature of the Scottish Enlightenment*, pp. 150–66.

McDowall. G. (1983) 'Commerce, virtue and politics: Adam Ferguson's Constitutionalism', *Review of Politics*, 45, 536–52.

McElroy, D. (1969) *Scotland's Age of Improvement*, Pullman: Washington State University

Press.

MacFie, A. (1967) *The Individual in Society: Papers on Adam Smith*, London: G. Allen & Unwin.

(1971) 'The invisible hand of Jupiter', *Journal of the History of Ideas*, 32, 595–99.

MacIntytre, A. (1967) 'A mistake about Causality in Social Science' in P. Laslett & G. Runciman (eds.), *Politics, Philosophy and Society (II)*, Oxford: Blackwell, pp. 48–70.

(1985) *After Virtue*, 2nd edn, London: Duckworth.

(1988) *Whose Justice? Which Rationality?*, London: Duckworth.

Mackenzie, G. (1949) *Critical Responsiveness: A Study of the Psychological Current in later Eighteenth Century Criticism*, University of California Publications, no. 20.

Mackie , J. (1980) *Hume's Moral Theory*, London: Routledge & Kegan Paul.

McManners, J. (1985) *Death and the Enlightenment*, Oxford: Oxford University Press.

McNally, D. (1988) *Political Economy and the Rise of Capitalism*, Berkeley: University of California Press.

Macpherson, C. (1962) *The Political Theory of Possessive Individualism*, Oxford: Clarendon Press.

(1973) *Democratic Theory: Essays in Retrieval*, Oxford: Clarendon Press.

(1978) 'The economic penetration of political theory', *Journal of the History of Ideas*, 39, 101–10.

MacQueen, J. (1982) *The Enlightenment and Scottish Literature: Progress and Poetry*, Edinburgh: Scottish Academic Press.

MacRae, D. (1969) 'Adam Ferguson' in T. Raison (ed.), *Founding Fathers of Sociology*, Harmondsworth: Penguin Books, pp. 17–26.

Malson, L. (1972) *Wolf Children*, tr. E. Fawcett, London: New Left Books.

Manuel, F. (1959) *The Eighteenth Century confronts the Gods*, Cambridge, Mass.: Harvard University Press.

(1962) *Prophets of Paris*, Cambridge, Mass.: Harvard University Press.

Markus, T. (1982) 'Buildings for the sad, the bad and the mad in urban Scotland 1780–1830' in T. Markus (ed.), *Order in Space: Architectural Form and its Context in the Scottish Enlightenment*, Edinburgh: Mainstream, pp. 25–114.

(1988) 'Buildings and the orderings of minds and bodies' in P. Jones (ed.), *Philosophy and Science in the Scottish Enlightenment*, pp. 169–224.

Mason, S. (1975) *Montesquieu's Idea of Justice*, The Hague: M. Nijhoff.

Mathew, T. (1966) 'Origins and occupations of Glasgow students 1740–1839', *Past and Present*, 33, 74–94.

Medick, H. (1973) *Naturzustand und Naturgeschichte der bürgerlichen Gesellschaft*, Göttingen: Vandenhoeck & Ruprecht.

Medick, H. & Leppert- Fögen, A. (1974) 'Frühe Sozialwissenschaft als Ideologie des kleinens Bürgertums: J. Millar of Glasgow' in H. Wehler (ed.), *Sozialgeschichte Heute*, Göttingen: Vandenhoeck & Ruprecht, pp. 22–48.

Medick, H. & Batscha, Z. (1988) *Einleitung: A. Ferguson Versuch über die Geschichte der bürgerlichen Gesellschaft*, Frankfurt-am-Main: Suhrkamp.

Meek, R. (1954) 'The Scottish contribution to Marxist sociology' in J. Saville (ed.), *Democracy and the Labour Movement*, London: Lawrence & Wishart, pp. 84–102.

(1976) *Social Science and the Ignoble Savage*, Cambridge: Cambridge University Press.

(1977) 'Smith, Turgot and the "four stages" theory' in his *Smith, Marx and After*, London: Chapman & Hall, pp. 18–32.

Meikle, H. (1947) 'Some aspects of later seventeenth century Scotland', David Murray Lecture, Glasgow: Jackson.

Mercer, P. (1972) *Sympathy and Ethics*, Oxford: Clarendon Press.

Miller, D. (1980) 'Hume and possessive individualism', *History of Political Thought*, 1, 261–78.

(1981) *Philosophy and Ideology in Hume's Political Thought*, Oxford: Clarendon Press.

Miller, T. (1995) 'Francis Hutcheson and the civic humanist tradition' in A. Hook & R. Sher (eds.), *The Glasgow Enlightenment*, pp. 40–55.

Mitchison, R. (1962) *Agricultural Sir John: The life of Sir John Sinclair of Ulbster 1754–1835*, London: G. Bles.

Mizuta, H. (1975) 'Moral philosophy and civil society' in A. Skinner & T. Wilson (eds.), *Essays on Adam Smith*, pp. 114–31.

(1976) 'Toward a definition of the Scottish Enlightenment', *Studies in Voltaire*, 154, 1459–64.

(1981) 'Two Adams in the Scottish Enlightenment: Adam Smith and Adam Ferguson on progress', *Studies in Voltaire*, 191, 812–19.

Moore, J. (1977) 'Hume's political science and the classical republican tradition', *Canadian Journal of Political Science*, 10, 809–39.

(1994) 'Hume and Hutcheson' in M. Stewart &. J. Wright (eds.), *Hume and Hume's Connexions*, Edinburgh: Edinburgh University Press, pp. 23–57.

Moore, J. & Silverthorne, M. (1983) 'Gershom Carmichael and the natural jurisprudence tradition in eighteenth century Scotland' in I. Hont & M. Ignatieff (eds.), *Wealth and Virtue*, pp. 73–87.

(1984) 'Natural sociability and natural rights in the moral philosophy of Gershom Carmichael' in V. Hope (ed.), *Philosophers of the Scottish Enlightenment*, Edinburgh: Edinburgh University Press, pp. 1–12.

Morrice, G. (ed.) (1977) *David Hume: Bi-centenary Papers*, Edinburgh: Edinburgh University Press.

Mossner, E. (1977) 'Hume and the legacy of the *Dialogues*' in G. Morrice (ed.), *David Hume: Bi-centenary Papers*, pp. 1–22.

(1980) *Life of David Hume*, 2nd edn, Oxford: Clarendon Press.

Müller, M. (1875) *Lectures on the Science of Language*, 8th edn, 2 vols., London: Longmans Green.

Murdoch, A. (1980) *The People Above: Politics and Administration in mid-eighteenth Scotland*, Edinburgh: John Donald.

Murdoch, A. & Sher, R. (1989) 'Literary and Learned Culture' in T. Devine & R. Mitchison (eds.), *People and Society in Scotland*, vol. 1, Edinburgh: John Donald, pp. 127–42.

Norton, D. (1982) *David Hume: Common Sense Moralist, Sceptical Metaphysician*, Princeton: Princeton University Press.

(1985) 'Hutcheson's moral realism', *Journal of the History of Philosophy*, 23, 397–418.

(ed.) (1993) *Cambridge Companion to Hume*, Cambridge: Cambridge University Press.

Noxon, J. (1973) *Hume's Philosophical Development*, Oxford: Clarendon Press.

Oz-Salzburger, F. (1995) *Translating the Enlightenment: Scottish Civil Discourse in Eighteenth Century Germany*, Oxford: Clarendon Press.

Pagden, A. (ed.) (1987) *Languages of Political Theory in Early Modern Europe*, Cambridge: Cambridge University Press.

Pascal, R. (1938) 'Property and society: the Scottish historical school of the eighteenth century', *Modern Quarterly*, 1, 167–79.

Passmore, J. (1968) *Hume's Intentions*, revised edn, London: Duckworth.

(1970) *The Perfectibility of Man*, London: Duckworth.

(1971) 'The malleability of man in eighteenth century thought' in E. Wassermann (ed.), *Aspects of the Eighteenth Century*, Baltimore: Johns Hopkins University Press, pp. 21–46.

Payne, H. (1976) *The Philosophes and the People*, New Haven: Yale University Press.

Pearce, R. (1945) 'The eighteenth century Scottish Primitivists: some reconsiderations', *Journal of English Literary History*, 12, 203–20.

Phillipson, N. (1973a) 'Culture and society in the eighteenth century province: the case of Edinburgh and the Scottish Enlightenment' in L. Stone (ed.), *The University in Society*, vol. 1, Princeton: Princeton University Press, pp. 407–48.

(1973b) 'Towards a definition of the Scottish Enlightenment' in P. Fritz & D. Williams (eds.), *City and Society*, Toronto: Hakkert, pp. 125–47.

(1976) 'Lawyers, landowners and the civic leadership of post-Union Scotland', *Juridical Review*, 21, 97–120.

(1978) 'James Beattie and the defence of common sense' in B. Fabian (ed.), *Festschrift für Rainer Gruenter*, Heidelberg: C. Winter, pp. 145–54.

(1979) Hume as moralist: a social historian's perspective' in S. Brown (ed.), *The Philosophers of the Enlightenment*, pp. 140–61.

(1981) 'The Scottish Enlightenment', in *The Enlightenment in National Context*, R. Porter & M. Teich (eds.), Cambridge: Cambridge University Press, pp. 19–40.

(1983a) 'The pursuit of virtue in Scottish university education', in N. Phillipson (ed.), *Universities, Society and the Future*, Edinburgh; Edinburgh University Press, pp. 87–109.

(1983b) 'Adam Smith as Civic Moralist' in I. Hont & M. Ignatieff (eds.), *Wealth and Virtue*, pp. 179–202.

(1987) 'Politics, politeness and the anglicisation of early eighteenth century Scottish culture' in R. Mason (ed.), *Scotland and England 1286–1815*, Edinburgh: John Donald, pp. 226–46.

(1989) *Hume*, London: Weidenfeld & Nicolson.

(1993) 'Propriety, property and prudence; David Hume and the defence of the Revolution' in *Political Discourse in early modern Britain*, N. Phillipson & Q. Skinner (eds.), pp. 302–20.

Phillipson, N. & Mitchison, R. (eds) (1970) *Scotland in the Age of Improvement*, Edinburgh: Edinburgh University Press.

Phillipson, N. & Skinner, Q. (eds) (1993) *Political Discourse in Early Modern Britain*, Cambridge: Cambridge University Press.

Pittock, J. (1973) *The Ascendancy of Taste*, London: Routledge & Kegan Paul.

Pocock, J. (1962) 'The History of Political Thought: A methodological enquiry' in P. Laslett & G. Runciman (eds.), *Philosophy, Politics and Society* (2nd series), Oxford: Blackwell, pp. 183–202.

(1973) 'Languages and their implications' in his *Politics, Language and Time*, New York: Atheneum, pp. 3–41.

(1975) *The Machiavellian Moment*, Princeton: Princeton University Press.

(1983) 'Cambridge paradigms and Scottish philosophers' in I. Hont & M. Ignatieff (eds.), *Wealth and Virtue*, pp. 235–52.

(1985) *Virtue, Commerce and History*, Cambridge: Cambridge University Press.

(1987) 'The concept of a language and its *métier d'historien*' in A. Pagden (ed.), *The Languages of Political Theory in Early Modern Europe*, pp. 19–38.

Pompa, L. (1990) *Human Nature and Historical Knowledge: Hume, Hegel and Vico*, Cambridge: Cambridge University Press.

Popkin, R. (1977) 'Hume's racism', *Philosophical Forum*, 9, 211–26.

Porter, R. & Teich, M. (eds.) (1981) *The Enlightenment in National Context*, Cambridge: Cambridge University Press.

Rae, J. (1965) *Life of Adam Smith* (1895), J. Viner (ed.), New York: Kelley Reprints.

Raphael, D. (1947) *The Moral Sense*, London: Oxford University Press.

(1975) 'The impartial spectator' in A. Skinner & T. Wilson (eds.), *Essays on Adam Smith*, pp. 83–99.

(1979) 'Adam Smith: philosophy, science and social science' in S. Brown (ed.), *Philosophers of the Enlightenment*, pp. 77–93.

(1985) *Adam Smith*, Oxford: Oxford University Press.

Rayner, D. (1982) *Sister Peg: A Pamphlet hitherto unknown by David Hume*, Cambridge: Cambridge University Press.

Redman, D. (1993) 'Adam Smith and Isaac Newton', *Scottish Journal of Political Economy*,

40, 210–30.

Redwood, J. (1976) *Reason, Ridicule and Religion: The Age of Enlightenment in England 1660–1750*, London: Thames & Hudson.

Reisman, D. (1976) *Adam Smith's Sociological Economics*, London: Croom Helm.

Rendall, J. (1978) *The Origins of the Scottish Enlightenment 1707–1776*, London, Macmillan.

(1987) 'Virtue and commerce: women in the making of Adam Smith's political economy' in E. Kennedy & S. Mendus (eds.), *Women in Western Political Philosophy*, Brighton: Wheatsheaf, pp. 44–77.

Robbins, C. (1954) 'When it is that colonies may turn independent', *William and Mary Quarterly*, 11, 214–51.

(1959) *The Eighteenth Century Commonwealthman*, Cambridge, Mass: Harvard University Press.

Robertson, J. (1982) 'The Scottish Enlightenment at the limits of the civic tradition' in I. Hont & M. Ignatieff (eds.), *Wealth and Virtue*, pp. 137–78.

(1983) 'Scottish political economy beyond the civic tradition: government and economic development in the *Wealth of Nations*', *History of Political Thought*, 4, 451–82.

(1985) *The Scottish Enlightenment and the Militia Issue*, Edinburgh: John Donald.

Robinson, J. (1966) 'Hume's two definitions of cause' in V. Chappell (ed.), *Hume*, pp. 129–47.

Rosenberg, A. (1993) 'Hume and the philosophy of science' in D. Norton (ed.), *Cambridge companion to Hume*, pp. 64–89.

Rosenberg, N. (1965) 'Adam Smith on the division of labour: two views or one?', *Economica*, 32, 127–49.

Ross, I. (1972) *Lord Kames and the Scotland of his Day*, Oxford: Clarendon Press.

(1995a) *The Life of Adam Smith*, Oxford: Clarendon Press.

(1995b) 'Adam Smith's "Happiest" years as a Glasgow professor', in A. Hook & R. Sher (eds.), *The Glasgow Enlightenment*, pp. 73–94.

Salter, J. (1992) 'Adam Smith on feudalism, commerce and slavery', *History of Political Thought*, 13, 219–41.

Sampson, R. (1956) *Progress in the Age of Reason*, London: Heinemann.

Schneider, L. (1967) *Introduction to the Scottish Moralists on Human Nature and Society*, Chicago: University of Chicago Press.

Scott, W. (1966) *Francis Hutcheson: His Life, Teaching and Position in the History of Philosophy* (1900), New York: Kelley Economic Reprints.

Selby-Bigge, L. (ed.) (1964) *British Moralists* (1897), 2 vols. in one, Indianapolis: Bobbs-Merrill.

Shackleton, R. (1961) *Montesquieu: A Critical Biography*, Oxford: Clarendon Press.

Shaw, J. (1983) *The Management of Scottish Society 1707–64*, Edinburgh: John Donald.

Shepherd, C. (1982) 'Newtonianism in Scottish universities in the seventeenth century' in R. Campbell & A. Skinner (eds.), *The Origins and Nature of the Scottish Enlightenment*, pp. 65–85.

Sher, R. (1985) *Church and University in the Scottish Enlightenment*, Edinburgh: Edinburgh University Press.

(1989) 'Adam Ferguson, Adam Smith and the problem of national defense', *Journal of Modern History*, 61, 240–68.

(1994) 'From troglodytes to Americans: Montesquieu and the Scottish Enlightenment on liberty, virtue, and commerce' in D. Wootton (ed.), *Republicanism, Liberty, and Commercial Society 1649–1776*, Stanford: Stanford University Press, pp. 368–402.

Shklar, J. (1987) *Montesquieu*, Oxford: Oxford University Press.

Simpson, J. (1970) 'Who steered the gravy train, 1707–66' in N. Phillipson & R. Mitchison (eds.), *Scotland in the Age of Improvement*, pp. 47–72.

Skinner, A. (1965) 'Economics and history – the Scottish Enlightenment', *Scottish Journal of Political Economy*, 12, 1–22.

(1967) 'Natural history in the age of Adam Smith', *Political Studies*, 14, 32–48.
(1974a) *Adam Smith and the Role of the State*, Glasgow: University of Glasgow Press.
(1974b) 'Adam Smith, science and the role of imagination' in W. Todd (ed.), *Hume and the Enlightenment*, Edinburgh: Edinburgh University Press, pp. 164–78.
(1975) 'Adam Smith: an economic interpretation of history' in A. Skinner & T. Wilson (eds.), *Essays on Adam Smith*, pp. 154–78.
(1976) 'Adam Smith and the American economic community', *Journal of the History of Ideas*, 37, 59–78.
(1982) 'A Scottish contribution to Marxist sociology?' in I. Bradley & M. Howard (eds.) *Classical and Marxian Political Economy*, London: Macmillan, pp. 79–114.

Skinner, A. & Wilson, T. (eds.) (1975) *Essays on Adam Smith*, Oxford: Clarendon Press.

Skinner, Q. (1969) 'Meaning and understanding in the history of ideas', *History and Theory*, 9, 3–53.

Spadafora, D. (1990) *The Idea of Progress in Eighteenth Century Britain*, New Haven: Yale University Press.

Smout, T. (1969) *A History of the Scottish People 1560–1830*, London: Collins.

Stein, P. (1970) 'Law and society in eighteenth century Scottish thought' in N. Phillipson & R. Mitchison (eds.), *Scotland in the Age of Improvement*, pp. 148–68.
(1988) 'The four stages theory of the development of societies' in his *The Character and Influence of the Roman Civil Law*, London: The Hambledon Press, pp. 395–409.

Stewart, J, (1963) *The Moral and Political Philosophy of David Hume*, New York: Columbia University Press.
(1992) *Opinion and Reform in Hume's Political Philosophy*, Princeton: Princeton University Press.

Stewart, M. (ed.) (1990) *Studies in the Philosophy of the Scottish Enlightenment*, Oxford: Clarendon Press.

Stocking, G. (1975) 'Scotland as the model of mankind: Lord Kames' philosophical view of civilization' in T. Thoresen (ed.), *Toward a Science of Man*, The Hague: Mouton, pp. 65–89.

Stockton, C. (1976) 'Economics and the mechanism of historical progress in Hume's *History*', in D. Livingston & J. King (eds.), *Hume: A re-evaluation*, New York: Fordham University Press, pp. 296–320.

Strasser, H. (1976) *The Normative Structure of Sociology*, London: Routledge & Kegan Paul.

Stromberg, R. (1951) 'History in the eighteenth century', *Journal of the History of Ideas*, 12, 295–304.

Struthers, G. (1848) *History of the Rise, Progress and Principles of the Relief Church*, Edinburgh: Fullarton.

Swingewood, A. (1970) 'Origins of sociology: the case of the Scottish Enlightenment', *British Journal of Sociology*, 21, 164–80.
(1984) *A Short History of Sociological Thought*, London: Macmillan.

Teggart, F. (1925) *Theory of History*, New Haven: Yale University Press.

Teichgraeber, R. (1986) *'Free Trade' and Moral Philosophy*, Durham, NC: Duke University Press.

Thomas, D. (1977) *The Honest Mind: The Thought and Work of Richard Price* Oxford: Clarendon Press.

Thompson, M. (1976) 'The reception of Locke's *Two Treatises of Government* 1690–1705', *Political Studies*, 19, 184–91.
(1977) 'Hume's critique of Locke and the "Original Contract"', *Il Pensiero Politico*, 10, 189–201.

Trevor-Roper, H. (1958) *Historical Essays*, London: Macmillan.
(1963) 'The historical philosophy of the Enlightenment', *Studies in Voltaire*, 37, 1667–87.
(1967) 'The Scottish Enlightenment', *Studies in Voltaire*, 58 , 1635–58.
(1977) 'The Scottish Enlightenment', *Blackwood's Magazine*, 322, 371–88.

Tuck, R. (1979) *Natural Rights Theory*, Cambridge: Cambridge University Press.
(1993) *Philosophy and Government, 1572–1651*, Cambridge: Cambridge University Press.

Tully, J. (ed.) (1988) *Meaning and Context: Quentin Skinner and his Critics*, Cambridge: Polity Press.

Ulman, L. (1990) *The Minutes of the Aberdeen Philosophical Society 1758–1773*, Aberdeen: Aberdeen University Press.

Vartanian, A. (1952) *Diderot and Descartes: A Study in Scientific Naturalism in the Enlightenment*, Princeton: Princeton University Press.

Venturi, F. (1971) *Utopia and Reform in the Enlightenment*, Cambridge: Cambridge University Press.

Vereker, C. (1967) *Eighteenth Century Optimism*, Liverpool: Liverpool University Press.

Vlachos, G. (1955) *Essai sur la politique de Hume*, Paris: Institut Français Athènes.

Voges, F. (1986) 'Moderate and evangelical thinking in the later eighteenth century: differences and shared attitudes', *Scottish Church History Society Records*, 22, 141–57.

Walsh, W. (1975) 'The constancy of human nature' in H. Lewis (ed.), *Contemporary British Philosophy*, London: G. Allen & Unwin, pp. 181–98.

Walton, C. (1990) 'Hume's *England* as a natural history of morals' in N. Capaldi & D. Livingston (eds.), *Liberty in Hume's History of England*, pp. 25–52.

Waring, E. (1967) *Deism and Natural Religion: A Source Book*, New York: Ungar.

Webster, C. (1975) *The Great Instauration: Science, Medicine and Reform 1626–1660*, London: Duckworth.

Werhane, P. (1991) *Adam Smith and his Legacy for Modern Capitalism*, New York: Oxford University Press.

Wertz, S. (1975) 'Hume, history and human nature', *Journal of the History of Ideas*, 36, 481–96.

West, E. G. (1969) 'The political economy of alienation: Karl Marx and Adam Smith', *Oxford Economic Papers*, 21, 1–23.
(1975) 'Adam Smith and Alienation' in A. Skinner & T. Wilson (eds.), *Essays on Adam Smith*, pp. 540–52.

Whelan, F. (1985) *Order and Artifice in Hume's Political Philosophy*, Princeton: Princeton University Press.

White, H. (1973) *Metahistory: The Historical Imagination of Nineteenth Century Europe*, Baltimore: Johns Hopkins University Press.

Whitney, L. (1924) 'English primitivistic theories of epic origins', *Modern Philology*, 21, 337–78.

Wilson, A. (1972) *Diderot*, New York: Oxford University Press.

Winch, D. (1978) *Adam Smith's Politics*, Cambridge: Cambridge University Press.
(1983) 'Adam Smith's "enduring particular result"' in I. Hont & M. Ignatieff (eds.), *Wealth and Virtue*, pp. 253–69.
(1988) 'Adam Smith and the Liberal Tradition' in K. Haakonssen (ed.), *Traditions of Liberalism*, St Leonards NSW: Centre for Independent Studies, pp. 83–104.

Winch, P. (1958) *The Idea of a Social Science*, London: Routledge & Kegan Paul.
(1971) 'Understanding a primitive society' in B. Wilson (ed.), *Rationality*, New York: Harper Row, pp. 78–111.

Winkler, K. (1985) 'Hutcheson's alleged realism', *Journal of the History of Philosophy*, 23, 179–94.

Withrington, D. (1987) 'What was distinctive about the Scottish Enlightenment' in J. Carter & J. Pittock (eds.), *Aberdeen and the Enlightenment*, pp. 9–19.

Wokler, R. (1976) 'Tyson and Buffon on the Orang-utan', *Studies in Voltaire*, 155, 1–19.
(1988) 'Apes and races in the Scottish Enlightenment' in P. Jones (ed.), *Philosophy and Science in the Scottish Enlightenment*, pp. 145–68.

Wood, N. (1972) 'The value of asocial sociability' in M. Fleisher (ed.), *Machiavelli and the Nature of Political Thought*, New York: Atheneum, pp. 282–307.

Wood, P. (1989) 'The natural history of man in the Scottish Enlightenment', *History of Science*, 27, 89–123.

(1993) *The Aberdeen Enlightenment: The Arts Curricula in the Eighteenth Century*, Aberdeen: Aberdeen University Press.

Wootton, D. (1993) 'David Hume "the historian"' in D. Norton (ed.), *The Cambridge Companion to Hume*, pp. 281–312.

(ed.) (1994) *Republicanism, Liberty and Commercial Society 1649–1776*, Stanford: Stanford University Press.

Wright, J. (1983) *The Sceptical Realism of David Hume*, Manchester: Manchester University Press.

(1990) 'Metaphysics and physiology: mind, body and the animal economy in eighteenth century Scotland' in M. Stewart (ed.), *Studies in the Philosophy of the Scottish Enlightenment*, pp. 251–301.

Young, J. (1979) *The Rousing of the Scottish Working Class*, London: Croom Helm.

Youngson, A. (1972) *After the Forty-Five: The Economic Impact on the Scottish Highlands*, Edinburgh: Edinburgh University Press.

Zachs, W. (1992) *Without Regard to Good Manners: A Biography of Gilbert Stuart*, Edinburgh, Edinburgh University Press.

索　引*

* 索引中页码为原书页码，即本书页边码。

译 后 记

本书中出现的一些术语，我尽量按照国内通行的译法。需要说明的是，我把“utility”翻译成“效用”；相应的，将“utilitarianism”翻译成“效用主义”；将“property”译为“财产权”，有时也翻译成“财产”；将“stadial”翻译成“阶段分期”，而“stadial theory”指的是苏格兰人的社会四阶段理论；一般将“civil”翻译成“文明”，虽然国内一般把“civil society”翻译成“公民社会”，但由于在本书中这个词主要是强调社会各阶段的演进，是与野蛮社会相对照的，所以我在本书一般将其翻译成“文明社会”，同样地把“civil government”翻译成“文明政府”，当然，在“公民人文主义”、“公民自由”这些词中还是把“civil”翻译成“公民”。此外，书中有不少引文，尽量采用了国内通行的译本，有时会略有改动。对比较著名的人物我直接使用了通用的译名，读者可以参照后面的索引。

囿于水平，译稿肯定有不尽如人意之处，还请读者方家指正。最后，特别感谢刘科提供了本书第 7 章译文的初稿以及编辑赵琼的辛勤工作。

马　庆

2012 年 8 月

图书在版编目（CIP）数据

苏格兰启蒙运动的社会理论 /（英） 贝瑞著；马庆译. -- 杭州：浙江大学出版社，2012.12

书名原文：Social Theory of the Scottish Enlightenment

ISBN 978-7-308-10928-4

Ⅰ.①苏… Ⅱ.①贝… ②马… Ⅲ.①启蒙运动－研究－苏格兰 Ⅳ.①B561.2

中国版本图书馆CIP数据核字（2012）第303903号

苏格兰启蒙运动的社会理论

[英] 克里斯托弗·J. 贝瑞 著　马庆 译

责任编辑　赵　琼

装帧设计　王小阳

出版发行　浙江大学出版社

（杭州天目山路148号　邮政编码310007）

（网址：http:// www.zjupress.com）

制　　作　北京百川东汇文化传播有限公司

印　　刷　北京中科印刷有限公司

开　　本　635mm×965mm　1/16

印　　张　18

字　　数　286千

版 印 次　2013年1月第1版　2013年1月第1次印刷

书　　号　ISBN 978-7-308-10928-4

定　　价　49.00元

浙江大学出版社发行部邮购电话（0571）88925591